Sheldon Vanauken

Eine harte Gnade

1,–

Für Davy

Sheldon Vanauken

Eine harte Gnade

Die Geschichte einer großen Liebe

BRUNNEN VERLAG · GIESSEN UND BASEL

ABCteam-Bücher erscheinen in folgenden Verlagen:
Aussaat- und Schriftenmissions-Verlag Neukirchen-Vluyn
R. Brockhaus Verlag Wuppertal
Brunnen Verlag Gießen (und Brunnquell Verlag)
Christliche Verlagsanstalt Konstanz
(und Friedrich Bahn Verlag/Sonnenweg Verlag)
Christliches Verlagshaus Stuttgart
(und Evangelischer Missionsverlag)
Oncken Verlag Wuppertal und Kassel

Originaltitel: „A Severe Mercy",
Hodder and Stoughton, London

Aus dem Englischen übersetzt von Marieluise Bierbaum

5. Auflage 1989

Umschlagfoto: Burkhard Bartel
Satz: IBV Lichtsatz KG, Berlin
Herstellung: Ebner Ulm
ISBN 3-7655-3180-4

Oh Studio! Wir werden dort
in hellem Licht an jenem Ort
uns wiedersehn in Ewigkeit.
Jack wird bei Aslan sein.
Gesang zu Seiner Ehre klingt,
wenn Liebeswahrheit sie besingt.
Die alte Welt zerfällt allein,
und um uns schließt sich Seligkeit.

Dom Julian OSB
(als er das Manuskript der
Oxford-Kapitel dieses Buches
gelesen hatte)

Inhalt

Eine harte Gnade

Als sich Sheldon Vanauken und Jean Davis verliebten, beschlossen sie, daß ihre Liebe unangreifbar sein sollte. Nichts sollte zwischen sie kommen und ihre Liebe gefährden, weder Mißtrauen noch irgendwelche Geheimnisse.
Freunde von ihnen empfanden ihr Verhältnis zueinander geradezu ungeheuerlich, weil sie spürten, daß Van und Davy eine besondere Art des Lebens und der Liebe entdeckt hatten.
Nach dem Krieg, den sie bei der US-Marine erlebten, studierten sie Englische Literatur in Yale und Oxford. Dort trafen sie C. S. Lewis. Unter seiner Anleitung wagten sie den alles entscheidenden Schritt zum Glauben an Jesus Christus. Von da an war ihr gemeinsames Leben völlig verändert.
In dieser Zeit der „geistlichen Pilgerreise" von zwei jungen Menschen, erfüllt von nie gekannter Freude und neuen Erkenntnissen, war C. S. Lewis der unermüdliche Ratgeber und treue Freund. Als Davy starb, tröstete er Vanauken und führte ihn zu der Erkenntnis, daß der Tod seiner Frau keine Tragödie ist, sondern eine „harte Gnade" Gottes.
Bisher unveröffentlichte Briefe von C. S. Lewis, die sich u. a. mit Glauben und Nichtglauben, mit Tod und Leben, mit Zeit und Ewigkeit beschäftigen, werden besonders die interessieren, die seine Bücher schätzen.

Alle Ereignisse in diesem Buch sind tatsächlich geschehen. Die Personen haben wirklich gelebt, die Gespräche sind rekonstruiert oder nach Tagebuchaufzeichnungen zitiert und halten sich sehr eng an das, was wirklich gesagt wurde.

Kapitel 1

Prolog: Rückkehr nach Glenmerle

Weiß und verlassen lag die Landstraße im Mondlicht. Ein einsamer Wagen, ein MG-TD Zweisitzer, tuckerte langsam heran, ohne Licht und mit offenem Verdeck. Der Fahrer betrachtete eingehend jeden Baum und jeden Umriß am Straßenrand. Die wenigen Häuser lagen in stille Dunkelheit gehüllt, denn es war lange nach Mitternacht. Der Vollmond stand hoch am Himmel, und die milde Juniluft war erfüllt vom Duft der Blumen und frischer, junger Pflanzen.

Auf der rechten Seite kam jetzt ein weißer Holzzaun zum Vorschein, dessen lange, schräggestellte Bretter parallel zur Straße verliefen und schließlich hinter einem sanften Hügel verschwanden. Der Wagen hielt einen Augenblick, fuhr noch ein kleines Stück weiter und bog neben einer großen Eiche von der Straße ab. Der Fahrer schloß das Autoverdeck und stieg aus.

Die Nacht war sehr still, nur das leise Rascheln der Blätter verriet den leichten Windhauch. Irgendwo in der Ferne bellte leise ein einsamer Hund.

Der Reisende, ein großer Mann Ende Dreißig, blieb stehen, blickte hinauf in die Zweige der Eiche und ging dann mit leichtem Schritt die Straße entlang. Hinter dem weißen Zaun zu seiner Rechten konnte er einen alten Kirschbaum sehen. Plötzlich erinnerte er sich an die durchdringende Süße sonnendurchwärmter, roter Kirschen und an Vögel, die aufgeregt über den Jungen in ihrem Baum zwitscherten. Ein paar hundert Meter weiter, jenseits des Hügels, erreichte er die massiven, steinernen Torpfosten: das Tor von Glenmerle.

Ein flüchtiges Lächeln bewegte seine Lippen, als er sich daran erinnerte, wie sein kleiner Bruder auf einen der beiden Pfosten geklettert war, um wildbegeistert der Feuerwehr zuzuwinken, die gekommen war, um ein unbedeutendes Feuer im Dienstbotenraum zu löschen. Zwischen den Torpfosten lag die Einfahrt. Sie erschien im Mondlicht wie ein helles Band; anfangs geradlinig, verschwand sie dann in leichtem Schwung hinter dem Hügel zwischen den Bäumen im Park. Das Haus selbst lag versteckt auf einem anderen Hügel.

Ganz still stand er dort in der Stille der Nacht und schaute. Ein leichter Windhauch berührte sein Gesicht wie eine flüchtige Liebkosung. Er schloß die Augen für einen Augenblick, und wieder meinte er, etwas im Wind zu spüren. „Davy?“ fragte er leise. „Liebling?“ Dann ging er durch das Tor, und der Kies knirschte unter seinen Füßen. Neben den Pappeln, auf beiden Seiten der Allee, lagen die Torwiesen, wo die wilden Erdbeeren wuchsen. Vor seinen Augen erschien das Bild eines sonnenglänzenden, weißen Tischtuchs mit der blauweißen Schüssel voller roter Erdbeeren, mit Blätterteigkuchen und der dicken, gelben Jerseysahne von der Glenmerle-Farm. Er schluckte einmal und ging weiter. Hinter den Wiesen wand sich die Einfahrt steil hinunter bis zu den großen Bäumen, in denen die Drosseln ihre Nester bauten. Der Kies glänzte im Spiel von Licht und Schatten. Als er jetzt hinunterstieg, hörte er dort, wo der kleine Bach floß, das leise Plätschern des Wassers. Glühwürmchen tanzten im Schatten des silbernen Mondlichts. Am Fuße des Hügels öffnete sich zur Rechten eine kleine Lichtung: Da lag er, der runde Lilienteich, ausgetrocknet und mit seinem über die Ufer gewachsenen Gras. Nachdenklich blieb er stehen. In seinen Gedanken sah er plötzlich den See, wie er früher war: voller Wasser, und Kinder liefen im Sonnenlicht um ihn herum. Das Geschenk aus dem fernen England – eine kleine Fregatte – schwamm vergnügt mit vollen Segeln und einer flatternden weißen Fahne auf dem glitzernden Wasser, gefolgt von einem herrlichen Geleitschiff. Er selbst watete ins Wasser, um die Fregatte zu retten, die sich in den Lilien verfangen hatte. Er blickte auf, und vor ihm lag wieder der ausgetrocknete Teich. Er ging weiter.

Jetzt kam er an die feste Holzbrücke. Hier hatte er vor langer Zeit seinem Bruder und Davy Lebewohl gesagt. Davy hatte gelacht, und die Sonnenstrahlen, die durch die Blätter fielen, glänzten auf

ihrem braunen Haar – damals, als er sie verließ, weil er zur Marine ging. Doch nur wenige Monate später war Davy über den blauen Pazifik gekommen, um in seiner Nähe zu sein.
Damals hatten sie nicht im Traume daran gedacht, daß dies für sie der endgültige Abschied von Glenmerle sein sollte. Doch in den folgenden Kriegsjahren war sein immer noch tatkräftiger Vater gestorben. Das Anwesen mußte aufgegeben werden. Jetzt, mehr als ein Jahrzehnt später, stand er wieder auf der alten Brücke. Auch Davy war tot. Dies war für ihn, besonders an dieser Stelle, schwer zu glauben. Aber bis auf den ausgetrockneten Lilienteich war Glenmerle unverändert. Ernst und lieblich lag es da im Mondschein.
Deutlich konnte er jetzt das Haus erkennen: langgestreckt, weiß und groß. Früher, in den Jahren, die nun vergangen waren, hätte das Haus niemals so dunkel dagelegen. Zu jeder Stunde – und sei es auch nur der schwache Lichtschein vom Zimmer seiner Mutter gewesen – war es beleuchtet. Aber heute nacht war alles dunkel. Natürlich hätte er auch tagsüber kommen können, und eine freundliche Begrüßung von dem jetzigen Besitzer wäre ihm sicher gewesen. Aber er wollte keine anderen Menschen hier sehen. Er würde auch nicht weiter gehen als bis zur Brücke.
Er sah den Hügel hinauf zu dem großen, prächtigen Landhaus mit den dunklen Wäldern dahinter und den weiten Rasenflächen davor. Wie oft hatte er als Junge dort gelegen und mit dem Zielfernrohr seines Vaters die Sterne beobachtet. Unten, auf dem weiten Rasen, stand eine einzelne Weide. Sie erschien ihm jetzt viel größer als in seiner Erinnerung. Genauso die Ulme am Rand der Einfahrt und der Schattenkegel der Blautanne auf dem vorderen Rasen. Hinter der Tanne fiel der Rasen ab, nur nicht am „Sycamore Point“, einer Halbinsel in einem Meer von Gras. Hier hatte sein Vater so gern neben dem verzweigten Bergahorn gesessen. Hinter dem Haus stand eine mächtige Buche, die weit über die drei Stockwerke hinausragte. Zum Schrecken seiner Mutter war er besonders gern auf diesem Baum herumgeklettert. Wenn er dann hoch über dem Haus im Baum thronte, fühlte er, wie sich die mächtige Krone im Wind bewegte.

Weit hinter dem Haus und den anderen Nebengebäuden lag der Weinberg und dahinter der Obstgarten, der sich bis an die großen Bäume des Waldes ausdehnte. Die äußerste Ecke des Obstgartens war auf zwei Seiten von Wäldern begrenzt. Das war „sein Land". Hier hatte er sich eine kleine Hütte mit zwei Kojen gebaut, wo er übernachten konnte. Hier standen seine Apfelbäume. Von den zehn verschiedenen Sorten aß er die knackigen Jonathanäpfel am liebsten. Wie wünschte er sich jetzt solch einen Apfel oder eine Handvoll dunkelblauer Trauben aus dem Weinberg. Er erinnerte sich, wie er im Sommer im Morgengrauen aus seiner Hütte gekommen war, wie er das vom Tau nasse Gras kalt an seinen bloßen Füßen spürte und wie er die Weintrauben gegessen hatte, um seinen Hunger zu stillen.
Und wie hatte es im Innern des Hauses ausgesehen? Da war das Wohnzimmer, wo seine Mutter auf dem zierlichen alten „Duncan Phyfe"-Sofa ruhte, mit dem geschnitzten Chippendale-Stuhl, den eine Großtante aus England mitgebracht hatte, den Orientteppichen, deren Farben auf dem Boden leuchteten und den weißen Säulen der Kaminverkleidung. Am anderen Ende des langen Zimmers, neben der Tür zur Bibliothek, stand das Klavier. Er konnte seine Mutter mit ihrem kastanienbraunen, hoch aufgesteckten Haar dort sitzen sehen und ihre klare Sopranstimme hören, wie sie die fröhlichen Lieder sang, die sie so liebte. Oder er sah, wie sie im Garten Blumen pflückte und mit dem alten Gärtner plauderte.
Der Enkelsohn des Gärtners war sein Spielgefährte gewesen. Gemeinsam hatten sie mit zurechtgebogenen Nadeln im Fluß geangelt, waren geschwommen und in den Wäldern umhergestreift. Manchmal war auch sein kleiner Bruder mitgezogen. Oder die beiden waren nachts aus seiner Hütte geschlichen, um bei einem Bauern ein paar Wassermelonen zu stehlen. Für sie schmeckten gestohlene Wassermelonen am süßesten. Zur Hütte zurückgekehrt, saßen sie oben auf einem Heuhaufen und verspeisten die tropfenden Melonen, während die Fledermäuse vor ihnen hin- und herflatterten.
Seine Gedanken kehrten zu dem Haus zurück. Er sah die Biblio-

thek vor sich, in der sein Vater in dem tiefen Lederstuhl unter der „gotischen“ Lampe saß, die ihre merkwürdig geformten Schatten warf. Da saß er mit seinen Büchern und Pfeifen, während die Fensterflügel zum Wald hin weit offen standen. Andere Bilder von seinem Vater kamen ihm in den Sinn: sein Vater mit einem Buch im Liegestuhl auf dem Ahornhügel oder sie beide zusammen an einem frostigen Morgen draußen mit den Gewehren. Er dachte an die neugierige Erregung, die sie erfaßte, während sie auf das Aufstieben der Vögel oder das Hinterteil eines flüchtenden Kaninchens warteten. Einmal hatte er eine verletzte Krähe mit nach Hause genommen, wo er außer weißen Kaninchen und einer Schlange auch noch andere Tiere hatte, die er fütterte und beobachtete.

Andere Menschen kamen und gingen in seiner Erinnerung. Das Haus war immer fröhlich und voller Leute gewesen. Er dachte an seine Tante aus Kentucky mit ihrer sanften Stimme und den runden Dosen hausgemachter Schokolade und anderer Süßigkeiten, die sie mitbrachte. Besonders die weißen Bonbons, die auf der Zunge zergingen, hatten es ihm angetan, aber auch die flachen Kekse und der kräftige Landschinken. Diese Tante und sein Vetter waren oft auf Glenmerle, und er war ebenso oft in ihrem Haus in Bluegrass gewesen.

Dann dachte er an das Zuhause seines Vaters, eine große Farm, die „Zauberhain“ genannt wurde. Sie war von einem Wald umgeben, der von seinem Urgroßvater, einem Mathematiker, streng geometrisch gepflanzt worden war. Er erinnerte sich daran, wie er auf Großvaters Schoß gesessen und einen winzigen Golddollar bekommen hatte. Dann wanderten seine Gedanken zum Haus seines anderen Großvaters: dem viktorianischen Gebäude mit den vielen Veranden, das zwischen weitläufigen, schattigen Rasenflächen lag. In diesem Haus gab es wunderbare Dinge: das Treppenfenster mit Quadraten aus dunkelrot gefärbtem Glas und das Badezimmer, so groß wie ein Schlafzimmer, mit einer riesigen, langen Zinnbadewanne und einem wundervollen Gitter auf dem Boden, durch das die Wärme von der Küche heraufstieg. Während man oben badete, konnte man die Leute unten in der Küche schwatzen hören und den würzigen Geruch von gebratenem Schinken riechen. Manchmal hörte man auch die tiefe Stimme des Großvaters, mit der er zur Eile antrieb. Er sah seinen Großvater deutlich vor sich: weißbärtig, heiter und mit all der Würde, die ihm sein Bürgermeisteramt verlieh.

Irgendwo am Fluß erwachte ein Vogel und zwitscherte verschlafen. Der nächtliche Besucher stieg jetzt in Gedanken die gebogene Treppe hinauf und ging den Flur entlang zu seinem eigenen Reich, einem seltsamen, L-förmigen Raum mit Fenstern an drei Seiten. Als er ein Junge war, enthielt der eine Flügel des Raumes Bücherkisten bis zur Decke. Seine Eltern gaben ihm jedes Buch, das ihm oder ihnen einfiel. Er erinnerte sich an seine „Schatzinsel", gelb eingebunden, mit Long John auf dem Umschlag und einer Widmung seines Vaters: „Meinem lieben Sohn zum 10. Geburtstag."
Wo die Bücherregale zusammenstießen, standen Gewehre und Schrotflinten, und auf einem Regal lag alles, was einem Jungen sammelnswert erschien: eine abgezogene Schlangenhaut, ein Stück versteinertes Holz, eine richtige Schlange in Spiritus und andere Schätze. An der Wand darüber hingen Bilder von Schulkameraden: ein Junge auf einem Pferd, der einen Helm trug, einen Poloschläger in der Hand hielt und sehr stolz aussah, und auch ein Bild von ihm selbst, wie er auf einem glänzenden Fuchs saß. Hinter den Photographien war eine kleine Kriegsfahne der Konföderierten an die Wand geheftet. Im anderen Flügel des Raumes standen ein Schreibtisch und eine Kommode, beides aus schönem alten Kirschbaumholz. Über der Kommode hing das Gemälde eines Segelschiffes mit einem strahlenden Sonnenauf- oder -untergang im Hintergrund. Für ihn war es immer früher Morgen gewesen, und das Segel war nach Westen gerichtet: „Lehnend auf dem Bug, der westwärts drängt." Manchmal fragte er sich, ob das Bild sein Leben beeinflußt hatte. Schließlich spielte die See, die Flotte, Überseedampfer und Segelyachten eine große Rolle in seinem Leben.
Aber er hatte auch andere, ebenso tiefe oder sogar noch tiefer wirkende Eindrücke gehabt. Bücher z. B. beeinflußten sein Leben und Denken in hundertfacher Weise, ganz besonders die Dich-

tung. Er dachte an den Lehrer, der in ihm das Verständnis für die Herrlichkeit Shakespeares geweckt hatte, und an seine eigene Entdeckung Shelleys. Viele der von ihm am meisten geliebten Bücher hatten von England erzählt, und besonders die Gedichte hatten ein lebendiges Bild Englands gezeichnet. England war ihm viel näher erschienen als New York oder der Wilde Westen. Vermutlich kam es zum Teil daher, weil er als kleiner Junge ein Jahr in Kensington gewesen war. Kensington, sein runder See und die Teestunde in der Kinderstube, wo das Kindermädchen geheimnisvoll-beschwörend vorlas: „Rucke di guh, rucke di guh, Blut ist im Schuh..." Oder die Ausflüge in die verschiedenen Grafschaften Englands, wo man Freunde auf dem Land besuchte. Jenes Jahr hatte England für ihn Wirklichkeit werden lassen, und vielleicht lebte es deshalb in den Büchern. Schon als Junge hatte er immer gern nach Oxford gehen wollen. Und als er schließlich dorthin gegangen war, erschien ihm das nur folgerichtig und notwendig.

Sein Bett hatte er vor das Ostfenster gerückt, von wo aus er den Mondaufgang über dem Obstgarten beobachten konnte und wo er manchmal von der Morgendämmerung geweckt wurde. Hinter dem kleinen Rasen an der Nordseite des Gartens erhob sich am Waldrand die riesige Buche. Abends, wenn er – wie so häufig – mit seinem Kopfkissen auf dem Fenstersims einschlief, waren die dunklen Bäume und die hellen Sterne darüber das letzte Bild, das er mit in seine Träume nahm. Wie hieß es doch in dem Vers? „Wir haben die Sterne zu sehr geliebt, um vor der Nacht Angst zu haben." Oft hatte er sich vorgestellt, ein kleines Tier zu sein – vielleicht ein Maulwurf oder eine kleine Maus –, das sich zu dem vertrauten, schönen Waldrand schlich, um dann aus seinem schützenden Schatten die Welt zu betrachten. Nein, dachte er, für jemanden, der so wie er aufgewachsen ist, würden Wälder und Nacht nie Schrecken, sondern immer nur Geborgenheit bedeuten.

Und natürlich Schönheit: die Schönheit, die sich ihm in allem mitteilte, was er liebte: in den Schiffen, Wäldern und Gedichten. Er erinnerte sich an jene Winternacht, als wäre es nur ein paar Tage her. Damals war er zwar noch zu jung gewesen, um ganz erfassen zu können, was ihn bewegte, als er das zarte Flechtwerk kahler, schwarzer Zweige vor dem Hintergrund der eisigen, glitzernden Sterne betrachtet hatte. Doch plötzlich war etwas in ihm aufgebrochen, das zugleich Schmerz und Sehnsucht und Bewunderung gewesen war und was ihn beinahe erstickt hätte. Er hatte es jemandem erzählen wollen, aber keine Worte gefunden vor innerer Erregung über all diese Herrlichkeit. Erst sehr viel später war ihm bewußt geworden, daß dies seine erste Begegnung mit der Schönheit gewesen war. Dieses namenlose Etwas, das sein Herz beinahe stillstehen ließ, war die Schönheit. Heute noch sind für ihn Zweige vor dem Sternenhimmel der Inbegriff der Schönheit. In Gedanken kehrte er in sein Zimmer zurück und stellte sich vor, wie er dort an einem regnerischen Tag gemütlich auf seinem Bett lag und ein Buch las. Kipling vielleicht oder Sherlock Holmes, doch wahrscheinlicher Watson oder Rider Haggard. Oder vielleicht Olaf Stapledon, denn er liebte die phantastischen Geschichten über die ferne Zukunft. Wenn er so las, hörte er kaum das Klopfen, das ihn zum Mittagessen rief.

Die Mahlzeiten auf Glenmerle waren immer recht einsame Angelegenheiten gewesen. Stets und ständig hatte man ihm zum Mittagessen frisch ausgepreßten Saft sowie Sandwiches mit Butter und Rindfleisch serviert. Doch dieses Brot! Der Gedanke daran erweckte in seiner Erinnerung ein anderes Bild an seine Mutter: seine Mutter mit mehligen Armen vor der großen Teigschüssel. Nur sie konnte das Brot backen. Diese Aufgabe wurde nie einem Koch anvertraut. Und wie bald war das ganze Haus mit dem köstlichen Geruch erfüllt. Das Aroma von gebackenem Brot, der zarte Duft von Lavendel und der frisch-kräftige Geruch der Schnittblumensträuße, die seine Mutter im ganzen Haus verteilte: das waren die Gerüche von Glenmerle. Vielleicht noch der Geruch vom Pfeifentabak seines Vaters und der von Gewehren und Gewehröl. Er konnte diese Mischung geradezu riechen, jetzt, hier unten auf der Brücke in der Nacht.

Und er glaubte fast, daß alles so wäre, wie es gewesen war. Er hätte nur die Einfahrt verlassen, durch die nie verschlossene Tür eintreten, in sein Zimmer hinaufgehen und ins Bett steigen müssen. Er lächelte bei dem Gedanken, welche Überraschungen es geben könnte, wenn er es wirklich täte. Doch alles war Vergangenheit. Sonst hätte er schon längst das schnelle Getrappel von Hundepfoten gehört, und Pollys Nase hätte sich in seine Hand geschmiegt. Er dachte an sie, die rot-goldene Colliehündin, und an all die anderen Hunde auf Glenmerle, wie sie im Sonnenlicht durch das Gras liefen. Liebe, alte Polly!

Plötzlich erinnerte er sich an einen Sommermorgen, als er mit Polly durch die Wälder streifte. Schon weit von Glenmerle entfernt, waren sie zu einer saftigen Wiese gekommen. In ihrer Mitte erhob sich ein kleiner Hügel, der von einer weit ausladenden Eiche gekrönt wurde. Dort hatte er sich hingesetzt und an den Stamm gelehnt, während Polly in malerischer Pose an seiner Seite lag. Er mußte damals 15 Jahre alt gewesen sein, denn es fiel ihm schwer, sich daran zu erinnern, welche Lektüre bei ihm eigentlich den Gedankengang ausgelöst hatte.
Oder, ja, er konnte es doch: Es waren die großen Hirne in ihren Türmen aus Stapledons herrlichem Buch „Der letzte und der erste Mensch". Er war es gewohnt, Gefühle, Emotionen zu verachten. Mädchen waren gefühlvoll, aber Mädchen waren auch schwach. Gefühle, Tränen – das bedeutete Schwachheit. Aber an diesem Morgen kam ihm in den Sinn, daß es nicht besonders schön sein müßte, ein großes Hirn in einem Turm zu sein, nichts anderes als ein großes Hirn. Keine Aufregung, kein Hund zum Liebhaben, keine Freude am blauen Himmel – gar keine Gefühle. Er war plötzlich überwältigt von der Entdeckung, daß alles, was sein Leben schön werden ließ, nichts anderes als Gefühle sind. Aber das war ja schrecklich. Vielleicht aber lebten Mädchen mit ihren Tränen und ihrem Lachen das Leben viel intensiver? Unmöglich! Er prüfte es selbst und redete sich mit der Einsicht aus dem Dilemma: Es kam nicht darauf an, Gefühle zu zeigen, sondern sie zu haben. Dennoch war er ganz benommen von dieser Entdeckung. Was bedeutet Schönheit, wenn man ihr nicht vom Gefühl her begegnet? Auch Mut ist eine Angelegenheit des Gefühls, jedenfalls zum Teil. Aller Glanz des Lebens.

Aber wenn das Beste im Leben tatsächlich von unserem Gefühl bestimmt ist, dann mußte man doch nach den höchsten und reinsten Gefühlen streben. Und das bedeutete: nach Freude streben; denn Freude war das höchste. Wie konnte man Freude erlangen? In Büchern schien es so, als wäre die Freude in der Liebe zu finden, in einer großen Liebe. Aber auch da gab es Unterschiede. Für die Heiligen bedeutete vielleicht die Liebe Gottes Freude. Doch danach strebte er nicht. Er glaubte ja nicht einmal an Gott. Natürlich nicht!
Wenn er also diese höchste Freude haben wollte, mußte er möglichst eine große Liebe finden. Aber sollte er den Büchern glauben, dann schien die große Freude in der Liebe unmittelbar mit schrecklichem Schmerz verknüpft zu sein. Und doch, so dachte er, und doch würde die Freude den Schmerz wert sein – wenn wirklich das eine ohne das andere undenkbar war. Wenn es, wie er glaubte, eine Wahl gab zwischen den Höhen und Tiefen auf der einen Seite und einer Art sicherem Mittelweg auf der anderen, so wählte er ein für allemal, hier und jetzt die Höhen und Tiefen.

Seitdem waren Jahre vergangen. Aber hatte er nicht erlebt, was er an jenem Tag auf der Wiese wählte? Er hatte die Liebe erlebt. Und die Freude. Oh, was für eine Freude! Und den Schmerz. Er hatte es erlebt und durchlitt es noch, das tiefste Leid, das sich denken ließ. Und dennoch! Die Freude war den Schmerz wert. Auch heute noch würde er sich wie damals entscheiden.
Ruhig lehnte er am Brückengeländer in der dunklen, lautlosen Nacht, die durch das leichte Murmeln und Gurgeln des Wassers unter der Brücke und den ruhigen Schein der Glühwürmchen nur noch stiller erschien. Er dachte an seine Kindheit und Jugend an diesem Ort, der ein Teil seiner selbst war: dieser Ort, der so ernst und lieblich im Mondlicht vor ihm lag. Ganz zweifellos war dies ein Ort der Ruhe und Sicherheit gewesen. Und ein Haus voller Frieden; friedlich und fröhlich zugleich. Heiter und liebevoll hatte seine Mutter hier ihre Tage verbracht; ein wenig weltfremd, so hätte man meinen können. Und doch hatte sie scharfsichtig und freundlich bestimmt auf Dinge hingewiesen, die niemand sonst

bemerkt hatte. Wenn sein Vater aus der großen weiten Welt nach Hause kam, war er ruhig, entspannt und vergnügt – und dennoch fähig zu außerordentlicher Strenge. Seine Mutter hatte immer schnell gelobt und bewundert. Das seltene „Gut gemacht!" seines Vaters dagegen war ein kostbarer Schatz. Ein Haus des Friedens. Jetzt, in der lautlosen Nacht konnte er diesen unveränderten Frieden spüren, der über Glenmerle lag.
Es war auch ein Haus der Würde gewesen, und damals hatte Würde noch wirklich etwas bedeutet. Man empfand keine Vergangenheit bei dem Gedanken, ein Gentleman zu sein. In diesen Dingen waren sich seine Mutter und sein Vater absolut einig gewesen. Und irgendwie, ohne groß darüber zu sprechen, brachten sie ihm bei, was er unter „ehrenhaft" zu verstehen hätte. Er erinnerte sich an seinen eigenen Ehrenkodex, den er sich im Alter von 18 Jahren aufgestellt hatte. Ein Kodex, der nur drei Punkte enthielt: „Verrate nie einen Freund. Verrate nie die Schönheit. Verrate nie das Schwert." Das letzte hatte soviel bedeutet wie „Sei tapfer, wenn du dich fürchtest." In der Bibliothek seines Vaters hing ein alter Gala-Degen aus der Armeezeit. Den hatte er als Junge manchmal herausgezogen, nur um ihn in der Hand zu halten und die lange glänzende Klinge zu bewundern. Bilder aus den Büchern von Sir Lancelot oder Montrose waren dabei in ihm lebendig geworden. Jetzt, in dieser Nacht, wurde ihm mit einemmal bewußt, ein wie ehrenhafter Gentleman sein Vater als Rechtsanwalt, Soldat und Patriot gewesen war. Von der Brücke aus konnte er die Fenster der Zimmer seines Vaters und seiner Mutter gleichzeitig sehen, und er empfand beiden gegenüber eine tiefe Dankbarkeit einfach dafür, daß sie so gewesen waren, wie sie es waren.
Glenmerle, so dachte er, war ein Ort, an den man nach Hause kommen konnte, sei es von Kentucky, Florida oder von England, aus der Schule oder vom College. Wie war das damals, als er aus dem Internat nach Hause kam: in den Weihnachtsferien, die Wälder voller Schnee, Winterabenddämmerung. Die große Blautanne mit winzigen, weißen Lichtern, die wie Sterne funkelten, und der große Wagen war ungewohnt leise den Hügel zum Haus hinauf gefahren. Dann die Willkommensrufe seiner Mutter, ihr Kuß und

der Händedruck seines Vaters. Im Hintergrund sein vergnügt grinsender Bruder. Und natürlich, wie immer, das muntere Feuer im Wohnzimmer und die zum hell strahlenden Eßzimmer geöffnete Flügeltür. Oben wartete sein eigenes Zimmer auf ihn; genauso, wie er es verlassen hatte. Würde – ja *mußte* – der Himmel nicht so etwas wie ein Nach-Hause-Kommen sein?

Er setzte sich auf den Brückenrand und ließ seine Beine über dem silbrig glänzenden Wasser baumeln. All diese Gedanken und Erinnerungen, die beim Erzählen so lang erscheinen, waren in Wirklichkeit unglaublich schnell durch seinen Kopf gegangen. Aber selbst jetzt, als er sich an seine Kindheit erinnerte, hatte Davy sein Denken voll und ganz erfüllt.
Davy, so geliebt, so liebenswert, und nun seit sechs Monaten tot. Sie war es gewesen, sie allein, die ihn heute Nacht nach Glenmerle zurückgebracht hatte. Das Mädchen, das er hier geliebt hatte, das Mädchen, das er geheiratet und niemals zu lieben aufgehört hatte. Bis zu jenem Wintermorgen, als sie sein Gesicht zum letztenmal berührt hatte und mit ihrer Hand in der seinen gestorben war. Seitdem bestimmten Trauer und die Unermeßlichkeit dieses Verlustes sein Leben. Und dennoch lag unter Tränen und Schmerz der seltsame Hauch eines Trostes in dem einen Gedanken, daß die Jahre ihrer Liebe jetzt durch nichts mehr angetastet werden konnten. Es war tatsächlich so, wie er seinem Freund C. S. Lewis nach England geschrieben hatte: Das Manuskript ihrer Liebe war sicher bei dem großen Drucker angekommen.
Einen Augenblick lang wünschte er sich, Lewis wäre bei ihm, nur für eine Stunde, und würde hier in Glenmerle mit ihm auf der Brücke über dem Fluß sitzen. Lewis würde Glenmerle lieben, dachte er. Ähnelte es nicht dem Haus mit dem Kleiderschrank, der nach Narnia führte? Und außerdem verstand Lewis so gut, wie tief ihn dieser Verlust getroffen hatte. Trotz der großen Entfernung war C. S. Lewis in diesem halben Jahr, in dem er die Tiefen des Leids auslotete, seine Hauptstütze gewesen. Er hatte ihm gesagt, daß Davys Tod eine harte Gnade gewesen sei.
Eine harte Gnade – der Ausdruck verfolgte ihn geradezu. Eine

Gnade, die so hart war wie der Tod; ein Tod, der so gnädig war wie die Liebe. Denn es war der Tod in der Liebe, nicht der Tod ihrer Liebe gewesen. Liebe kann auf viele Arten sterben, meistens sehr viel schrecklicher als beim physischen Tod. Und wenn alle natürliche Liebe auf die eine oder andere Art sterben muß, so trug Davys Tod doch den Keim zu einem neuen Frühling und einer neuen Geburt in sich.

In ihm war ein festes Wissen, über alles Vertrauen und Glauben hinaus, daß sie in jenem plötzlich leeren Raum in den Augenblikken nach ihrem Tod noch da war. Sie war nicht ausgelöscht mit diesem einen letzten schwachen Atemzug. Sie und er würden sich wieder treffen. „Bei Gott ist die Ruhestatt!" Er betete einen Augenblick in der stillen Nacht. Er betete für sie, wo immer sie sein mochte, und auch für Lewis. Im nächsten Jahr würde er nach England reisen. Auch das wird ein Nach-Hause-Kommen sein. England und Oxford! Mit Lewis wird er lange Gespräche führen, Bier trinken und vielleicht in Hochstimmung kommen, wie Lewis geschrieben hatte.

Er blickte hinaus zu dem Haus auf dem Hügel und dachte wieder an Narnia. Glenmerle, so wie es im weißen Mondlicht vor ihm lag, war ebenfalls ein Zauberort, unwirklich in seiner ernsten Schönheit. Plötzlich erinnerte er sich an eine andere Sommernacht hier an dieser Stelle, an eine Nacht wie diese. Er war mit Davy allein im Haus. Sie hatten Mendelssohns Sommernachtstraum aufgelegt und laut spielen lassen. Dann waren sie über den Rasen bis zum Waldrand gelaufen. Alles war in weißes Mondlicht getaucht, bis auf einige tiefe Schattentäler. Rosenduft erfüllte die Luft. Sie hatten sich an den Händen gehalten und getanzt, bis sie sich schließlich lachend im Mondlicht neben der großen Buche ins Gras fallen ließen, berauscht von der Musik.

Er lächelte bei dieser Erinnerung, und gleichzeitig brannten die Tränen in seinen Augen, liefen über sein Gesicht. Aber das war das Wesen der Trauer: Lachen und Tränen, Freude und Schmerz.

Beinahe vom ersten Augenblick ihrer Begegnung an hatten sie

sich geliebt, tief geliebt. Und das war ihnen auch bewußt gewesen. Noch ehe ein Jahr um war, hatten sie heimlich geheiratet. Beide waren sie noch aufs College gegangen. Von Anfang an hatte er sie mit nach Glenmerle gebracht, weil ihre eigene Familie weit entfernt lebte. Glenmerle in Liebe und Frühling, mit dem Obstgarten als einem Meer von Blüten und dem üppigen Flieder neben dem Haus. Junge Liebe im Frühling! Ein leeres, verkitschtes Wort vielleicht für alle, die es nie kennengelernt haben, oder deren Liebe zerbrochen ist, aber nicht für ihn. Und auch ganz gewiß nicht für sie. In ihren letzten Tagen hatten sie von Glenmerle gesprochen. Sie erinnerten sich an diese Brücke, auf der er nun saß. Wie oft hatten sie hier zusammen gesessen und sich in den Armen gehalten. Dort im Krankenhaus waren die Hunde und Bäume, die Gedichte und Erlebnisse von Glenmerle in ihnen wieder lebendig geworden.

Von dort, wo er saß, konnte er den Badeteich in der Senke unterhalb des Hauses sehen. Ein Windhauch mußte gerade über ihn wehen, denn im Lichtschein des Mondes waren deutlich leichte Wellen zu erkennen. Dort an dem Teich hatten sie eines Nachts, als sie von der Zukunft träumten, ihren ganz besonderen, nur ihnen gehörenden Traum geträumt: den Traum von einem schnittigen Schoner, auf dem sie zu fernen Inseln segelten. Der Schoner sollte „Graugans" heißen, denn die Graugänse fliegen allein weiter, wenn ihr Lebensgefährte tot ist. Nie wieder nehmen sie einen anderen Partner. Für einen Augenblick wurde das Holz der Brücke zu einem Schiffsdeck, das sich leicht in einer Seebrise neigt, und der Schimmer des Flusses zu dem kalten Feuer phosphoreszierender Wellen.

Sie waren oft in Glenmerle gewesen. Er hatte immer mitbringen können, wen er wollte, und alle wurden gern gesehen. So verbrachten sie dort Wochenenden und längere Ferien. Sie war für ihn ganz und gar ein Teil von Glenmerle.

Er erinnerte sich an den Sommer, als sie jeden Morgen in der Dunkelheit aufgestanden waren, nur um im frühen Morgengrauen draußen zu sein. Sie waren mit Laddie spazierengegangen, dem Hund mit den traurigen Augen und dem unternehmungslustigen

Herzen, waren Landstraßen und Wegen gefolgt, wohin sie auch immer führten, hatten Pferde gestreichelt, mit Hunden Freundschaft geschlossen und die wenigen Äpfel von den Bäumen am Straßenrand gepflückt. Manchmal waren sie zwanzig Meilen gewandert oder noch weiter geritten. Nach Hause zurückgekommen, sprangen sie mit ihren Kleidern in den Badeteich und frühstückten schließlich ausgiebig. Dann waren da die Nachmittage der Muße, wenn sie sich gegenseitig etwas vorlasen, sich unterhielten und nachts vielleicht zur Brücke oder zum Lilienteich hinuntergingen. Wenn sie zum Haus zurückgekommen waren, hatten sie einander „Gute Nacht!" gesagt und waren in ihre Zimmer gegangen. Aber später, wenn alle im Haus schliefen, war Davy in sein Zimmer und sein Bett geschlüpft.

Er stellte sich vor, daß sie nun in dem Haus leise in sein Zimmer schlich und merkte, daß er nicht da war. Aber nicht doch! Davy wüßte genau, daß er draußen in der Nacht ist. Sie würde sich im Nachthemd die Treppe herunterstehlen und durch das Wohnzimmer hinaus in die sanfte Dunkelheit schleichen. Mein Gott! Hatte er nicht wirklich eine weiße Gestalt die Treppe hinunterhuschen sehen? Ging sie in diesem Augenblick lautlos durch das Gras, an den Rabatten vorbei, hinunter zur Brücke? Er stand auf und sah angestrengt durch das Gebüsch nach einem weißen Flattern. Einen Augenblick lang glaubte er, den Duft von Flieder zu riechen. Spürte er nicht den intensiven Geruch von Maiglöckchen, den sie so liebte? Aber nun war es für immer zu spät für sie, in der Nacht zu ihm zu kommen.

Noch einmal sah er den Hügel hinauf zu dem schönen großen Haus mit der mächtigen Buche dahinter, und er wußte, daß es das letztemal war. Hier auf der Brücke, wo sie sich vor langer Zeit schon einmal Lebewohl gesagt hatten, war er nichts als ein Schatten in der Nacht. Er hob einen Kieselstein auf und ließ ihn in das helle Wasser fallen. Als er die Brücke verließ, bückte er sich und streichelte das Gras, so wie er Laddie hätte streicheln können. Dann stand er auf, drehte sich um und ging zurück über die Brücke durch die Allee, an dem ausgetrockneten Lilienteich vorbei, den Hügel hinauf und durch die Einfahrt hinaus.

Kapitel 2

Die Strahlende Festung
Oder: Die heidnische Liebe

Wir begegneten uns mitten im tiefsten Winter, und der Anlaß war sehr ärgerlich. Ich wollte mein Geld zurückhaben, und sie sollte verhindern, daß ich es bekam. Der Ort des Geschehens war die Fotoabteilung eines Warenhauses. Ich gab mich höflich, aber kühl reserviert. Sie war liebenswürdig, obwohl sie sich über mich ärgerte. Gewonnen hat schließlich sie. Auf dem Tresen zwischen uns lag ein Farbfoto, das schlecht entwickelt worden war. Ihr selbst wäre dieser Fehler sicherlich nicht passiert, denn sie war ein Experte auf diesem Gebiet und hätte es bestimmt besser gemacht. Am Ende ließ ich das Bild bei ihr zurück und ging stolz erhobenen Hauptes davon.

Ich war damals im dritten Collegejahr und verbrachte die Weihnachtsferien zu Hause. Es ging um das Foto von einem Studienfreund, der kürzlich ertrunken war. Ich staunte über mich selbst, daß ich mich von ihr hatte überreden lassen. Warum nur fielen mir im Zusammenhang mit dieser Frage plötzlich ihre ausgesprochen hübschen, weit auseinander liegenden Augen ein, die vor Ärger so spöttisch blitzen konnten?

Sie war die Tochter eines Pastors der methodistischen Episkopal-Kirche aus einer Kleinstadt in New Jersey. Sie stammte aus einer angesehenen Familie und hatte eine gute Schule in Vermont besucht. Aber dann war der Pastor Staley Davis gestorben und alle ihre Studienpläne mußten aufgegeben werden. Traurig hatte sie die Stelle in dem Studio eines großen New Yorker Warenhauses angenommen. Aber sie haßte New York, und deshalb hatte sie Geld gespart, um New York verlassen und doch noch ein College besuchen zu können. Sie war zehn Tage älter als ich und erst ganz am Anfang ihres Studiums an einer kleinen Universität weit weg

von New York. Nebenher arbeitete sie stundenweise in diesem Kaufhaus.
Ich fuhr die fast zwanzig Meilen nach Hause und dachte immer noch an sie; teils verärgert, teils irritiert. Am Nachmittag dieses Tages rief mich mein Freund Don an, der einige Meilen entfernt in Beech Hill wohnte. Wir waren alte Freunde, und seit seiner Rückkehr aus einer Schule in der Schweiz hatten wir gemeinsam dasselbe College besucht. Don hatte eine Idee. Bob, einer unserer gemeinsamen guten Freunde, war im College geblieben, um dort allein zu arbeiten. Warum sollten wir ihn nicht mit einigen Mädchen und Bobs Freundin Mary besuchen? Hätte Don einen Tag später oder früher angerufen, wäre ich seinem spontanen Einfall vielleicht nicht sofort gefolgt. Aber jetzt dachte ich gleich an die schönen, ärgerlichen Augen dieses Mädchens. Stand ihr Name nicht doch irgendwo auf dem Abholzettel? Ja, hier war er: Jean Davis. Und was für ein Zufall! Don würde Margery mitnehmen, die Personalchefin des Warenhauses war. Sehr gut! Hör zu, Don: Du könntest mir einen Gefallen tun. Sei ein guter Freund, rufe Margery an und bitte sie, folgendes zu arrangieren...

So kam es, daß ich eines Abends mitten im Dezember mit Don, Margery und einer übermütigen Mary hinten in Mutters großem Wagen vor dem Haus mit den weißen Säulen an der Universität vorfuhr, in dem die Dame mit den ärgerlichen Augen wohnte. Eineinhalb Stunden später erreichten wir unsere Collegestadt. Im großen Kamin von Bobs Zimmer brannte gemütlich das Feuer, und er empfing uns begeistert. Wir tranken etwas, unterhielten uns, tanzten ein bißchen. Und ich entdeckte, daß Jean nach ihrem Familiennamen Davy genannt wurde. Der Name paßte irgendwie zu ihr, vor allem jetzt, wo ihre Augen nicht mehr so ärgerlich waren.
Dann saßen Davy und ich plötzlich allein vor dem Kamin. Ihre Augen waren tatsächlich wunderschön: ausdrucksvolle, graue Augen mit einem seegrünen Schimmer, wenn ein bestimmtes Licht auf sie fiel. Eine klare Stirn und ein kleines, entschlossenes Kinn – ein herzförmiges Gesicht. Mir war auf einmal klar, daß es

nichts Schöneres gab als herzförmige Gesichter. Ganz im Gegensatz zu mir war sie nicht sehr groß. Aber waren – nun ja – kleine Mädchen nicht überhaupt viel schöner? Besonders, wenn sie glänzend braunes Haar, eine leise, angenehme Stimme und wundervolle Augen hatten?

Wir unterhielten uns und sahen uns im Schein des Feuers an. Sie erzählte mir von einer Küstenfahrt, die sie ganz allein unternommen hatte, nur weil sie gern auf einem Schiff und auf See sein wollte. Ein Mädchen, das Schiffe und die See liebte, konnte so übel nicht sein. Sie hatte einen Sturm erlebt, und die Passagiere waren unter Deck geflüchtet. Aber Jean war nach vorn in den Bug gekrochen und hatte sich in ein aufgerolltes Tau gekauert. Sie war ganz naß geworden, und trotzdem hatte sie die Gischt und den untertauchenden Bug geliebt. Diese Geschichte beeindruckte mich mehr als alles andere. Dann entdeckten wir unsere gemeinsame Liebe zur Dichtung. Sie kannte und beendete eins meiner Zitate. Wir lachten uns an, und dieser uns beiden bekannte Vers verband uns miteinander.

Davy war kein Mädchen vom Lande, aber sie liebte Hunde, und ihre Familie besaß ein Landhaus, das ihr Vater an einem See in West New Jersey gebaut hatte. Sie paddelte gern in einem Kanu nachts an den bewaldeten Ufern des Sees entlang und hörte den Eulen zu. Ein Mädchen, das die See, Eulen, Hunde und Dichtung liebte: lieber Himmel! Das Mädchen aller Mädchen hatte ich gefunden! Dann erwähnte sie, daß Schönheit weh tun kann. „Was! Bei dir auch?“ rief ich spontan. „Du kennst das? Den Schmerz der Schönheit? Ich dachte, das ginge nur mir so.“

Ich kann nicht mit Sicherheit sagen, ob wir schon damals anfingen, uns zu lieben, in jedem Fall begann so unsere Freundschaft.

Endlich hörte ich einmal mehr zu, als daß ich selbst redete. Und doch wußten wir beide, daß alles – die See und die Eulen, Gedichte und Schönheit und jener Humor, der mehr ein verstecktes Lächeln als ein offenes Lachen war – uns miteinander verband. Wir spürten die wachsende innere Erregung, als wir dies entdeckten. Ich glaube, ich erzählte ein wenig vom Fliegen, das mich so sehr begeisterte. Und sofort beschäftigte sie sich lebhaft und voller Eifer mit der Fliegerei. Ihr lebhaft-interessierter und anteilnehmender Geist war in der Tat typisch für sie. Wenn überhaupt ein einziges Wort ihr Wesen erfassen könnte, so müßte man ihre geistige Beweglichkeit und Lebendigkeit nennen. Fröhlich, süß und aufgeschlossen, auch gradlinig und mutig.

Als wir in jener Nacht sehr spät zur Stadt zurückfuhren – die anderen schliefen hinten im Wagen, während wir immer noch eifrig redeten –, war eine echte Vertrautheit zwischen uns entstanden. Früher hatte ich gesagt, ich würde niemals ein Mädchen – nur so im „Vorbeigehen" – küssen. Es müßte mir schon wirklich etwas bedeuten. Heute hätte es mir etwas bedeutet.
Und so küßte ich sie denn auch, als wir uns wiedersahen. Freilich nicht, wie sie es hätte erwarten können: bei gedämpftem Licht und leiser Musik. Vielmehr in einem Augenblick, als sie bewies, daß sie nicht zu diesen von mir so verabscheuten, kreischenden Mädchen gehörte.
Es war Glatteis auf den Straßen. Vielleicht fuhr ich auch ein bißchen zu schnell. Jedenfalls rutschten wir hilflos über die spiegelblanke Straße auf eine belebte Straßenkreuzung, geradewegs über die rotgeschaltete Ampel. Busse brausten auf uns zu, bei den Autos blockierten die Hinterräder, als sie uns bremsend auszuweichen versuchten. Erschrocken blickte ich zu Davy hinüber. Aber sie sah mich nur an und – mußte lachen. Ich lachte zurück, während wir sanft am anderen Straßenrand landeten. Ein Polizist kam auf uns zu und sah uns streng an. Da beugte ich mich schnell zu ihr hinüber und küßte sie.
So begann auf eine ziemlich ungewöhnliche Weise eine – wie ich es empfunden habe – unvergleichliche Liebe. Ihre Einzigartigkeit lag nicht darin, daß wir uns besonders heftig ineinander verliebten; dieses wunderschöne Gefühl haben sicherlich viele kennengelernt. Sie lag vielmehr darin, was wir aus dieser Liebe machten: unsere Liebe, die durch eine „Strahlende Festung" unverwundbar wurde.
In jenem Dezember haben wir uns dreimal gesehen. Unglücklicherweise hatte Davy für den Silvesterabend schon eine Verabre-

dung getroffen, so daß sie nicht mit mir auf Dons Silvesterparty gehen konnte. Am Morgen nach dieser Party, kurz nach Tagesanbruch, stiegen Bob und ich an der Einfahrt von Glenmerle aus Dons Wagen. Von Beech Hill aus hatten wir noch mal hier und dort Silvester gefeiert, und wir waren alle ziemlich beschwipst. Bob, der über Nacht bei Don bleiben sollte, weigerte sich, weiter mit Don zu fahren. Immerhin war Don schon dreimal am Steuer eingeschlafen.

So fuhr Don – eigensinnig und uneinsichtig – allein weiter. Bob und ich, in unseren Abendanzügen und weißen Krawatten, wurden von den vorbeikommenden Autofahrern neugierig gemustert. Müde und übernächtigt ging Bob schließlich in Richtung Beech Hill. Unterwegs traf er Dons Mutter. Sie war gerade auf dem Weg zu ihrem Sohn und zu dem Blechhaufen, der bis vor wenigen Augenblicken noch ein Auto gewesen war. Don, dieser eigensinnige Trottel, saß trübsinnig auf einem Zaun und schien nur darauf zu warten, daß sein Wagen, von dem eine Dampfwolke aufstieg, endgültig in die Luft ging.

Ich hatte mich in der Zwischenzeit mühsam die Einfahrt hinaufgeschleppt. In meinem verkaterten und vom Alkohol umnebelten Gehirn war nur eins wach: der Gedanke an Davy. Die ganze Nacht hatte ich an sie gedacht. Nach einem kurzen Schlaf rief ich sie an, gerade als sie sich wünschte, ich würde sie anrufen. Ich fuhr los, um sie zu holen.

Am Neujahrstag kam sie nach Glenmerle. Und damit war das Thema des kommenden Jahres festgelegt: Davy und ich zusammen auf Glenmerle. Von dem Tage an hatten wir uns füreinander entschieden, obwohl es damals für uns beide eine schwere Wahl war. Einen Monat später wurde Davy von einem Mann aus West Point zu einer akademischen Tanzveranstaltung eingeladen. Er kam mit dem Flugzeug genau an dem Abend, als wir zu einer College Party gehen wollten. Mein erster Gedanke war, auf diesen gemeinsamen Abend mit ihr zu verzichten. Was bedeutete schon ein Abend? Dann überlegte ich es mir genauer.

„Hör zu, Davy!“ sagte ich. „Könnte es uns später nicht leidtun, wenn du mit ihm ausgehst, anstatt mit mir zusammen zum Tanzen zu gehen? Nicht, weil du mit ihm ausgegangen bist. Das ist nicht so wichtig. Aber uns beiden wäre unwiederbringlich etwas verloren, was nur wir erleben können. Denke doch nur an den verlorenen Silvesterabend. Freilich, entscheide so, wie du es für richtig hältst."

Wir gingen zusammen zum Tanzen. Viel später kam für mich der Augenblick der Entscheidung, wenn auch auf ganz andere Weise. Mein alter Fliegerkamerad – wir nannten uns selbst „Das Geschwader" und waren bei unseren Freunden wegen unserer tollkühnen Luftabenteuer berühmt geworden – drängte mich, mit ihm ein sehr interessantes Flugabenteuer in Arizona zu starten. Das hätte allerdings bedeutet, ein Jahr mit dem Studium auszusetzen und – ein Jahr ohne Davy. Für mich war die Entscheidung klar. Später nannten wir diese Entscheidungen „die Niederlage der Luftwaffe" und „die Niederlage des Geschwaders".

Kurz nach Neujahr fuhr ich zum College zurück. Die Zeit unseres Zusammenseins mußte sich nun auf die Wochenenden und einen gelegentlichen Abend mitten in der Woche beschränken. Am College sorgten Bob und Don eiligst dafür, daß alle von meiner Liebe zu Davy erfuhren. Ich selbst bestätigte diese jeden interessierende Neuigkeit, als ein ganz reizendes Foto von Davy auf meinem Schreibtisch erschien. Immer wenn sich jemand verlobte oder sich umgekehrt von seiner Freundin trennte, sangen sie in unserem Haus ein traditionelles Lied. Laut grölend erklang dann: „Und der kleine Johnny (oder Dicky) geht jetzt an der Leine..." Nach jenem für Davy und mich so wichtigen Tanzabend sangen sie das Lied für mich.

Aber schon lange vorher, kurz nach den Ferien, hatte ich selbst für meinen Ruin in diesem Hause gesorgt. Eines Nachts schrieb ich an Davy, obwohl gerade mehrere Freunde in meinem Zimmer waren. Ich schrieb ihr, daß gerade in Großstädten der Schimmer der Schönheit kostbar sei. Aber irgendwie kam mir das Wort „kostbar" – so wie ich es geschrieben hatte – merkwürdig vor. „Bob", fragte ich, „wie schreibt man ‚kostbar'?" Hätte ich doch lieber „kostbahr" geschrieben oder mir die Zunge abgebissen! Im selben Augenblick stürzten sich nämlich alle wie eine Hundemeute auf mich. Ob ich wohl wüßte, wie man „anbetungswürdig" schreibt? Und wie es mit „Engel" oder „süßer Biene" wäre? Es dauerte eine Weile, bis sich der Sturm gelegt hatte. Aber noch viele Jahre später wurde ich in aller Freundschaft gefragt, ob ich wohl wüßte, wie man „kostbar" schreibt.

Die Freundschaft mit Davy war wirklich kostbar für mich, obwohl ich dieses Wort damals dann doch nicht gebrauchte. Wir haben uns tatsächlich von Anfang an geliebt; ich würde sogar sagen: von unserem Verliebtsein am ersten Abend an. Ich will versuchen zu erzählen, wie es weiterging. Zunächst zögerten wir, uns diese Liebe einzugestehen. Es war einfach zu früh. Wir waren uns selbst nicht sicher, ob wir es wirklich glauben konnten. Uns beide erfüllte eine Art zögerndes, zweifelndes Verwundertsein. Konnte so etwas wirklich geschehen? Ein solches Wunder? Doch gerade zu der Zeit entdeckten wir in einem Buch den Text, der genau das ausdrückte, was wir empfanden. Möglicherweise waren diese Worte ein bißchen sentimental; aber sind das nicht alle Verliebte? Ich zitiere vielleicht etwas ungenau aus dem Gedächtnis, doch ich bedanke mich noch heute bei dem unbekannten Autor: „Sie im Dämmerlicht in meinen Armen zu halten und für immer ihr Kamerad zu sein – das war alles, was ich mir wünschte, solange ich lebe... Und dies, so sagte ich mir in einer Art Erstaunen, dies ist die Liebe: diese Würde, dies seltsame Hochgefühl, diese plötzliche, unbeschreibliche Freude und dieser unerträgliche Schmerz."

Was auch geschah, es geschah jetzt für uns beide. Ich glaube, so ist es immer; so für beide gültig, so intensiv, wenn man sich wirklich ineinander verliebt. Dann braucht man so etwas wie einen Funken, der vom einen zum andern hin und her springt und dabei immer stärker wird: Liebe, die sich wechselseitig auflädt. Es entsteht kein Laut, wenn nur eine Hand klatscht. Unerwiderte Liebe ist keine echte Liebe. Vielleicht ist es ein Ineinander-Vernarrtsein, vielleicht Leidenschaft, vielleicht aber auch eine bloße Liebelei. Ich glaube, daß wirkliches Lieben weniger alltäglich ist, als uns die romantischen Schriftsteller glauben machen wollen. Muß nicht jemand, der wahre Liebe niemals erfahren hat, bloße Vernarrtheit oder eine Mischung aus Zuneigung und sexueller Anziehung für echte Liebe halten? Aber wem dann tatsächlich die echte Liebe begegnet, der wird überhaupt keinen Zweifel haben. Irgendwo las ich einmal, daß ein Mensch nachts im Dschungel das Brüllen einer Hyäne mit dem eines Löwen verwechseln könnte. Aber wenn er dann das Brüllen des Löwen hört, weiß er ganz genau, daß dies ein Löwe ist. So ist es auch mit der wahren Liebe. So war es auch mit Davy und mir. Eine unerwartete, kaum zu fassende Herrlichkeit.

Diese Herrlichkeit hatte uns geradezu überwältigt. Wir hatten viel zu wenige gemeinsame Abende, um noch Zeit mit anderen verbringen zu können. Wenn ich vom College kam, gingen wir in die Stadt in Restaurants mit kleinen Tischen und gedämpftem Licht, um gemütlich zu essen. In einem dieser Restaurants spielte ein Zigeunermädchen Geige. Ich hatte mit ihr vereinbart, daß sie an unseren Tisch kommen und die „Humoreske“ spielen sollte. Als sie kam und spielte, sagte ich leise zu Davy: „Jetzt und für alle Zeit bedeutet die Humoreske, daß ich dich liebe.“ Und immer, wenn wir später die Humoreske hörten, sagte ich ihr diese Worte. Die Humoreske wurde für uns zum Zeichen. Ich brauchte nur ein paar Töne zu summen oder zu pfeifen, und Davy wußte, was ich meinte. Sehr oft gingen wir in den Club meines Vaters. Dort dinierten wir in bescheidenem Glanz. Aber was noch wichtiger war: Es gab dort eine Bar, die auch für Frauen geöffnet war; ein ausgesprochen netter, kleiner, holzgetäfelter Raum mit einem schönen Kamin. In seinen stattlichen Sims waren folgende Worte eingraviert:

> Feuer, Freunde und Kamin,
> Weisheit, Kraft und froher Sinn.

Vor dem Kamin standen zwei kleine rote Ledersofas. Irgendwie schienen sie immer auf uns zu warten. Wir müssen unzählige Stunden in diesem ruhigen, angenehmen Raum verbracht haben. Während wir an einem Whisky-Soda nippten, nachdenklich ins Feuer sahen oder uns gegenseitig in die Augen blickten, sprachen wir über Dichtung, Leben und Liebe.

Vor allem überlegten wir, wie wir unsere Liebe bewahren könnten. „Oh, wie kann des Sommers Honigatem / in des Alltags rauhem Sturm bestehn...?" Damals kam uns die Idee, eine „Strahlende Festung" zu errichten, um unsere Liebe zu schützen. Als wir das erstemal in den Club kamen, waren wir so glücklich, daß wir diesen Abend „eine Stunde voller Ewigkeit" nannten. Brownings „vergänglichen Augenblick" hatten wir damit in einen zeitlosen Augenblick von unendlicher Dauer umgewandelt. Tausend glückliche Stunden und Tage waren für uns Augenblicke, die Ewigkeit bedeuteten.
Schon an den ersten Vorfrühlingstagen fuhren wir oft nach Glenmerle. Es lag etwas Zärtliches und Sanftes in unserer Liebe, etwas Scheues, das dem erwachenden Frühling so ähnlich war. Es war, als könnten wir unser Glück nicht ganz glauben. Die Zeit der Krokusse, der Weidenkätzchen! In einem Brief sprach Davy von „der sanften Sehnsucht, dein Gesicht zu berühren". Unsere Liebe erschien uns wie ein Wunder. Erste Liebe ist immer so. Die alte, uralte Geschichte, von Dichtern besungen und von enttäuschten Herzen spöttisch belächelt. Und doch ist es ein Wunder, ein unglaubliches Wunder; so wie jeder Frühling auf dieser Erde ein Wunder ist. Diese Herrlichkeit, hier und jetzt, in uns und um uns. So wanderten wir Hand in Hand auf Glenmerle und fühlten das Leben in der Erde und in unseren Herzen.
An einem feuchten, nebligen Tag kam ich vom Haus zurück und traf sie am Lilienteich, gedankenverloren das Maienlied vor sich hin summend:

„Liebchen, Liebchen, Liebchen,
wirst du mich ewig lieben?..."

In meinem Zimmer lasen wir Gedichte von Yeats, Shelley und Browning. Wir waren zutiefst beeindruckt von dem Gedicht „April" von William Morris und von Richard Le Galliennes „Ballade über die schönen Dinge des Lebens". Meistens las ich die Gedichte, denn alle Poesie faszinierte mich, während sie für mich auf dem Klavier im Wohnzimmer spielte.

Wir waren gleichermaßen ergriffen von unserer Liebe wie von der Schönheit, von dem Geheimnis der Schönheit. Wir verehrten die Geister des Himmels und der Erde, beteten die Geheimnisse der Schönheit und der Liebe an. Im Frühling dann verwandelte sich der Obstgarten in ein Meer weißer Blüten, durch das wir im Sternen- und im Sonnenlicht voller Entzücken liefen. Manchmal gingen wir durch den Regen und kühlten unsere Gesichter in der Blütenpracht des feuchten Flieders. Ich pflückte Maiglöckchen und steckte sie an ihre Kleider. Unzählige andere Liebespaare haben das schon vor uns getan, aber für uns war das alles die größte Herrlichkeit, die wir je erlebt hatten.
Danach schrieb ich für Davy mein erstes Gedicht über unsere Liebe. Es war so aufrichtig, wie ein Gedicht nur sein kann, schilderte es doch unser Leben, wie es war und wie es sein würde.

Maienzeit

Der alte Winter floh davon
Vor des Maien Jagdhorn Ton, –
  Wenn süße Lieb' erwacht.
  Vergeht des Frühlings Pracht,
Blüht Liebesflieder noch befreit
In immer froher Maienzeit, –
  Dann schwindet auch dies Bild
  Tödlich vom Schnee verhüllt.

Wir hatten schon sehr früh angefangen, darüber zu sprechen, wie wir alles machen würden, wenn wir – nur mal angenommen – heiraten sollten. Nur kurze Zeit nach unserem gefährlichen Kußabenteuer, sagte ich ganz beiläufig: „Davy, wenn sich zwei Menschen – nun, sagen wir mal – gernhaben, dann ist es doch immerhin möglich, daß sie – nun, daß sie, hm, – daß sich daraus etwas entwickelt, z. B. daß sie heiraten. Warum sollten wir nicht einmal darüber sprechen? Ich meine, wie denkst du dir das mit dir und mir?"
Mit nur mühsam unterdrückter Begeisterung antwortete Davy:

„Ich glaube, das könnte sehr interessant sein. Auf jeden Fall würden wir uns auch besser kennenlernen." So sprachen wir darüber, als wäre alles nur Spaß.
Für alle nur denkbaren Eheprobleme fanden wir eine Erklärung; sei es die Verwandtschaft, das Geld, die Frage, wer in einer Ehe die Entscheidungen zu treffen hätte, die Kinder und sogar die Eifersucht. Was die Verwandtschaft betrifft, so wollten wir höflich, aber bestimmt jede Art von Einmischung ablehnen. Und natürlich kam für uns jedes „Nach-Hause-zur-Mutter-Laufen" überhaupt nicht in Frage. Irgendwelche Schwierigkeiten würden wir niemals bei anderen klären wollen, denn das wäre das Eingeständnis unserer Niederlage und damit das Ende. Übereinstimmung also auf der ganzen Linie!
Dann war da noch die Frage des Geldes. Alles Geld, woher es auch immer kommt, muß uns beiden gemeinsam gehören. Was das Ausgeben betrifft – und das führte uns natürlich schon zur Frage der „Entscheidungsgewalt" in der Ehe –, wollten wir alle wichtigen Dinge durch Diskussion entscheiden; und die wiederum wollten wir nicht eher beenden, bis wir einer Meinung waren. Niemals sollte einer von uns versuchen, den anderen beherrschen zu wollen.
Der nächste Punkt: Kinder. Was meinst du dazu? Wir stimmten darin überein, daß es eigentlich schon jetzt zu viele Menschen gibt. Also kamen wir zu dem Schluß: Wir müssen nicht unbedingt Kinder haben.
Was noch? Eifersucht, das größte aller Übel. Aber kam für uns nicht nur eine Ehe in Betracht, die auf einer solchen Liebe aufbaute, daß Untreue völlig unmöglich war? Ob solch eine Liebe immer andauern würde, fragten wir uns noch nicht. Eifersucht erschien uns als Angst, die alles zerstören kann, auch wenn sie völlig grundlos ist. Da gab es nur eine Antwort: absolutes Vertrauen. Und wir beschlossen, uns sofort und unerbittlich zu trennen, wenn dieses Vertrauen jemals auch nur in einem Punkt zerstört würde; denn Vertrauen ließ sich nach unserer Meinung niemals wiederherstellen. Vertrauen mußte absolut sein, auch wenn das riskant war.

An diesem Abend kamen wir uns sehr klug und weise vor. In gewissem Sinne waren wir das auch, obwohl wir natürlich von all diesen Problemen, die wir so fröhlich und mit leichter Hand geregelt hatten, in Wahrheit keine Ahnung hatten. Und doch sollten die meisten dieser halb spielerisch getroffenen Entscheidungen von uns all die Jahre hindurch eingehalten werden; vor allem das absolute Vertrauen, das wir hoch in Ehren hielten.
Eines Nachts verließen wir den Club und gingen zu unserem Auto, einem als „grüne Ente" bekannten Coupé. Wir fuhren im strömenden Regen hinaus aufs Land und stellten uns vor, der gemütliche, kleine Wagen sei eine Flugzeugkabine. Wir unterhielten uns darüber, was Liebende voneinander trennen könnte. Einmütig kamen wir zu der Überzeugung, daß Besitz trennend wirken kann. Wir kannten eine Frau, die ihr Haus so sehr liebte, daß ihr Mann in seiner eigenen Wohnung nie die Füße auf den Tisch legen oder rauchen durfte. Frauen wie diese müßten – so fanden wir – heimatlos auf der Erde umherwandern. Überbewertete Besitztümer waren eine Last, die ihre Besitzer unterjocht. Folgerichtig beschlossen wir, nichts zu besitzen, was uns daran hindern würde, gemütlich zu leben; also Reproduktionen anstelle von Originalen, billige Paperbacks anstelle wertvoller Buchausgaben. An diesem Prinzip von der Last des Besitzes hielten wir fest. Und als wir später unseren ersten, glänzenden neuen Wagen bekamen, bearbeiteten wir ihn erst einmal mit einem Hammer, damit er gemütlich verbeult aussah.
Sehr bald danach, nur wenige Wochen nachdem wir uns kennengelernt hatten, hatten wir unseren ersten Streit. Meine Mutter lag für ein paar Tage im Krankenhaus, und ich besuchte sie zusammen mit Davy. Damit sich die beiden besser kennenlernen sollten, ließ ich sie eine Weile allein. Als wir wieder in unserer „grünen Ente" saßen, fragte ich beiläufig: „Na, was habt ihr euch erzählt?"
„Oh, Geheimnisse!" sagte sie leichthin. „Frauengeheimnisse. Ich möchte sie dir nicht erzählen."
Natürlich wußte ich genau, daß sie über nichts Wichtiges gesprochen hatten. Und doch erschienen mir selbst ganz und gar unwichtige Geheimnisse wie ein Keil zwischen uns. Immer noch friedfer-

tig, wenn auch mit einer Spur von Ernsthaftigkeit, sagte ich deshalb: „Komm schon. Erzähl es mir. Das gehört zu unserer Abmachung."
„Nein", entgegnete sie mit festentschlossenem, hocherhobenem Kinn: „Über Geheimnisse haben wir kein Wort gesagt."
„Davy!" versuchte ich es noch einmal. „Du weißt, daß wir keine Geheimnisse haben wollten. Erzähl es mir!"
„Nein!" erklärte sie mir. „Wir haben auch gesagt, daß wir nicht herrschsüchtig auftreten wollen. Oder?"
„Ich trete nicht herrschsüchtig auf!" widersprach ich. „Es ist unser Grundsatz. Erzähl es mir."
„Nein!" erwiderte sie. „Ich werde es dir nicht erzählen und damit Schluß!"
„Und du wirst es mir doch erzählen!" befahl ich ärgerlich. „Wir werden keine Geheimnisse voreinander haben. Doch davon ganz abgesehen", fügte ich wirkungsvoll hinzu, „ich würde es dir erzählen. Nun mach schon!"
Schweigen.
„Na gut!" sagte ich und bog wütend um eine Ecke. „Ich fahre jetzt zur Universität. Wenn... du... es... mir... nicht... erzählst, bis wir da sind, setze ich dich dort ab und fahre weg. Und ich werde nicht zurückkommen – niemals!"
Ich wurde blaß. Sie wurde blaß. Wenn ich vorsichtig zur Seite sah, konnte ich ihr versteinertes Profil sehen, so wie sie mit ihren – ach so wunderschönen – Augen mein versteinertes Profil erkennen konnte. Entsetzliches Schweigen umgab uns.
Unentwegt mußte ich an ihr liebes, herzförmiges Gesicht denken. Hatte ich tatsächlich gesagt, ich wollte es nicht wiedersehen? Ich fuhr langsamer. Und dennoch – unaufhaltsam bewegte sich der Wagen vorwärts. Ich kroch geradezu vor das Universitätsgelände. Da hörte ich ein leichtes Geräusch, wie ein unterdrücktes Weinen. Schnell sah ich zu ihr hinüber. Tränen liefen über ihre Wangen. Oh, Gott! Mit ziemlich gebrochener Stimme krächzte ich ein paar Töne der Humoreske. Sie schluchzte laut. Ich hielt an.
Leise sagte Davy: „Nun, gut. Ich will es dir erzählen. Es ist sowieso nichts." Sie erzählte es, und es war natürlich wirklich nichts. Noch

während sie erzählte, brachte ich „die Ente“ wieder in Bewegung und lenkte sie nach Glenmerle.
Da hörte ich Davy neben mir: „Ich hätte es dir nicht erzählt, ganz egal, was es gewesen wäre, wenn nicht eine Stimme in mir fortwährend gesagt hätte, daß du recht hattest: Wir sollten wirklich keine Geheimnisse voreinander haben. Aber hättest du es wirklich getan? Wärst du weggefahren? Für immer?“
Ich dachte einen Augenblick nach, dann sagte ich: „Ich hatte es vor, das weißt du. Jedenfalls bis ich dich weinen hörte. Aber – selbst wenn ich gegangen wäre, ich wäre zurückgekommen. Wahrscheinlich noch heute nacht. Und dann hätten wir über die ganze Sache noch einmal geredet.“
Auf Glenmerle lenkte ich den Wagen durch die Einfahrt in den Park, und langsam schlenderten wir zur Bank am Lilienteich. Wir sahen uns an und lächelten dabei etwas gequält. Dann küßten wir uns und waren selig nach all der Gefahr und dem Schmerz, den wir erlitten hatten. In den folgenden Jahren würden diesem ersten Streit noch viele andere Kämpfe folgen – wir hatten nämlich beide einen festen Willen –, aber immer wieder würde die Versöhnung in den Armen des anderen solch eine Seligkeit sein, daß wir uns manchmal fragten, ob diese Freude nicht den Schmerz wert war. So erlebten wir sie, die Höhen und Tiefen.

Der Tag unseres ersten Streits war ein milder Winternachmittag gewesen. Eine Krähe krächzte in der Ferne. Rund um die Lichtung streckten die Bäume ihre kahlen Äste zum Himmel. Vor uns lag der friedliche Lilienteich, auf dem früher meine kleinen Schiffe segelten. Wir sprachen sehr ernsthaft miteinander; nicht über die leidige Geheimnisgeschichte, sondern über Gerechtigkeit zwischen Liebenden und wie Liebe überdauern kann. Was bei diesem Gespräch herauskam, war das aus unserer Sicht zentrale Geheimnis dauerhafter Liebe: Gemeinsamkeit.
„Was ist es“, so fragten wir uns, „was zwei Menschen zueinander hinzieht und bewirkt, daß sie sich lieben? Natürlich ist da die körperliche Anziehung; aber darüber hinaus muß es Dinge geben, die sie gemeinsam haben. Wir beide lieben Erdbeeren, Schiffe, Col-

lies, Gedichte und eben alles Schöne. Das verbindet uns miteinander. Diese Gemeinsamkeiten sind rein zufällig, aber jetzt werden wir alles miteinander teilen. Alles! Wenn einer von uns irgend etwas gern mag, dann muß der andere dies auch erkennen, und zwar bei jedem einzelnen Ding. So werden wir tausend Bande knüpfen, große und kleine, die uns miteinander verbinden. Dann werden wir uns so nahe sein, daß es unmöglich, ja undenkbar sein wird, jemals mit irgendeinem anderen Menschen dieselbe Vertrautheit zu haben. Und unser Vertrauen zueinander wird sich nicht nur auf unsere Liebe und gegenseitige Treue stützen, sondern auf die Tatsache, daß wir Tausende von Dingen gemeinsam haben, daß wir mit Tausenden von Banden untrennbar miteinander verbunden sind."

Wachsende Begeisterung erfüllte uns, noch während wir redeten. Absolute Gemeinsamkeit, so fühlten wir, war das letzte Geheimnis einer Liebe, die ewig dauern würde. Und natürlich konnten wir lernen, etwas gemeinsam schön zu finden. Wir brauchten nur zu wollen. So würden wir nicht nur das Band einer einmalig schönen Freundschaft knüpfen, wir würden auch den Zauber unserer jungen Liebe erhalten und danach mit jedem Jahr diese Liebe vertiefen. Wir würden uns so nahe kommen, wie sich zwei menschliche Wesen nur nahekommen können, näher vielleicht, als sich jemals zwei Menschen gewesen sind. Mochten auch Stürme kommen, mochten die Jahre auch alle möglichen Veränderungen mit sich bringen, was uns gemeinsam war, das würde uns immer verbinden, das würde bleiben. So sahen wir unseren Weg vor uns liegen, und so sollte es auch werden. Fröhlich und ernst zugleich besiegelten wir diesen Vertrag mit einem Händedruck, und dann – wie konnte es anders sein – mit dem liebevollsten aller Küsse.

Ich griff in meine Tasche und holte ein Gedicht hervor. In dem schrecklichen Schweigen unseres Streites hatte ich mir ausgemalt, wie es mit einer traurigen, blauen Flamme verbrannte. Aber jetzt war der Augenblick dieses Gedichts gekommen, beschrieb es doch, was Davy über kahle Zweige gesagt hatte. Und überhaupt war es so ganz und gar unser gemeinsames Gedicht, wie ja in Wirklichkeit alles, was ich jemals geschrieben habe, aus der Gemeinsamkeit unseres Geistes und unserer Seelen entstand. Also las ich für Davy am Lilienteich:

Frühlingsblau

Das Blau des Frühlings tragen wir durch all
Die Zeit, den Flieder und das Singen;
Kein heimlich Sommerzeichen von Verfall,
Nein, ewiger April auf Blütenschwingen.

Und wenn es dunkelt und der Frühling schwindet,
Der Knospenäste kahles Greifen
Im Himmelstaubengrau ein Ende findet,
Will mich noch ein Aprilkuß streifen.

Zum Schluß jenes denkwürdigen Tages lud uns mein Vater zum Essen in seinem Club ein, und er nannte Davy „einen prima Kerl", weil sie Mutter im Krankenhaus besucht hatte. Davy strahlte nach diesem Ritterschlag tagelang.

Doch damals – als wir uns unserer Gemeinsamkeit bewußt wurden, damals fingen wir ernsthaft, hoffnungsvoll und fröhlich zugleich an, die „Strahlende Festung" zu errichten, den Schutzwall unserer Liebe. Einen ummauerten Garten. Einen Zaun, mit dem man junge Bäume vor den Tieren des Waldes schützt. Einen befestigten Platz, dessen Mauern und Wachttürme weiß glänzen wie die Klippen von Englands Küsten. Die „Strahlende Festung", wie wir sie von Anfang an nannten, die den grünen Baum unserer Liebe schützte. Und doch war es in einem tieferen Sinn unsere Liebe selbst, die zur „Strahlenden Festung" wurde.
Aber warum muß Liebe überhaupt bewacht werden? Gegen welche Feinde muß man sie verteidigen? Wir sahen uns um, und plötzlich erschien uns die Welt als ein feindlicher, bedrohlicher Ort, an dem moralisch-sittliche Werke, Anstand und Höflichkeit keinen Platz mehr haben, der vom Krieg bedroht ist. Eine Welt, in der Liebe nicht überleben kann. Das Lächeln Liebender scheint

eine immerwährende Liebe zu versprechen. Und doch trennten sich in diesem Jahr Freunde, die sich im letzten Jahr noch liebten. Machen die Scheidungsziffern nicht Schlagzeilen? Wo finden wir ältere Leute, die sich noch lieben? Es mußte einfach so sein, daß Liebe trotz aller Versprechungen nicht von allein überdauert. Aber warum? Welche Ursachen gibt es für das Erlöschen der Liebe?

Eines Tages meinten wir, die Antwort gefunden zu haben. Der Tod der Liebe ist die sich langsam, allmählich einschleichende Trennung. Liebe ist zunächst ein Geschenk Gottes. Aber dann liegt es an uns Menschen, sie zu pflegen oder zu zerstören. Wer Liebe als sicheren, unzerstörbaren Besitz hinnimmt, wer aufhört, Dinge gemeinsam zu tun, wer jeweils seinen eigenen Interessen nachgeht und das „Wir" für das „Ich" aufgibt, für den ist es bis zum echten Egoismus nur noch ein kleiner Schritt. Genau das meinten wir mit schleichender Trennung. Und in unserer modernen Welt, besonders in den Städten, wird ihr jede nur mögliche Chance eingeräumt. Der Mann geht in sein Büro, die Frau bleibt zu Hause bei den Kindern, oder sie hat einen anderen Beruf. Das Ende einer Liebe mag vordergründig zwar mit Haß, Langeweile oder Untreue begründet werden, tatsächlich sind das aber nur Ergebnisse. Die wirkliche Ursache für das Ende war wohl immer die sich allmählich steigernde Trennung.

Deswegen errichteten wir unsere „Strahlende Festung" gegen diese heimtückische Trennung, die doch letztlich nichts als ein Sieg des Egoismus war. Wir errichteten sie auch gegen eine Welt des Verfalls sittlicher und moralischer Werte, gegen den Untergang von Anstand und Höflichkeit, gegen den heimlichen Verfall der Liebe. Wir wollten unsere eigenen Maßstäbe haben. Und vor allem wollten wir nicht das „Ich", sondern das „Wir" in den Mittelpunkt unseres Lebens stellen. Gegen die sich einschleichende Trennung wollten wir unsere Gemeinsamkeit setzen. Im „Ich" erkannten wir die schlimmste Gefahr für die Liebe. Wobei wir den Egoismus nicht einmal als das schrecklichste Übel der Hölle ansahen, was er ja in der Tat auch noch ist. Für uns war er nur die Gefahr für unsere Liebe. Und weil wir unsere Liebe unbedingt erhal-

ten wollten, vollzogen wir eine so radikale Umkehr. Unsere Liebe sollte alles überdauern.
Freilich sind Trennung und Gemeinsamkeit zwei Seiten derselben Medaille. Wir lehnten getrennte Aktivitäten ab, sei es Bridge, Schießen oder Segeln, weil sie uns trennen würden. Andererseits bedeutete dies auch, daß der jeweils andere im Sinne der Gemeinsamkeit auch lernen mußte, das gern zu tun, was sein Partner liebte. In diesem Zusammenhang überlegten wir uns, was wir von eigenen Kindern hielten. Und das kam dabei heraus: Könnten wir Kinder von einer Kinderfrau aufziehen lassen oder wären wir so unabhängig, um täglich einige Stunden gemeinsam mit ihnen zu verbringen, dann wäre es gut, Kinder zu haben. Aber weil Kinder sehr häufig für die Frau zum Mittelpunkt ihres Lebens werden, behindern sie die Gemeinsamkeit. Deshalb wollten wir keine Kinder haben. Ebenso sollte auch keine berufliche Karriere für unser Leben beherrschend werden; es sei denn, es ging um unsere gemeinsame Karriere.
Voller Begeisterung und Gründlichkeit fingen wir sofort an, nach dem Prinzip der Gemeinsamkeit zu leben. Wir beschlossen, daß wir alle Bücher, die einer von uns jemals gelesen hatte – und seien es Kinderbücher –, gemeinsam kennen müßten. Und das taten wir auch. So wie ich mehr in der Welt der Literatur zu Hause war, war sie es in der Welt der Musik. Also begann ich, im Musikzimmer unseres College zu studieren, begann mir Symphonien und Quartette anzuhören. Auch wenn ich der Poet und sie die Musikexpertin bleiben sollte – Davy war eine begabte Organistin und Pianistin –, so fühlten wir uns doch bald in beiden Bereichen heimisch. Sie spielte für mich unsere Lieblingsmusik, und unsere Lieblingsbücher und natürlich unsere Lieblingsgedichte lasen wir uns vor.
Eins dieser Bücher, die ich kannte und liebte, war George du Mauriers „Peter Ibbetson“; die Geschichte einer unsterblichen Liebe. Wir lasen es voller Freude zusammen, und weil wir den Film dazu nicht auftreiben konnten – immerhin war er schon uralt gewesen, als ich ihn vor Jahren gesehen hatte –, arrangierten wir eine private Vorführung. In einem ruhigen, kleinen Park in der

Nähe des Clubs stand auf einem steinernen Baumstumpf eine kleine bronzene Fee. Sie wurde für uns zur „Fee Tarapatapoum", und „Mimsey" wurde ein heimlicher Kosename für Davy. Aber dieses geliebte Buch war nur eins von vielen. Jedes weitere Buch, jedes Gedicht, Konzert oder Violinquartett festigte das Band zwischen uns. Neue Bücher lasen wir zusammen oder unmittelbar nacheinander. Zu Theaterstücken oder in Konzerte gingen wir gemeinsam. Hatte einer keine Lust oder Zeit dazu, dann ging der andere auch nicht.
Nicht unwichtig für die Frage der Trennung bzw. der Gemeinsamkeit schien uns die unterschiedliche Anschauungsweise von Männern und Frauen. Mädchen wurden schließlich so erzogen, daß sie wie Frauen dachten, Jungen so wie Männer. Deshalb unternahmen wir über Jahre hinweg den geradezu ungeheuerlichen Versuch, die jeweiligen Gesichtspunkte zu erkennen und zu verstehen. Und es ist nicht übertrieben, wenn ich sage, daß ich es lernte, wie eine Frau zu denken und sie wie ein Mann. Selbstverständlich vertiefte das unsere Gemeinsamkeit ganz erheblich. Unsere These, daß, wenn einer von uns etwas gern mochte, auch der andere etwas Liebenswertes daran finden würde, bewies sich immer wieder. Und Gemeinsamkeit bedeutet Übereinstimmung. Indem ich ihre Bücher las und ihre Musik kennenlernte, war sie mehr und mehr in mir und ich in ihr. Dasselbe galt auch für sie: das Miteinander-Verbundensein Liebender.

Die „Strahlende Festung" bedeutete vor allem Gemeinsamkeit und Verteidigung gegen eine sich einschleichende Trennung. Aber wir versuchten noch andere Prinzipien zu verwirklichen. Eins davon war natürlich das absolute Vertrauen. Ein anderes war unsere Einsicht – ich habe schon einmal davon gesprochen –, daß Besitz eine Last werden kann. Einige Zeit später wurde für uns wichtig, was man das Prinzip der Spontaneität nennen könnte. Hatte einer von uns plötzlich die Idee stehenzubleiben, um einem Vogel zuzuhören, nachts spazierenzugehen, den Unterricht zu schwänzen oder sonst irgend etwas zu tun – so folgten wir beide dieser Eingebung. So ähnlich verhielt es sich mit dem Prinzip der

Bejahung. Wenn einer von uns bei irgendeiner Frage zu einer festen Meinung gekommen war, so akzeptierten wir das beide, es sei denn, diese Ansicht konnte widerlegt werden. Wir glaubten, daß man jeder Bejahung vor der Verneinung den Vorzug geben muß. Selbst wenn einer von uns geglaubt hätte, einen Geist gesehen zu haben, so hätte der andere es geglaubt und ihn nicht ausgelacht. Und dann gab es noch das Prinzip der Höflichkeit: Alles, worum einer den anderen bat, würde der andere auch tun; wobei wir freilich davon ausgingen, daß der Bittende sich rücksichtsvoll verhielt und nichts Unmögliches verlangte. So konnte einer den anderen mitten in der Nacht wecken und um eine Tasse Wasser bitten. Der andere würde sie ihm dann zwar verschlafen, aber ohne zu murren holen. Tatsächlich war unser Bild für Höflichkeit „die Tasse Wasser in der Nacht".

All diese Gemeinsamkeit sollte die enge Verbindung zueinander schaffen, mit der wir unsere Liebe bewahren wollten. Eine derart enge Verbindung war wirkliche Einheit. Bei einem unserer ersten Gespräche im Club fanden wir ein Bild für dieses „Eins-Werden": Zwei Steine werden – indem man sie aneinander reibt – zu einem, wobei die harten Stellen des einen die weichen Stellen des anderen abschmirgeln, so daß sie schließlich perfekt zusammenpassen und wie ein Stein sind. Wir waren Heiden, und deshalb wurden wir nicht an Christi Wort über die Ehe als „ein Fleisch" erinnert.

Natürlich war uns klar, daß unsere Übereinstimmung von Anfang an ziemlich groß gewesen war, vor allem in Fragen der Ästhetik, aber auch in unserem Sinn für Humor. Dennoch ging der Prozeß des Zu-einem-Stein-Werdens nicht ohne Reibung ab. Schließlich waren wir beide starke und kampflustige Charaktere. Aber wir konnten auch laut und herzlich über uns selbst lachen. Ein anderer Vorteil, den wir als selbstverständlich hinnahmen, war die Tatsache, daß wir immer und über alles miteinander sprechen konnten. Wir sagten genau, was wir meinten, und wir waren beide auch darum bereit, über alles zu sprechen. Außerdem waren wir auch absolut davon überzeugt, daß wir uns selbst ändern könnten, wenn wir nur die Notwendigkeit dafür eingesehen hätten. Schließlich

konnten wir unseren Verstand wie unseren Willen kontrollieren und beherrschen.
Die heute so übliche Feststellung: „So bin ich eben, und du mußt mich so akzeptieren, wie ich bin!“ wäre für uns beide ganz unmöglich gewesen. Möglich, daß wir uns zu sicher fühlten. Aber ich finde dennoch, daß unser Wille, alles zu versuchen, besser ist als dieses passive Hinnehmen bestehender Fehler. In Tschaikowskys 5. Sinfonie erklingt in allen vier Sätzen ein Thema; manchmal melancholisch, manchmal Unheil verkündend und schließlich ein Gesang des Triumphes. Wir identifizierten die „Strahlende Festung“ unserer Liebe mit dieser Sinfonie: Sie war das Lied unserer Liebe.
Damals hatten wir beide viele Auseinandersetzungen. Schließlich waren wir Menschen und hatten unsere Launen. Gewöhnlich ging es um Lappalien. Wir waren müde oder hatten uns ein bißchen entfremdet, weil wir längere Zeit getrennt waren. Durch unsere besonders enge Bindung bestand die Gefahr, daß wir die leichteste Disharmonie sofort bemerkten. Ein Staubkorn, das einem Wecker nichts ausmachen würde, kann eine feine Armbanduhr völlig ruinieren. Eine Spur von Ärger oder Kälte in der Stimme konnte den anderen erschrecken. Zwar bemühten wir uns, selbst Vorwürfe höflich zu formulieren, aber die Liebe war verraten und damit unglaubliches Unglück über uns gekommen. Die Hoffnung war gestorben, Augen wurden abgewandt, und ein schreckliches Schweigen folgte. Dennoch wußten wir tief in uns, daß wir lachen und alles vergessen würden, wenn wir uns nur wieder in die Augen sahen. Wir wußten auch, daß ein liebes Wort oder der Klang einer Schallplatte – wirkungsvoll war hier die lustige Musik aus „Die Liebe zu den drei Orangen“ – uns wieder miteinander versöhnen würde. Einmal landete ein Vogel auf dem Sims des offenen Fensters und sah uns aufmerksam mit seinen vergnügten Augen an; und da mußten wir einfach lachen. Manchmal empfanden wir unser eisiges Schweigen allmählich selbst als lächerlich. Einer von uns fing schließlich an zu lächeln, dann lachte er, und wir versöhnten uns wieder. Was dann folgte, war der Himmel: Versöhnung, Zärtlichkeit, Freude.

Eins lernten wir aus diesen Streitigkeiten: daß Trennung eine Gefahr bedeutete. Streit entstand immer dann, wenn wir ein wenig unsere Harmonie, unsere Gemeinsamkeit verloren hatten. Später, als ich bei der Navy und mein Schiff vierzehn Tage lang auf See war, dauerte es etwa 24 Stunden, bis wir wieder richtig zueinander fanden, auch wenn wir ständig aneinander gedacht hatten. Waren wir getrennt, idealisierten wir einander und dachten dann eigentlich nicht mehr an uns, sondern an irgendein Idealbild. Das gleiche geschah, wenn wir mit anderen Leuten mehrere Abende nacheinander ausgingen. Wir brauchten dann einige Tage oder Abende, an denen wir allein waren, Musik hörten, Gedichte lasen oder ausgingen. Allein ausgehen – zu zweit allein – war etwas, was wir einfach zum Leben brauchten, wie den Wind und den Himmel, die Erde und das Meer.

Um Gefahren von der „Strahlenden Festung" abzuwenden, richteten wir unsere „Kursbestimmung" ein. Zum Teil war das eine „Sitzung der Wahrheit", aber – und das erschien mir weitaus wichtiger – wir überprüften dabei, ob unsere Gemeinsamkeit noch bestand. Teilten wir alles miteinander? Gab es irgendein Anzeichen für eine allmähliche Trennung? Diese „Kursbestimmung" hatten wir ein- bis zweimal im Monat. Gewöhnlich tranken wir dabei Sherry und hörten eine große Sinfonie; vielleicht die „Fünfte" mit ihrem wunderbar klingenden Thema.

Und dann redeten wir miteinander, häufig auch über Entscheidungen, die wir treffen mußten. Aber um welche Entscheidung es dabei auch ging, sie wurde immer auf einer einzigen Basis getroffen, die wir den „Anspruch der Liebe" nannten.

„Der Anspruch der Liebe" war ein wesentlicher Bestandteil der „Strahlenden Festung" und im Grunde nichts anderes als die ganz einfache Frage: „Was ist für unsere Liebe am besten? Sollte der eine sein Verhalten in irgendeinem Punkt ändern, oder sollte es der andere anzunehmen lernen? Nun, was wäre für unsere Liebe besser? Jede Wahl oder Entscheidung hatte nur ein einziges Ziel: uns immer zu lieben. Kein Argument konnte sich jemals gegen diesen Anspruch durchsetzen. „Der Anspruch der Liebe" war wie

der Klang einer Fanfare von den Schlachtfeldern der „Strahlenden Festung", der uns aufrief, nur das zu tun, was wirklich wichtig war.
Doch obwohl beim „Anspruch der Liebe" unsere Gemeinsamkeit an oberster Stelle stand – eine Ausschließlichkeit, die allein vom Namen der „Strahlenden Festung" noch unterstrichen wurde –, bedeutete sie keineswegs, daß wir uns von unseren Freunden oder gar von unserer Familie absonderten. Schließlich lautete eine der wichtigsten Erziehungsprinzipien meines Vaters: Verrate niemals einen Freund. Tiefe, echte Freundschaft bedeuteten Davy und mir außerordentlich viel. Freunden wie Familienangehörigen gegenüber verhielten wir uns immer so, wie sie es von uns erwarten durften. Schloß doch die „Strahlende Festung" nichts Schönes oder Gutes aus. Der „Anspruch der Liebe" zeigte uns nur, worauf es für uns ankam, was für uns wesentlich war. Konflikte zwischen unserer Gemeinsamkeit und den berechtigten Ansprüchen unserer Freunde gab es also allenfalls wegen unserer Eigenwilligkeit. Selbst die eifrigste Feministin unserer Tage könnte eine solche Einheit kaum mißbilligen, die bei jeder „Entscheidungsfindung" von der Gemeinsamkeit und dem „Anspruch der Liebe" ausging, eine Einheit, bei der niemand Autorität ausübte. Alles, was getan werden mußte – ganz gleich, ob es Hausarbeit oder Segelflicken war – erledigten wir gemeinsam, als einen Teil unserer Gemeinsamkeit. Und das nicht im Namen der Frauenrechte, sondern in dem einen großen Namen der Liebe.
Unter anderen Menschen oder in Gesellschaft benutzten wir geheime Zeichen: ein nützliches und praktisches Mittel, um miteinander in Verbindung zu bleiben. Wir hatten ein Erkennungssignal, ein leises Pfeifmotiv von vier Tönen mit einer leicht veränderten Antwort, das uns oft sehr nützlich war. Außerdem gab es einen durchdringenden Alarm- oder Notruf, der uns mit einem Ruck aus dem tiefsten Schlaf reißen konnte, was auch oft geschah. In Gesellschaft anderer Menschen gebrauchten wir eine ganze Reihe von Signalen, bei denen wir uns nicht einmal ansehen oder sichtbare Zeichen geben mußten. Es waren meist harmlose Fragen wie: „Hast du die englischen Bonbons mitgebracht?" Das bedeutete:

„Diese Person langweilt mich außerordentlich: Tu irgend etwas!" Oder ein anderes Signal meinte: „Laß uns hier weggehen!" Oder: „Achte mal auf den, den ich gleich ansehen werde." Oder: „Der gerade gesprochen hat, lügt." Oder: „Wenn wir gehen, wollen wir diesen Mann, diese Frau (oder das Ehepaar) fragen, ob sie mit uns kommen wollen?" Solche und viele andere, gut eingeübte Signale, zusammen mit den entsprechenden Antworten, verschafften uns die Möglichkeit zu ziemlich ausführlichen privaten Unterhaltungen auch inmitten vieler Menschen.

Abgesehen von diesen Signalen konnte man oft den Eindruck gewinnen, wir könnten Gedanken lesen. Natürlich hatte das nichts mit Telepathie zu tun, aber wir waren uns in unserer Liebe so nah und mit der Denkweise des anderen so vertraut, daß wir schon durch einen Blick oder einen bestimmten Tonfall wußten, was der andere dachte und was er fühlte. Manchmal überraschten wir unsere Freunde dadurch, daß wir halb unbewußt etwas taten, was jedem Beobachter geradezu unheimlich erscheinen mußte. So beobachtete einmal ein Freund, daß Davy flüchtig zu den Kerzen auf unserem Kaminsims sah, ohne daß ich es beobachtet hatte. Doch einen Augenblick später stand ich auf und zündete die Kerzen an. „Ich bekam fast Angst", sagte der Freund später. „Es war einfach zu perfekt."

Das waren die Bausteine unserer „Strahlenden Festung", mit denen wir unsere Liebe bauten: diese Gemeinsamkeit und unser absolutes Vertrauen zueinander. Und wir vertrauten ganz fest darauf, unsere Liebe dadurch von unseren Feinden – wie z. B. einer sich einschleichenden Entfremdung – bewahren zu können. Wir hatten uns geschworen, unsere wunderschöne, zärtliche Frühlingsliebe am Leben zu erhalten. Und sie hielt tatsächlich an, auch wenn sie viele Jahre später Ereignissen ausgesetzt sein sollte, mit denen keiner von uns gerechnet hatte.

Das Bemerkenswerte oder gar Einzigartige in unserer Liebe war das, was wir aus ihr machten. Gerade weil wir unseren ganzen Verstand und uns selbst vorbehaltlos einsetzten. Aber trotz all dieser ernsten Gedanken büßte unsere Liebe niemals etwas von ihrer Zartheit und Lieblichkeit ein. Sie war so tief und rein, daß sie uns fast das Herz brach in ihrer Leidenschaft und Zärtlichkeit. Dabei wären wir nie auf den Gedanken gekommen, die Sexualität auszuklammern. Sexuelle Harmonie wie auch sexuelle Unbekümmertheit waren eine wichtige Dimension in unserer Gemeinsamkeit. Aber sie war nicht alles. Und wir wußten um die unheilvollen Folgen, wenn wir sie zum einzigen oder wichtigsten Element unserer Liebe werden ließen. Wer Liebe nur oder hauptsächlich als eine Angelegenheit von Sex ansieht, der weiß ganz einfach nicht, was Liebe ist. Sex ist zwar ein Teil einer großartigen, wunderbaren Sache, aber eben nur ein Teil. Jemanden lieben ist eine Art von Anbetung, die den Liebenden vom „Ich" zum „Du" des Geliebten führt.

Damals, in jenem Frühling, und auch noch Jahre später war es für mich immer ein herzzerreißend schöner Anblick, Davy einfach nur schlafend zu sehen, hilflos, vertrauensvoll und unschuldig. Als wir uns im Winter verliebten, sagten wir: „Wenn wir uns zur Zeit des Flieders nicht noch inniger lieben, werden wir uns trennen."

Aber dann liebten wir uns noch viel mehr, denn Liebe muß wachsen oder sterben. Jedes Jahr – an unserem Jahrestag des Kennenlernens – erklärten wir: „Sollte unsere Liebe jetzt nicht mehr größer werden, haben wir versagt." Doch wir liebten uns immer tiefer, inniger, leidenschaftlicher. Und jedes Jahr tranken wir auf die Zukunft mit dem alten Trinkspruch: „Wenn der vor uns liegende Weg nur halb so gut ist wie die Hälfte, die wir schon kennen, dann wollen wir fröhlich auf die letzte Wegstrecke anstoßen."

Aber so unverwundbar die „Strahlende Festung" allmählich auch gegen die feindlichen Mächte des Lebens wurde, sie war es nicht gegen den Tod. Und wir dachten oft an den Tod. Gerade wer das Leben liebt, ist sich immer des Todes bewußt. Uns fielen die Worte Walter de la Mares ein: „Bedenk das Ende aller schönen Dinge, jede Stunde..." Ganz bewußt sagten wir uns, daß es keine Katastrophe wäre, wenn der Tod auch morgen käme, nachdem wir eine solche Liebe hatten erleben dürfen, wobei es letztlich unwichtig war, ob sie ein, ob sie fünf oder zehn Jahre dauerte. Ist nicht jedes Leben nur ein kurzes, ein sterbliches Glück?

Es wäre keine Katastrophe, jedenfalls nicht, wenn der Tod uns beide holte. Aber der Tod nimmt keine Rücksicht auf die Liebe. Und je vollkommener unsere Liebe, je mehr wir eins wurden, um so größer und schrecklicher wurde unser Risiko. Wie könnte einer von uns jemals den Tod des anderen ertragen? Dieser Gedanke verfolgte uns quälend. Wir träumten mit Entsetzen davon. Damals, in jenem ersten Frühling, träumte ich zum erstenmal von ihrem Tod. Wir standen ganz oben auf einem Wolkenkratzer, spielten und scherzten miteinander. Davy stand auf dem Geländer und lachte ... und fiel ... Ich rannte all die unzähligen Treppen hinunter mit einer solchen Qual, die selbst im Schlaf unerträglich schien. Da lag sie zerschmettert vor mir auf der einsamen Straße ..., gab mir einen ihrer winzigen Küsse und starb. Dieser Traum gehörte zu den schrecklichsten Erfahrungen meines Lebens. Und Davy erging es nicht anders. Auch sie wurde von solchen Träumen verfolgt. Wir konnten es kaum ertragen.

Deswegen vollendeten wir unsere „Strahlende Festung", indem wir beschlossen, zusammen zu sterben. Wir waren Heiden, von keiner Religion beeinflußt, und nach dem Tod erwarteten wir nur Dunkelheit. Es gab für uns nichts als unsere wunderbare Liebe. „Dann schwindet auch dies Bild, tödlich vom Schnee verhüllt."

Wenn wir aber diese Liebe gemeinsam erlebten, sollten wir dann nicht auch gemeinsam in den Tod gehen? Wir beschlossen also ganz fest, gemeinsam zu sterben, seien unsere Tage lang oder flüchtig wie eine Sternschnuppe. Bei einem plötzlichen Unglücksfall würde der jeweils andere sofort nachfolgen. Wäre einer von uns todkrank oder wir beide zu alt und schwach, um uns am Leben noch zu freuen (nach unseren damaligen Vorstellungen war man „um die Dreißig" so weit), dann wollten wir sterben. Wir wollten mit einem Flugzeug in den hohen, klaren Himmel aufsteigen, um dann in einem letzten, langen Sturzflug steil und schnell abzustürzen wie ein heller Pfeil im Sonnenlicht.

Als wir etwas später anfingen, Pläne für unseren Schoner zu schmieden, änderte sich der „letzte, lange Sturzflug", wie wir es immer noch nannten: Wir wollten nun mit unserem kleinen Schiff aufs Meer hinaus fahren und dann in der Nacht, wenn die Sterne

hoch über den wogenden Wellen standen, die Ventile öffnen und zusammen untergehen. Unser Entschluß stand felsenfest: Wir würden das wirklich tun. Jetzt war die „Strahlende Festung“ wirklich und tatsächlich unangreifbar.
Damals schrieb ich mein Gedicht über den letzten, langen Sturzflug:

Wenn mehr nicht bleibt

Wenn alle Liebe ist vorbei,
Gemeinsamkeit brach still entzwei,
wenn Abschied droht mit Einsamkeit,
nutzloser Tage unerfüllte Zeit,
dann gib sie ohne Klagen frei.
Hinaus aufs Meer treibt uns die Flut,
das Schiff versinkt, der Tod ist gut.
Wir sterben still in Zweisamkeit,
wenn mehr nicht bleibt.

Vergangner Tage lichte Liebelei
in Dunkelheit verloren sei.
Der ernste Diener Tod gibt uns Geleit,
wenn wir zur Todeshochzeit sind bereit,
auf ewig dann im Tod vereint,
wenn mehr nicht bleibt.

An einem Morgen im Mai, lange bevor die Morgendämmerung den Himmel erhellte, fuhr ich los. Unter Davys Fenster pfiff ich das Alarmsignal. Sie war schon angezogen und kam schnell herunter. Eilig fuhren wir durch die Nacht. Auf einem verlassenen Flugfeld setzte ich sie ab und fuhr weg. Davy stand allein und fröstelnd in der leeren Flugzeughalle. Ein schwaches Licht erschien jetzt im Osten, und sie konnte die weißen Nebelschwaden auf dem verlassenen Flugfeld sehen. Dann hörte sie mein Flugzeug. Sie schauderte; gleichermaßen vor Aufregung wie vor der Kälte. Einen Augenblick später entdeckte sie das Flugzeug, einen Zweisitzer mit offenem Cockpit, wie es über das Feld jagte. Es stieg schnell auf, senkte sich dann wieder und tauchte in die weißen Nebelschwaden ein, um schließlich sanft zu landen. Ich schob meine Schutzbrille hoch und winkte.

Davy lief hastig zum Flugzeug. Ich umarmte sie und setzte ihr Helm und Schutzbrille auf und überprüfte noch, ob der Sicherheitsgurt fest saß. Auf ihrem Sitz lag ein großer Fliederstrauß. Jetzt lenkte ich das Flugzeug an den Rand des Flugfeldes. Im Osten war es inzwischen heller, aber die Sonne war noch nicht aufgegangen. Davy drehte sich zu mir um und lachte.

Ich startete. Der Motor heulte auf, und das Flugzeug raste über die Bahn. Es hob ab und war in der Luft. Die Erde blieb unten zurück. Wir stiegen in den Himmel hinauf, der Morgendämmerung entgegen. Ganz plötzlich tauchten wir in das Sonnenlicht ein, während die Erde unter uns noch in völliger Dunkelheit lag. Höher und höher stiegen wir, flogen über die verstreuten Wolken, die rosarot im Sonnenlicht schwebten. Die Luft war kalt und rein. Ich drosselte den Motor ein wenig, so daß die Maschine nicht weiter stieg. Davy sang laut. Sie hielt einen Fliederzweig hoch und ließ die Blüten im Fahrtwind wehen. Ich zog die Maschine herunter. Das Flugzeug raste der Erde entgegen, und der Fahrtwind zerfetzte die Fliederblüten. Gerade unter uns lag eine rosige Wolke. Ich tauchte in sie hinein. Ein Augenblick grauer Feuchte, dann wieder sonnenhelle Luft, und noch einmal jagten wir mit vollen Touren aufwärts. Davy winkte ausgelassen, drehte sich um und lachte; ein Zeichen dafür, wie sehr sie dieses Flugabenteuer liebte. Es war ihr erster Flug. Schrägliegend raste das Flugzeug nun mit voller Kraft nach unten, jagte dann wieder aufwärts, um schließlich in einer großen Schleife hoch hinaufzusteigen. In dem Augenblick, als wir kopfüber hingen, lachte Davy und schrie vor Begeisterung laut auf. So spielten wir in jenem Mai in der frischen, glänzenden Morgendämmerung am Himmel unser verwegenes Spiel. Ein Flug zur Fliederzeit.

Nach der Landung saßen wir zum Abschied allein in einem der Besuchszimmer von Davys Universität. Davy erzählte mir, was sie während des Fluges gedacht hatte und daß sie selbst auch gern fliegen lernen würde. Das entsprach natürlich genau unserem Prinzip der Gemeinsamkeit. Ich wollte gehen und stand ihr gegenüber an der Tür, immer noch in meiner ledernen Flugjacke mit Helm und Schutzbrille. Durch eins der hohen Fenster schien die helle Morgensonne, und ihr Licht umgab mich mit einem goldenen Schimmer. Ich lächelte sie an. Sie wollte etwas sagen, flüsterte aber plötzlich nur: „Du, mein Goldstück!“ Dieses Bild von mir, das sich bei ihr mit der Morgendämmerung und dem herrlichen ersten Flug verband, vergaß sie nie. Als sie Jahre später im Sterben lag, murmelte sie: „Du, mein Goldstück!“, und ich wußte sofort, woran sie dachte: Flieder, Flug und das goldene Licht der aufgehenden Morgensonne.

In jenem lieblichen Mai waren wir auch häufig im Kanu auf dem Fluß. Hier war sie der Kapitän und ich die Mannschaft. Gewöhnlich paddelten wir nachts flußaufwärts. Dann setzten wir uns dicht nebeneinander, lehnten uns an die Bootswand, ließen uns flußabwärts treiben und unterhielten uns ganz leise, um nur ja nicht den Frieden der Nacht zu stören. Wenn ich daran denke, sehe ich ihr Gesicht, einen rührend blassen, herzförmigen Fleck vor dem Hintergrund der hellen Sterne, die über den dunklen Bäumen glänzten.

Ende Mai, Anfang Juni trübte ein Schatten unsre sorglose Freude. Ein oder zwei Wochen nach Semesterschluß sollte ich wegfahren, um als Waldaufseher im Grand Canyon zu arbeiten. Alles war schon abgemacht gewesen, bevor wir uns überhaupt kennengelernt hatten. Den letzten Tag, einen wunderschönen Junitag, verbrachten wir in Glenmerle unten am Lilienteich. Davy war traurig und schwermütig. Auch ich war über die Trennung alles andere als glücklich, aber für mich bedeutete sie doch wenigstens ein Abenteuer, während Davy in diesem trostlosen Warenhausstudio arbeiten mußte.

Unseren letzten Tag aber wollten wir noch von ganzem Herzen genießen. Wir redeten über die herrlichen Stunden, die wir erlebt hatten, über die Liebe, die sich nur steigert, wenn sie vom Ende bedroht wird, und über das Unvermeidliche, das tapfer und fröhlich ertragen werden sollte. Während unseres Gesprächs versuchte

Davy vergeblich, ihre Schwermut abzuschütteln. Sie witzelte über sich selbst und verfiel dann in eine Stimmung von Galgenhumor, ehe endlich ihre natürliche Fröhlichkeit wieder durchbrach. Ich lief zum Haus hinauf, versorgte uns mit allen möglichen Leckereien, und wir veranstalteten ein fröhliches Picknick unter dem Junihimmel.

Immerhin war die Trennung ja nicht endgültig. Denn Davy hatte bei ihrer Mutter und ihrem Bruder durchgesetzt, daß sie – zusammen mit ihr natürlich – ihre Sommerreise in den Grand Canyon verlegten. Und so wurde die Einmaligkeit des Canyons bei Tag und Nacht auch zu einem Teil unserer Gemeinsamkeit. Wenn ich Dienst hatte, war Davy meine Hilfspatrouille, und wenn ich frei hatte, erforschten und erwanderten wir die Gegend weit über mein Aufsichtsgebiet hinaus.

Als im September das neue Semester begann, waren wir heimlich verheiratet. Heimlich vor allem wegen der rigorosen Ansichten meines Vaters über Frühehen, besonders von Leuten, die noch „in statu pupillari" waren. Warum heirateten wir trotzdem? Sicherlich nicht, um unser sexuelles Zusammensein zu legalisieren. Wir hatten ohne jedes Schuldgefühl schon im Frühling miteinander geschlafen. Es gab überhaupt keinen ernsten Grund, wenn man einmal davon absieht, daß es vielleicht in einem Notfall von gesetzlichem Nutzen hätte sein können, wenn wir verheiratet waren. Aber ich hatte das Gefühl, Davy würde sich darüber freuen. Und das war auch tatsächlich so! Ganz zweifellos ging es uns nicht um das „Gefühl", verheiratet zu sein, denn wir hielten die typische Einstellung zur Ehe und die Witze, die darüber gemacht werden, für den Tod jeder Liebe. Unsere Abneigung gegen die Worte „Ehemann" und „Ehefrau" haben wir auch nie ganz ablegen können. Wir fühlten uns als „Liebende", verspürten aber vielleicht einfach das Verlangen, unsere tiefen Versprechungen durch ein äußeres Zeichen zu festigen.

Auf jeden Fall machten wir uns an einem Samstagmorgen mit unseren Urkunden auf den Weg, um uns in irgendeinem Dorf, möglichst weit entfernt von unserem Wohnort, von einem Geistlichen trauen zu lassen. Sehr schnell hatten wir in einem Dorf das Pfarrhaus gefunden. Obwohl wir es nicht zugeben wollten, waren wir aufgeregt und auch so etwas wie bewegt. Aber wir hatten die Rechnung ohne den Wirt gemacht: der Pastor war unterwegs. Also klapperten wir ein Dorf nach dem anderen ab und fanden nicht einen einzigen von all den liebenswürdigen alten Pastoren, die gerade ihre Predigt schrieben oder meditierten, so wie wir es uns vorgestellt hatten. Anfangs wunderten wir uns nur über die überall fehlende Geistlichkeit, aber langsam wurde es anstrengend. Wir waren müde und entmutigt.

Schon wollten wir aufgeben, da unternahmen wir bei einem alten Pastorat einen letzten Versuch. Und dort fanden wir tatsächlich einen alten, weißhaarigen Herrn, der zweifellos gerade meditiert hatte. Vielleicht ein Heiliger! Als wir eintraten, grollte entfernter Donner. Eine Weile unterhielt sich der Pastor freundlich mit uns. Und dann, als der Donner krachte und der Regen prasselte, wurden wir getraut. Eine kranke Schwester kam aus dem Obergeschoß des Hauses und unterschrieb als Trauzeuge, obwohl sie bei der Trauung gar nicht dabeigewesen war. Vielleicht war unsere ganze Ehe deswegen gar nicht rechtsgültig.

Als wir das Haus verließen, brach die Sonne gerade wieder durch die Gewitterwolken. Die Luft war vom Regen reingewaschen und kühl. Hell glänzten Pfützen neben dem Weg, und am Himmel erschien ein Regenbogen. Er also stimmte zu. Doch schon im Waldpark, wo wir als einzige Gäste in einem kleinen Hotel zwei Tage unsere Flitterwochen verbringen wollten, konnten wir uns nicht einigen, wie das Dorf hieß, in dem wir nach unseren vergeblichen Versuchen endlich geheiratet hatten. Und immer, wenn wir später unterschiedlicher Meinung waren, sangen wir uns die Namen der beiden Dörfer ins Ohr, die als mögliche Trauorte in Betracht kamen.

Mit der Zeit wurde aus der heimlichen Hochzeit ein ziemlich offenes Geheimnis. Mutter wußte es und war als geheime Mitwisserin über unsere Heirat höchst erfreut. Sogar mein Vater muß eine vage Ahnung gehabt haben, aber er zog es vor, nicht danach zu fragen. Tatsächlich mochte er Davy sehr gern, denn sie war fröhlich, heiter und lustig. Außerdem spielte sie immer mit ihm Schach; ein Spiel, das in Glenmerle hoch geschätzt wurde. „Miss Jean", wie die Hausangestellten Davy nannten, wurde ein Teil der Familie. Im folgenden Jahr blieb sie den ganzen Sommer über in Glenmerle.

Es war in diesem Sommer, als Davy und ich jeden Morgen meilenweit ritten oder wanderten. Bei einem unserer Spaziergänge fanden wir auf einem Bauernhof ein Hundebaby, eine Promenadenmischung zwischen Collie und Wolfshund. Unter all seinen Brüdern und Schwestern suchten wir uns gerade „ihn" aus, weil er der eigensinnigste war und weil er so traurige Augen hatte. Wir nannten ihn Laddie. Von da an war er unser munterer und verwegener Begleiter auf all unseren Wanderungen und Ausritten. Einmal kroch er durch einen Zaun und bellte eine riesige, gefährlich aussehende Sau an. Sie grunzte und erhob sich, um auf ihn loszugehen. Er tänzelte um sie herum und schnappte ihren Schwanz. Vor Schmerz und Wut laut quiekend, versuchte das Schwein, Laddie abzuschütteln. Doch offensichtlich wagte er es nicht loszulassen, sondern sah uns hilfesuchend mit verdrehten Augen an. Wir mußten so lachen, daß wir ihm nicht hätten helfen können, selbst wenn wir das gewollt hätten. Schließlich ließ er los und sauste wie ein Blitz über den Zaun.

Wenn die Sonne höher stieg und uns mit ihren Strahlen erwärmte, wurden unsere Spaziergänge gemächlich, voller Pausen, in denen wir mit einem Bauern oder einer Bäuerin plauderten. Manchmal wurden wir zu einem Glas frischer Milch eingeladen. Manchmal setzten wir uns auch einfach auf eine Mauer, aßen eine dieser sonnenwarmen Tomaten, unterhielten uns oder hockten auch nur schweigend nebeneinander. Oft sprachen wir über die irgendwie betrübliche Tatsache, daß es im Leben der meisten Menschen keine Zeit für lange Spaziergänge und für ein „Auf-der-Mauer-Sitzen" gab! Dabei erinnerten wir uns an ein Gedicht von W. H. Davies, in dem er beklagt, daß wir keine Zeit haben, um stehenzubleiben und zu schauen, wie Schafe und Kühe es tun können.

Die Aussicht auf ein Leben im Büro mit einem freien Tag ab und zu begeisterte uns ganz und gar nicht. Denn bei nur einem freien

Tag würde man wohl kaum noch so herrlich unbeschwert seine Zeit auf der Mauer vertrödeln können. Würde es uns wohl gelingen, einmal unser Leben so einzurichten, daß wir neben unserer Arbeit ruhig und gemächlich leben, daß wir auch manchmal stehenbleiben und schauen könnten?
An einem warmen Juniabend, als wir nach einer solchen Wanderung nach Glenmerle zurückgekehrt waren, saßen wir am Badeteich und lasen den chinesischen Autor Lin Yutang. Zu einem guten Leben gehörte für ihn, wie auch für uns, die Möglichkeit zur Muße und Ruhe. In der Abenddämmerung schwammen wir im Teich. Nachdem wir uns wieder angezogen hatten und in unseren Liegestühlen saßen, sahen wir hinunter in den Park, wo eine Million „Glühwürmchen im Netz, aus Ruh und Dämmerung geknüpft, im Tanze schwebten", wie es bei Richard Le Gallienne heißt. Wir sprachen über das „gute Leben", das Leben ohne Zeitdruck, Hetze und Eile. Ein Leben, das wir zusammen führen konnten, sogar wenn wir für unseren Lebensunterhalt am Straßenrand Äpfel verkaufen müßten. Wie konnten wir ein solches Leben erreichen?

Vielleicht waren es die kleinen Wellen im Teich, die sich leicht bewegten und im Sternenlicht glitzerten, die uns auf den Gedanken brachten: „Es wäre schön, an der See zu leben. Das Meer ist wunderschön. Und wir könnten ein Boot haben."
„Wenn wir ein Hausboot hätten, könnten wir darauf leben", sagte ich. „Fahren, wohin wir wollen. Keine Miete. Oh, Davy! Weißt du, mit einem solchen Boot wäre alles unglaublich billig. Keine Miete! Fisch und Krabben zum Essen."
„Ich mag gern Fisch", sagte Davy. „Nur die Gräten stören. Aber denk mal an die wilden, herrlichen Buchten, in denen wir vor Anker gehen könnten. Und wenn wir von der Einsamkeit genug hätten und in einer Stadt sein wollten, brauchten wir nur im Hafen anzulegen und könnten dann mitten in der Stadt sein. Aber brauchen Hausboote – oder so etwas – nicht Unmengen Treibstoff? Würde denn all unser gespartes ‚Mietgeld' dafür reichen?"
„Hm, das ist wahr", mußte ich zugeben. „Das ist nicht gut. Oh,

ich habe die Lösung: ein Segelboot. Mit einer Kajüte. Der Wind ist umsonst. Außerdem ist eine Segelyacht sowieso viel zünftiger. Davy, ich glaube, wir sind auf der richtigen Fährte."
„Oh, ja!" stimmte sie begeistert zu. Und dann schon wieder zweifelnd: „Aber wir können doch gar nicht segeln. Yachten sind furchtbar kompliziert – all diese Leinen und die Navigation..."
„Das können wir lernen", sagte ich. „Außerdem habe ich schon etwas Segelunterricht in der Schule gehabt. Auf jeden Fall können wir es lernen. Davy, stell dir nur vor! Überallhin: England, Hawaii – die interessantesten Gegenden der Welt liegen sowieso im Meer. Alle unsere Bücher und Platten würden wir mitnehmen."
„Wir könnten unser ganzes Zuhause mitnehmen", erklärte sie nun. „Wie die Schildkröten es machen. Ein Schildkrötenpanzer für zwei. Herrlich! Wir könnten Jobs annehmen, wo wir gerade sind, und dann weitersegeln. Und Laddie würde unser Seehund sein!"
„Und wir könnten Bücher schreiben", sagte ich. „Oh, Liebling, ich glaube, das ist unser Weg – der Weg zur Freiheit! Schönheit und Zeit zum Leben. Wenn wir nur das Boot bekommen könnten..."
So wurde am ruhigen Wasser des Badeteichs von Glenmerle unser Traum vom Leben auf dem Meer geboren. Als wir endlich ins Bett gingen, waren wir praktisch schon Seeleute. In den Hüften schwingend, breitbeinig gingen wir ins Haus. Und das Gemälde mit dem Rahschiff an meiner Wand bekam eine ganz neue Bedeutung.
Am nächsten Tag schon kauften wir Segelzeitschriften und -bücher und stürzten uns voller Leseeifer auf sie. Wir lasen unheimlich viel, nicht nur Bücher über die unterschiedlichen Yachttypen und über den Umgang mit Yachten, sondern auch über die entlegensten Länder der Erde; die faszinierendsten Geschichten über Tahiti von Nordhoff und Hall. Der Zauber Polynesiens ergriff uns: Hawaii, Neuseeland, Tahiti und das wilde Tuamotu, eine Wolke der Inseln unter dem Wind.
Es dauerte nicht lange, bis wir ganz genau wußten, welches Segelboot wir haben wollten. Ein Schoner sollte es sein, eine Hochsee-

yacht mit gezogenem Kiel, im ganzen 40 oder 50 Fuß lang. Wir führten heiße Debatten, ob wir Gaffel- oder Klüvertakelung nehmen sollten und ob die Kombüse mittschiffs oder hinten liegen sollte. Wir wußten, was Wanten und Plankengänge, Bilgen und Besansegel waren, und niemals mehr hätten wir ein Tau als ein Seil bezeichnet.

Aufgrund meiner bescheidenen militärischen Vorbildung von der Schule, bewarb ich mich um eine Probelizenz bei der Marinereserve, um dort Navigation zu lernen. Außerdem belegten wir zusammen Fernkurse über Seefahrt, Steuerung, Navigation und sogar Artilleriewesen.

Aber so begeistert wir auch waren, unser Leben auf den Wellen des Meeres beschränkte sich noch immer auf das Kanu, auch nachdem wir eigentlich schon als richtige Hochseesegler die Topsegel setzen, die Flaute meiden und ähnliches mehr tun sollten. Wir brauchten also unbedingt eine Yacht, wenn man vom Meer einmal absieht. Aber sowohl die Yacht wie das Meer schienen so weit entfernt wie der Mond. Mein Vater würde uns nie zu dem Boot verhelfen, denn er hatte feste Vorstellungen darüber, wie man durch eigene Arbeit sein Ziel erreichen sollte.

Von Anfang an hieß unser Schiff „Graugans". Die Graugans ist nämlich nicht nur ein wildlebender Wasservogel, sondern auch ein ganz besonderer Partner. Wenn ihr Lebensgefährte getötet wird, fliegt sie für alle Zeit allein weiter. Nach unseren Entwürfen ließen wir von einem Goldschmied goldene Ringe anfertigen, die ein kleines Wappen trugen: eine über den Wellen fliegende Graugans und darüber ein winziger Saphirstern.

„Die Graugans" war zunächst nur ein Bild für etwas, das wir anstrebten: ein gutes, zeiterfülltes Leben. Aber dann wurden unsere Vorstellungen mehr und mehr von der Würde und Schönheit der Schiffe und des Meeres bestimmt. Im Sturm und Sonnenschein wollten wir übers Meer zu weit entfernten Inseln segeln, wollten unsere geliebten Bücher, unsere wenigen Besitztümer mitnehmen, und wir würden frei sein, frei für ein Leben ohne Zwang. Wir hätten auch die Freiheit zum Schreiben (und hatte ich nicht gerade

in Englisch ein „Sehr gut“ bekommen?). Wir wären freie, ungebundene Seeleute und könnten ganz der Liebe leben.
Wir schrieben ein langes, 150-Zeilen-Gedicht, das wir „Ankerwache“ nannten. Es beginnt mit dem Augenblick, als wir zu unserer „Graugans“ hinausrudern „und von Deck das Land betrachten“. Den ganzen „hellen, jubelnden Nachmittag“ verbringen wir damit, unsere Ausrüstung unter Deck zu verstauen. „Bücher und Platten in den Salon“, ebenso Lebensmittel und Gewehre. Im Dämmerlicht sitzen wir an Deck, um mit der Morgenflut hinauszusegeln, und träumen von allem, was vor uns liegt: Stürme, südliche Nächte und der Schein des Mondes auf dem bewegten Wasser, „wo die Geister der Galeonen schweben“. Wir sehen, wie die Yacht in eine ferne Lagune segelt, wo „der Anker spritzt und der Bug sich hebt“, und wir verstauen die Segel, während wir „den Klang der Brecher auf dem Barriereriff“ hören. Wir hören Musik, die „über die in Dunkelheit versinkende Lagune“ klingt und schlafen dann, während sich die hohen Masten „den Sternen entgegenstrecken“.
Das war der Traum, der am Teich von Glenmerle geboren wurde und der uns gefangennahm. Er faszinierte auch unsere Freunde. Die Kombination unseres hellen, abenteuerlichen Traumes mit unserer für jedermann so offensichtlichen Liebe zueinander überzeugte einige unserer Freunde davon, daß wir jenes besondere Geheimnis des Lebens entdeckt hätten. Vielleicht hatten wir das eine, wahre Glück entdeckt. Jemand – war es Byron? – sagte, er habe nur drei wirklich glückliche Stunden in seinem Leben gekannt. Und wie viele, so ungemein glückliche Stunden hatten doch wir schon erlebt! Es war so, wie ich es damals auf der Wiese geahnt hatte: Eine große Liebe ist der Weg zum Glück. Doch welchen Preis würde man für dieses Glück bezahlen müssen?

Während wir so die Höhen des Lebens genossen, näherten sich uns unvermutet und schnell schon seine Tiefen. In Europa herrschte Krieg. Zwar geschah nicht viel, was Amerika anbetraf; sogar die Hoffnung auf ein baldiges Ende des Krieges wuchs schon. Aber wenn sich der Krieg zu einem Weltkrieg ausweitete, würde Ame-

rika dann nicht einbezogen werden? Das könnte Jahre dauern, in denen unsere Jugend und unser Traum vergingen.
Dann rollte der Blitzfeldzug über Frankreich hinweg. Die britische Armee floh von Dünkirchen mit allen nur erreichbaren Booten. Wie gern hätten wir mit unserer „Graugans" dort geholfen! Frankreich ergab sich. Man munkelte, England würde sich als nächstes ergeben. Wir weigerten uns, das zu glauben, und wetteten jeden unserer Pfennige auf England. Hörten wir freilich Radio „Rule Britannia", dann standen uns vor Entsetzen die Haare zu Berge..
Im folgenden Winter beschlossen wir, unsere Heirat offiziell bekanntzugeben. Meine Mutter stimmte zu und schenkte uns großzügig vierzehn Tage in Florida als „richtige Flitterwochen". Ein herrliches Reiseziel, wenn man bedenkt, daß wir uns dort nach Booten umsehen wollten. Wir waren ziemlich feige und überredeten Mutter, meinem Vater von unserer Hochzeit erst am Abend vor dem Erscheinen unserer Heiratsanzeige in der Zeitung zu erzählen. Wenn alles friedlich verlief, sollte sie eine Lampe in ein bestimmtes Fenster stellen, das wir vom Park aus beobachten konnten. Im anderen Falle wären wir noch in derselben Nacht nach Florida gereist. Aber die Lampe wurde angezündet. Als wir hereinkamen, ging ich zu meinem Vater in die Bibliothek.
„Hallo, Paps", sagte ich beiläufig.
Mit einem unterdrückten Lächeln blickte er hoch. „Guten Abend, mein Sohn", begrüßte er mich.
Eines Tages würde er mehr sagen, aber für heute war die Sache abgetan. Am nächsten Morgen starteten wir zur Rundreise nach Florida. Rundreise, weil wir zuerst meine Tante und meinen Onkel in Bluegrass in Kentucky besuchen wollten.
Weiter kamen wir nicht auf unserer Reise. Meine Mutter rief am nächsten Abend an: Ich war zur Marine einberufen worden, obwohl eigentlich Friedenszeit war. Wie ich später feststellte, kam ich auf einen Zerstörer in Pearl Harbor.
Ein Kapitel in unserem Leben ging zu Ende, und die Zukunft lag im Ungewissen.

Aber wir hatten unserer Liebe ihr Fundament gegeben und waren ganz sicher, daß sie überleben würde, was auch immer geschah. Falls das Schlimmste eintreffen und einer von uns sterben sollte, würde der andere nachfolgen. „Dahin, wo du hingehst..."
Irgendwie konnten wir die Aussicht auf diese Trennung leichter ertragen – oder die Furcht war besser versteckt – als bei unserer Trennung im Grand Canyon. Wir waren von Natur aus ziemlich optimistisch und glaubten an unsere Zukunft. So sahen wir der Trennung gefaßt, ja beinahe fröhlich entgegen.
Das ganze Jahr über hatten wir zusammen an einem Gedicht gearbeitet, in dem wir zum Ausdruck bringen wollten, was unsere Liebe für uns bedeutete. Wir nannten es:

Die Strahlende Festung

Der Liebe gnadenvolle Herrlichkeit,
Umarmung voller Lust und Seligkeit –
Daß Trennung sie beschleicht, darf niemals sein,
Wir wollen ihr das ganze Leben weihn.

Wir wissen, daß die Liebe dann nur bleibt,
Wenn sie sich der Gemeinsamkeit verschreibt.
Der Liebe Tod ist stets das Ich,
Wenn ihm das Wir der jungen Liebe wich.

Die Flamme auf der Liebe heiligem Altar
Wolln wir bewahren rastlos Jahr um Jahr.
Wie eine Pflanze wachsen wir zu zwein,
Und lieber noch soll unsre Liebe sein.

Das Zauberwort Gemeinsamkeit umfaßt
Des Lebens Schönheit und auch seine Last.
Zusammen gehn wir fröhlich Hand in Hand
Selbst in des Todes unbekanntes Land.

Und alle Schönheit dieser Welt und Zeit
Liegt in der Liebe wundersamer Lieblichkeit:
Flechtwerk der kahlen Äste unterm Sternenheer,
Gedichte, Frühling, Flieder und das weite Meer.

Hoch wie der Himmel über uns, so rein
Und ewig soll der Glanz der Liebe sein.
In Tränen Treue kennen und in Schmerzen Kraft
Macht die Strahlende Festung dauerhaft.

Auf der Brücke in Glenmerle nahmen wir Abschied voneinander: Davy, mein Bruder und ich. Laddie war nicht mehr dabei. Er war vor einem Monat verunglückt, und wir vermißten ihn sehr. Dann kam Papa zur Brücke, um mich an die Bahn zu bringen. Er war stolz auf mich und wohl auch ein wenig neiderfüllt. Das gab er natürlich nicht zu. Nur setzte er später alle Hebel in Bewegung, um wieder in die Armee zu kommen.

Als der Zug endlich losfuhr, sah ich ihn auf dem Bahnsteig stehen. Er wirkte groß, braungebrannt und jugendlich. Er winkte und lächelte mir noch einmal zu. Ihn und Glenmerle, so wie ich es kannte, sollte ich nie wiedersehen.

Nur wenige Minuten später wurde der Zug auf unserem kleinen Dorfbahnhof durch eine Sonderregelung angehalten, und Davy stieg ein. Zweihundert Meilen lang tranken wir Sherry und sprachen darüber, daß ich sie so bald wie möglich holen lassen wollte. Dann eine kurze Umarmung, ein flüchtiges Lächeln, und fort war sie. Mit dem nächsten Zug fuhr sie nach Glenmerle zurück, während ich in die andere Richtung reiste.

Bevor ich von der Westküste nach Pearl Harbor segelte, erhielt ich einen Brief von ihr, den sie spät in der Nacht geschrieben hatte. Sie berichtete darin, wie sie und mein Bruder von der Toreinfahrt im Nebel und Mondlicht zum Haus zurückgegangen waren „mit dem wilden, treuen Geist Laddies an unserer Seite“, wie sie auf der Brücke gestanden hatte und „die große Blautanne auf dem Rasen vom Nebel wie durch ein Geheimnis umlagert“ sahen.

„Jetzt, spät in der Nacht, während ich schreibe, beleuchtet das

Mondlicht mit geisterhaftem Glanz die merkwürdig leeren, ausgestorbenen Räume von Glenmerle und läßt die Fenster silbern schimmern – hier, wo mich die Erinnerung an dich und an alle unsere glücklichen Tage verfolgt."
Ahnte sie vielleicht schon damals, daß ich einmal tief in der Nacht nach Glenmerle zurückkehren würde, um sie in meiner Erinnerung auf der Brücke stehen und durch die ausgestorbenen Räume des Hauses gehen zu sehen?
Einen Tag später segelte mein Schiff nach Westen, und es schien mir, als ob das weiß schäumende Kielwasser bis nach Glenmerle zurückreichte – und zu Davy.

Kapitel 3

Der Schatten eines Baumes

Am Morgen des letzten Maitages entfernte sich ein langer, schmaler Zerstörer langsam vom weißen Inselstrand mit seinen Kokospalmen. Die tiefblaue See war ruhig, und große, weiße Haufenwolken, vom Passatwind getrieben, zogen gemächlich am blauen Himmel.
Ein junger Offizier in makelloser, weißer Uniform stürzte plötzlich an Deck und rannte die Leiter zur Brücke hinauf. Hastig nahm er das Fernglas und beobachtete von der Steuerbordseite der Brücke aus die vor ihm liegende Küstenlinie. Ungeachtet seiner Aufregung schien kein Notfall vorzuliegen, denn es ertönten keine Alarmpfeifen, und die anderen Offiziere einschließlich der Besatzungsmitglieder gingen ruhig ihren Pflichten nach, während das Schiff langsam weiterdampfte.
Und doch starrte der junge Offizier intensiv und gespannt auf ein- und denselben Fleck an der Küste. Es war die Insel Molokai aus der Hawaiigruppe. Sein Fernglas war auf den Hafenkanal der Stadt Kaunakakai gerichtet. Minuten vergingen. Der Kanal lag im Steuerbordviertel. Dort erschien jetzt ein kleiner, weißer Kabinenkreuzer.
„Sir!" sagte er zu einem anderen Offizier, der zu ihm auf den Brückenflügel getreten war. „Dort ist er, Sir! Der Kreuzer ‚Ebbe'."
Eine halbe Stunde vorher hatte er per Funk die Botschaft vom Flaggkommando aus der Stadt bekommen, daß Davy von Kaunakakai mit dem Kreuzer „Ebbe" kommen würde. Und diese Botschaft war von der Brücke durch das Sprachrohr zum Wachraum gelegt worden. Davy! Wie konnte sie da sein? Er hatte noch nicht einmal gewußt, daß sie sich auf den Inseln aufhielt, obwohl er letzte Woche durch ein Telegramm erfahren hatte, daß sie zu ihm kommen wollte. Nach Kaunakakai mit einem Motorboot! Er hob

das Fernglas an seine Augen. War diese kleine Gestalt im Bug...?
Davy stand tatsächlich im Bug des Kreuzers und war unendlich enttäuscht und traurig, als sie entdeckte, daß sich der Zerstörer entfernte. Doch einen Augenblick später schlug ihre Trauer in Freude um. Der Zerstörer drehte bei. Er kam zurück. Es herrschte Bewegung und Erregung unter den Leuten auf dem kleinen Kreuzer, die Davy mitfühlend ansahen. Der Kreuzer nahm Kurs auf den Zerstörer. Davy erkannte den jungen Offizier auf der Brücke, der „hübsch, braun und erfreut aussah“, wie sie in unser Tagebuch schrieb. Dabei war „erfreut“ eine glatte Untertreibung.
Der Zerstörer lag still im Wasser. In einem weiten Bogen fuhr der Kreuzer um das Schiff herum. Dabei fiel einen Augenblick lang der Schatten des Mastes mit dem Rahnock des Zerstörers quer über das weiße Motorboot, und dann legte es längsseits bei.
Der junge Offizier blickte hinunter auf das Mädchen, und sie sah zu ihm hinauf. Alle anderen beobachteten lächelnd die beiden. Es war unmöglich für sie, darüber zu reden, was sie in diesem Augenblick bewegte. Sie murmelten Belanglosigkeiten wie „Guten Morgen“, aber ihre Augen sagten mehr als alle Worte. So wechselten Liebe und Freude in ihrem Blick von einem Schiff zum anderen.
Davy schrieb später: „Man drängte mich, etwas zu sagen, aber ich brauchte es nicht. Wir waren uns fünf Minuten lang nahe, und alle an Bord der beiden Schiffe hatten Anteil an unserem Glück. Wir müssen wie ein Bilderbuch-Liebespaar gewirkt haben; denn die Leute kamen nachher zu mir und sagten, wie berührt sie von unserer offensichtlichen Freude und Liebe waren. So hatten wir trotz allem unseren Mai, einen Mai auf See. Und wir liebten uns genauso oder sogar noch mehr als in dem Flieder- und Blütenmai der Vergangenheit.“
Auf der Brücke des Zerstörers wurde ein Befehl gegeben. Die Maschinen begannen langsam zu laufen, das Schiff nahm Fahrt auf. Es gewann normale Geschwindigkeit und schwenkte dann mit voller Kraft voraus auf seinen ursprünglichen Kurs ein. Davy schaute hinter uns her, bis wir außer Sichtweite waren.

So trafen wir uns nach fast drei Monaten, der längsten Trennung unseres Lebens. Alte Freunde von der Luftwaffe hatten zusammen mit einigen anderen Leuten von der Army diese Kreuzfahrt zwischen den Inseln organisiert. Daß Davy den Geschwaderkommandanten in Kaunakakai getroffen hatte und daß mein Schiff gerade dort lag, war unser Liebesglück im Mai.
Ein Kapitel unseres Lebens war zu Ende gegangen, als wir Glenmerle verließen. Und ein neues Kapitel hatte begonnen, als wir uns an jenem Maimorgen auf See trafen. Es war fast so etwas wie ein Leitmotiv der folgenden Jahre; denn fast ein ganzes Jahrzehnt sollte von der See, von Schiffen und Yachten, geprägt sein.

In diesen abwechslungsreichen und abenteuerlichen Jahren, in denen neben der Marine und den Segelyachten die große Universität Yale und ein Bauernhaus in Virginia eine Rolle spielten, war für uns freilich am wichtigsten, daß die „Strahlende Festung" hielt. Wir hatten gut gebaut, als wir unsere „Strahlende Festung" errichteten. In uns lebte dieses besondere Gefühl, wie es wohl nur Liebenden eigen ist: dieses Ineinander-Verliebtsein; wie in jenem Augenblick, als wir uns an jenem hellen Maimorgen von unseren Schiffen aus in die Augen sahen. Und genau dieses Gefühl war noch Jahre später wach und lebendig, als ein weiterer Lebensabschnitt in England zu Ende ging.
Nach unserem Zusammentreffen im Mai blieb mein Zerstörer noch eine Woche auf See. Eines Nachts hatte ich die Mitternachtswache als zweiter Deckoffizier. An der Spitze von vier Zerstörern fuhr das Schiff mit normaler Geschwindigkeit südwärts. Land war nicht in Sicht. Ich stand auf dem Brückenflügel und suchte von Zeit zu Zeit den Horizont mit meinem Fernglas ab oder vergewisserte mich, daß die anderen Schiffe ihre Position beibehielten.
Es war eine milde Nacht. Der schmale Zerstörer kämpfte sich durch die hohen Wellen des Pazifik, was ich freilich inzwischen kaum noch bemerkte. Das wohlbekannte Rauschen und gelegentliche Klatschen der Brecher auf dem Bug hörte ich nicht mehr. Ich dachte wieder an das Treffen mit Davy auf See.
Wieder sah ich das weiße Motorboot, das einen Bogen beschrieb,

um längsschiffs zu liegen. Und ich sah Davy, die auf ihrem Deck aufgeregt hin- und herlief. Plötzlich erinnerte ich mich, wie sich der Schatten unseres Mastes mit dem quergesetzten Rahnock einen Augenblick lang scharf und schwarz von dem weißen Rumpf des Kreuzers „Ebbe“ abgehoben und dabei so etwas wie ein X gemalt hatte. Könnte das Unheil verkünden? War Davy vielleicht gerade in Gefahr und brauchte Hilfe?
Dann fiel mir plötzlich ein, daß der Schatten des Mastes und Rahnocks dem christlichen Zeichen des Kreuzes sehr ähnlich war. Aber das war auch nicht viel besser. Christentum war etwas, womit ich nichts zu tun haben wollte. Wie konnte man nur solchen Unsinn glauben? Eine auf das Irdische bezogene Religion, gänzlich unangemessen für die Unendlichkeit ferner Galaxien. Unangemessen jedenfalls für jeden, der Stapledon und die anderen Science-Fiction-Klassiker gelesen hatte. Ich zumindest hatte die Täuschungen des Christentums schon in meiner Jugend durchschaut und als unglaubwürdig verworfen. Wie konnte ein nur halbwegs intelligenter Mensch tatsächlich glauben, daß irgendein obskurer gekreuzigter Jude Gott war!
Es war allerdings merkwürdig, daß es eine ganze Menge Leute gab – und nicht gerade Dummköpfe –, die es offensichtlich doch zu glauben schienen. T. S. Elliot, zum Beispiel. Oder Eddington; sogar Physiker waren darunter, Leute, von denen man eigentlich nicht annehmen würde, daß sie sich von so etwas zum Narren halten ließen. Und auch einige Philosophen. War vielleicht doch mehr daran, als ich gedacht hatte? Nein, sicherlich nicht. Natürlich nicht! Und doch war es merkwürdig. Verdammt merkwürdig. Man konnte auch nicht einmal sagen, daß diese Leute ihren Kinderglauben einfach so, ohne Überprüfung beibehielten; denn manche hatten sich bekehrt von ihrem Atheismus und Agnostizismus.
Gab es da möglicherweise etwas, von dem ich nichts wußte? Etwas, das mir fehlte? Schließlich war ich ziemlich jung, als ich das Christentum ablehnte. Aber es kann doch nicht wahr sein! Jeder weiß schließlich, was das Christentum sagt. Und doch! Diese Bekehrten! Vielleicht sollte ich mich noch einmal damit beschäftigen. Irgendwann einmal. Nur um – nun sagen wir – intellektuell redlich

zu sein. Nicht etwa, weil es wahr sein könnte. Doch faires Spiel. Man muß beide Seiten hören. Ja, ich werde es tun. Eines Tages.

Am nächsten Morgen waren mir diese Gedanken nicht mehr so wichtig. Man hat manchmal seltsame Gedanken mitten in der Nacht. Natürlich war das Christentum ein Irrglaube. Davy würde belustigt sein; belustigt und ein bißchen spöttisch, wenn ich ihr von meinen Überlegungen erzählte. Wir würden zusammen lachen, und damit wäre die Angelegenheit abgetan. Jetzt konnte ich sowieso nicht viel tun: In der Bibliothek eines Zerstörers findet man kaum mehr als drei alte Ausgaben des „Time-Magazine". Außerdem gab es ziemlich viel Arbeit. Trotzdem war es merkwürdig, daß ich die Gedanken daran nicht ganz los wurde. Ich wußte, daß ich eines Tages die Sache noch einmal überprüfen sollte. Jahrelang erinnerte ich mich dann und wann daran, immer mit zögerndem Unwillen, und immer fand ich einen guten Grund, es noch aufzuschieben: jetzt nicht, später einmal.
Davy und ich nannten uns Agnostiker, aber in Wirklichkeit waren wir Theisten. Es mußte einen Schöpfer mit einer unendlichen, die Intelligenz umfassenden Ordnung geben. Die einzige Qualität, die wir dieser kreativen Macht zuschrieben, war außer dem Verstand das Bewußtsein für Schönheit. Alles in der Natur, in der Schöpfung, war wunderschön, wenn es noch nicht von den Menschen verdorben war. Aber wir konnten oder wollten ihm nicht auch das Gute zuschreiben, denn das Gute war im Menschen, nicht in der ursprünglichen Natur, und es erhielt sein Gegengewicht durch das Böse, das ebenfalls im Menschen lebte.
So existierte für uns eine Macht der Schönheit – ein Gott, wenn man so will – mit einer hohen und unerforschlichen Absicht, die dem Verstand des Menschen nicht zugänglich ist, sondern nur in Ahnungen lebt, die wiederum durch die Betrachtung des Schönen geweckt werden. Schönheit war irgendwie der bedeutungsvolle Mittelpunkt. Die Liebe war für uns z. B. ein Aspekt des Schönen, obwohl das nicht unbedingt auch für die „Macht" gelten mußte, die sich u. U. überhaupt nicht um den Menschen kümmerte. Wir waren bereit, eine schöpferische Macht anzuerkennen. Aber un-

sere Religion – wenn man sie überhaupt so nennen konnte – war in Wirklichkeit eine Anbetung der Liebe und der Schönheit. Es war die Religion der Aphrodite, und wir waren, wie ich schon sagte, echte Heiden. Manch einer von den alten Philosophen und mancher hellenistische Dichter hätte unsere Hingabe an die Liebe und Schönheit, unser Vertrauen in die Vernunft und das von uns angestrebte gute Leben gebilligt oder zumindest mit uns sympathisiert.

Nach einigen glücklichen Monaten fuhren Davy und ich an einem Samstagnachmittag in unserem unglaublich alten 100-Dollar-Ford um die Insel Oahu. Wir badeten in einsamen, windstillen Buchten mit weißem Sand und tiefblauem Wasser und kletterten anschließend einen Bergpfad hinauf. Das Wetter war ideal; weder zu heiß noch zu kalt. Und wie wir sonnengebräunt und schlank in die Wellen eintauchten oder auf dem hellen Strand unter dem wolkenverhangenen Grün der Berge in der Sonne lagen, waren wir Heiden in einem sehr ursprünglichen Sinn des Wortes: Wir liebten das Leben. Am späten Nachmittag kehrten wir dann in unsere Wohnung in Waikiki zurück, salzüberkrustet und von der Sonne durchwärmt. Wir plauderten ein wenig mit einem Offizier von meinem Schiff und seiner Frau und gingen dann in das Haus, um zu duschen, uns umzuziehen und nach Hickham Field zu fahren, der Luftwaffenniederlassung in der Nähe des Hafens, wo wir mit Jack und Allene zu Abend aßen. Eine „fliegende Festung“ donnerte über unsere Köpfe hinweg, als der Posten zu einem steifen Gruß kurz salutierte.
Wir verbrachten einen netten Abend, wenn auch nicht ohne ein kleines Drama. Allene hatte uns gebeten, unsere Aufnahme von Tschaikowskys 6. Symphonie mitzubringen. Wir wußten auch genau, warum: Sie erinnerte sich dann an Georg, unseren alten Freund und Kumpan, mit dem sie diese Musik gehört hatte. Während des Essens schlug Jack vor, daß wir am nächsten Morgen, einem Sonntag, mit einem Übungsflugzeug fliegen sollten, aber ich hatte bei der Marine zu tun. Nach dem Essen unterhielten wir uns noch ein wenig, und Jack spielte Geige. Dann wollte Allene die

„Pathetique" hören. Als die letzten schwermütigen Töne verklangen, saßen wir alle schweigend und tief in Gedanken versunken. Endlich sagte Allene langsam: „Es klingt wie der Grabgesang einer sterbenden Welt." Nicht lange danach sagten wir uns „Gute Nacht", fuhren zurück nach Honolulu und betrachteten die Lichter, die wie Juwelen an den langen Hügelketten aufgereiht hingen.

Als ich am nächsten Morgen auf einem niedrigen Hügel oberhalb von Pearl Harbor stand, beobachtete ich die Zerstörung der Pazifik Flotte durch das kaiserliche Japan. Weiter weg brannten die Hangars bei Hickam. Einige Monate vorher hatte meine Zerstörerdivision das Schlachtschiff „Arizona" zur Westküste zurückgeleitet. An einem dunstigen Morgen vor Point Loma war die Sonderkampfgruppe mit einer Flottille japanischer Fischerboote zusammengetroffen. Sie hatten sich schnell aus dem Staube gemacht, als das Schlachtschiff, dunkel und riesig auf der ruhigen See, auf sie zusteuerte.

An diesem Morgen in Pearl Harbor erinnerte ich mich an diese Szene vor Point Loma gerade in dem Augenblick, als ich mein Fernglas auf die „Arizona" richtete und sie explodierte. In nur wenigen Sekunden – doch unvergeßlich für mich – sah ich genau am Rande der ungeheuren Explosion, wie der Körper eines Seemanns wie eine kleine, weiße Stoffpuppe scheinbar ganz sanft und zufällig durch die Luft flog. Ich entdeckte fünf japanische Flugzeuge, die sofort in Flammen aufgingen. Außerdem beobachtete ich mein eigenes Schiff mit der Dienstflagge des Oberbefehls, wie es in voller Fahrt auf die Hafeneinfahrt zusteuerte. Aufgeregt zielte ich auf ein tieffliegendes japanisches Flugzeug und leerte dabei mein ganzes Pistolenmagazin, freilich ohne zu treffen. Ein Regenbogen spannte sich über die brennenden Schiffe.

Der Pazifikkrieg hatte begonnen, und alle großen Kriegsschiffe wurden an ihren Ankerplätzen versenkt. Wir rechneten jeden Augenblick mit der Invasion. Diese Nacht verbrachten Davy und die anderen Frauen der Marinesoldaten in dem verdunkelten Raum ihrer Dienstwohnungen. Doch obwohl die Invasion ausblieb, waren alle Nachrichten in den nächsten Tagen und Wochen schlecht. Die japanische Sonderkampfgruppe entkam. Der Kapitän eines unserer größten Kreuzer weinte beim Anblick der zerstörten Kriegsflotte in Pearl Harbor, die bei dem überraschenden Angriff keine Chance gehabt hatte. Guam war verloren, und Wake gab man gerade auf. Die Schiffe „Prince of Wales" und „Repulse" von der „Royal Navy" gingen im Kampf in den malaiischen Gewässern unter. Es war unglaublich, aber auch die Löwenstadt Singapur fiel. Jack, unser Gastgeber in der letzten Nacht vor der Katastrophe, stürzte mit seinem Bomber irgendwo auf dem Weg nach Midway ab.

Davy und ich lebten in der ständigen Bedrohung, jeden Augenblick für Jahre getrennt werden zu können. Aber wir wurden nicht getrennt. Nach dem Kampf von Midway verlagerte sich der Krieg nach Westen. Wir waren nicht getrennt, und wir wußten, daß wir unglaubliches Glück gehabt hatten. Mit der „Graugans" hatten wir nach Hawaii segeln wollen, und der Krieg brachte uns hierher, und zwar uns beide. Jeder von uns hatte ein schlechtes Gewissen, und dennoch: Niemand hätte inmitten von Krieg und Gefahr glücklicher sein können als wir.

All die Kriegsjahre hindurch bewahrten wir unseren Traum von der „Graugans". Wir lasen unsere Gedichte, hörten unsere Musik und begannen allmählich, die Inseln zu lieben, diese Inseln mit all ihrer Sonne, dem Meer und den verwilderten grünen Gebirgen.

Dann hielt ich das Telegramm in Händen, in dem man uns den plötzlichen Tod meines Vaters mitteilte. In seinem letzten Brief aus Glenmerle hatte er noch geschrieben, daß er in einigen Monaten in den aktiven Armeedienst zurückkehren würde, und seine letzten Worte in dem Brief lauteten: „Ich habe mir gerade einen Whisky-Soda gemixt und erhebe das Glas in Richtung Pazifik, um auf zwei gute Kameraden zu trinken, auf Dich und Davy." Nun war er tot, weil seine Ärzte einen verhängnisvollen Fehler begangen hatten. Zur Beerdigung meines Vaters flog ich nach Hause und kehrte von San Francisco auf einem herrlichen großen Kreuzer zurück.

Im letzten Kriegsjahr – vier Jahre nach dem großen Kampf um

Honolulu – durften die Yachten aus Honolulu wieder an Ozeanrennen teilnehmen, wofür ich mich sehr eingesetzt hatte. Davy und ich waren Mitglieder im Yachtclub. Wir kannten fast alle Leute dort, hatten wir doch immer sehnsuchtsvoll an ihren Booten herumgestanden; und bekanntlich mögen alle Segler die Menschen gern, die sich für ihre Boote interessieren. Inzwischen besaßen wir auch eine winzige Schaluppe, einen Vorläufer – sozusagen ein „Ei“ – der „Graugans“. Jetzt fingen wir auch an, auf den großen Yachten Mannschaftsdienst zu tun, wobei wir eine Menge lernten.

Als wir einmal auf einer vierzig Fuß langen Schaluppe waren und ich nach vorn ging, um den Klüverbaum festzuhalten, drehte sich das Boot ganz plötzlich, und meine sündhaft teure Uniformmütze flog über Bord. Die Schaluppe lag in Windrichtung. Sie bewegte sich kaum, so daß die Mütze scheinbar mühelos aufzufischen war. Davy reckte sich danach, streckte sich weiter, und dann – war auch sie über Bord. In demselben Augenblick straffte der Wind das Hauptsegel, und die Schaluppe nahm Fahrt auf. Wir lagen mehrere Meilen vor Diamond Head, glücklicherweise nicht gerade in einem Rennen. Zuerst lachte ich, weil ich wußte, daß Davy schwimmen konnte wie ein Fisch. Sie lachte auch und schwenkte die Mütze. Aber dann wollte sich das Boot drehen, hatte aber nicht genug Fahrt und lag deswegen fest. Davys Kopf war plötzlich sehr weit vom Boot entfernt. Ich zog meine Schuhe aus, sprang ins Wasser und schwamm schnell zu ihr. Glücklich sahen wir uns an. Ich setzte meine Mütze auf, und weil die Schaluppe sich immer weiter zu entfernen schien, dachten wir, daß wir den weiten Weg zum Ufer schwimmen müßten.

Ich wußte nicht, ob wir diese Strecke von annähernd vier Meilen schaffen könnten, aber munter behauptete ich: „Zum Abendessen werden wir wohl zurück sein.“ Und Davy erklärte: „Ich glaube, ich esse mein Steak heute ohne Salz. Immerhin bekommen wir auf diese Weise einen schönen Sonnenuntergang zu sehen.“ Doch wir hatten Glück.

Ein zufällig vorbeikommendes Boot nahm uns an Bord. Erst später, als wir in jener Nacht im Bett lagen, schauderten wir voller

Schrecken bei dem Gedanken, daß wir einander hätten verlieren können.

Damals, im letzten Kriegsjahr, bekamen wir unseren einzigen Urlaub von der Marine. Wir beschlossen, ihn mit einer ausführlichen Kursbestimmung zu beginnen, einem Rückblick auf unsere gemeinsamen Jahre. Aber auch ein Ausblick auf die Zukunft sollte nicht fehlen, mit all den erträumten Zielen, die wir noch ansteuern wollten. Drei lange Vormittage nacheinander sprachen wir darüber und kamen zu dem Schluß, daß wir unseren Kurs gut eingehalten hatten. In jenem schon so lange vergangenen Frühling in Glenmerle wollten wir unsere Liebe bewahren, den Zauber dieser Frühlingsliebe erhalten. Jetzt wußten wir, daß wir es geschafft hatten. Die „Strahlende Festung" hatte sich bewährt. Am nächsten Tag wanderten wir im Morgengrauen durch ein tiefes, kühles Tal, in dem wir noch nie gewesen waren. Schließlich kamen wir an einen See mit frischem, klarem Wasser. Wir badeten. Sonnenlicht schien durch die Zweige und glitzerte auf dem Wasser. Es leuchtete auf Davys strahlendem Gesicht, und wir küßten uns in der Morgenfrische. Irgendwie spiegelte jener Morgen in seiner klaren und lieblichen Unberührtheit unser Leben, so wie es damals war.
Einige Monate später kam der Befehl zur Berichterstattung über das Kampfgebiet von Great Lakes. Sollte unser Glück damit zu Ende sein? Bald danach wurde die Atombombe abgeworfen, und Japan ergab sich. Für mich bedeutete das Kriegsende, daß ich im Rang eines Korvettenkapitäns aus der Marine entlassen wurde. Wir waren wieder genau an dem Punkt wie zum Beginn des Krieges und wollten nach Florida.
Bereits zehn Tage später gehörte uns in Miami eine starke Teakholzschaluppe mit Gaffeltakelung, die „Möwe" hieß. Sie war nur 18 Fuß lang, aber sie hatte zwei Kojen und eine kleine Kombüse. Auf unserem Weg zur „Graugans" bedeutete sie schon einen erheblichen Schritt vorwärts. Wir lebten an Bord, segelten in den südlichen Gewässern Floridas, erforschten Riffe und kleine Buchten, aßen Fisch, Hummer und Sandhaie, die wir mit Angelhaken oder unserem Speer fingen. Manchmal verbrachten wir zwei Mo-

nate auf See zwischen den Inseln; braungebrannt und halbnackt, mit langem, wildem Haar. Dann kehrten wir zu unserem Ankerplatz in dem schmutzig-verschlammten Miamifluß zurück, setzten uns mit meiner Schreibmaschine in dem kleinen angrenzenden Park unter eine Palme, tippten schnell eine kleine Segelgeschichte und schickten sie an eine Yachtzeitschrift, die uns etwas Geld dafür überwies. Von dem Geld kauften wir Zubehör für das Boot und Lebensmittel, dann segelten wir wieder los.

Ganz deutlich erinnere ich mich noch an Szenen aus diesen sorglosen Tagen: Die Segel der „Möwe" flattern in der frischen Brise. Wir beide, braungebrannt wie Neger, waten durch hüfttiefes Wasser und suchen – den Speer in der Hand – im klaren Wasser die Fühler eines dieser schlauen Hummer, die unter einem Felsen oder gesunkenen Stück Holz zu finden sind. Dabei malen wir uns in Gedanken schon den riesigen Hummersalat aus, den wir später essen wollen. Oder wir beide liegen im warmen, seichten Wasser; auf unseren Köpfen riesige Strohhüte und in unseren Händen Bücher. Von Zeit zu Zeit schlägt einer von uns ins Wasser, um die kleinen Fische mit ihren winzigen Rückenflossen zu vertreiben, die an unseren Zehen kitzeln. Und ich höre die Geräusche des Riffs: das Flattern eines Segels, das Summen der Moskitos, den Wind in der Takelung, den verlorenen Schrei eines Seevogels.

Ein andermal waren wir den ganzen Tag mit dem alten Seemann Cap gesegelt, der uns ebenso freundlich wie gründlich im „Seemannshandwerk" unterrichtet hatte. Abends befestigten wir unser Boot am Heck seines Bootes „Strandwelle", so daß beide Boote an Caps Anker hingen. Nach dem Abendessen mit ihm blieb ich noch eine Weile, und wir unterhielten uns, während Davy schon zur „Möwe" ging. Dann sagte auch ich „Gute Nacht". Von seinem Boot zog ich die „Möwe" heran und ging mit bloßen Füßen lautlos an Bord und nach achtern. Als ich im Bug stand, sah ich die Kajütentreppe hinunter. In der Kajüte beugte sich Davy über viele, auf dem Kabinentisch ausgebreitete Seemuscheln. Ihr Haar glänzte im Schein der winzigen Öllampe. Über mir wölbte sich die weite und geheimnisvolle Dunkelheit des wilden Riffs ohne den

kleinsten Lichtschimmer – und unten diese helle, warme, kleine Welt der Kabine, wo Davy ihre Muscheln ordnete.
Das Leben auf der „Möwe“, so großräumig und weitreichend es auch über Deck war – betrachteten wir nicht die Inseln und den Ozean als unseren Garten? –, glich unter Deck mehr einem Leben im Pappkarton. Wir hatten freilich nicht vor, auf Dauer so zu leben. Das war nur eine Station auf dem Weg zur Hochseeyacht. Wir hofften sehnlichst auf sinkende Bootspreise, damit wir die „Graugans“ kaufen konnten. Aber noch war es nicht soweit. Eines Nachts hatten wir darüber eine lange Diskussion. Wir beschlossen, nicht länger auf der „Möwe“ zu bleiben, weil wir alles gelernt hatten, was wir auf diesem Boot lernen konnten. Statt dessen wollten wir uns ein wenig unseren Büchern zuwenden und an einer Universität, wenn möglich Oxford, unsere Ausbildung abschließen. Nur so könnten wir ja später auf unserer Wanderung um die Welt Arbeit bekommen. In Oxford zu studieren, war damals allerdings unmöglich, weil so viele Soldaten aus der Armee zurückkehrten. Wir mußten uns also nach einem anderen Studienort umsehen.

Im Herbst waren wir dann an der Universität Yale und stürzten uns geradezu in ein Meer von Büchern. Begeistert spürten wir, wie unser Geist auflebte, und in unseren Notizbüchern sammelten wir unzählige interessante Gedanken, mit denen wir uns irgendwann einmal genauer befassen wollten. In den Seminaren wurde uns ein weitgefächertes Programm angeboten, zu dem amerikanische und englische Literaturgeschichte, englische Geschichte und Historiographie gehörten.
Vor allem im Sommer fuhren wir sehr häufig von New Haven in Davys Ferienhaus in Culver Lake in New Jersey. Dort konnten wir in Ruhe lesen, spazierengehen, Kanu fahren oder auch die Eulen in der Nacht hören. In New Haven wohnten wir in einem großen, hübschen Zimmer. Meistens kochten wir auf einer Kochplatte, manchmal auch in der Küche. In unserem Zimmer war ein kleiner, aber sehr schöner Kamin, den wir mit herrlichen Gewehrschäften aus Walnußholz beheizten – dem Abfallholz aus der nahegelegenen Waffenfabrik. Außer Davy und mir wohnte noch „Gypsy“ in

diesem Raum, eine weizenfarbene Promenadenmischung aus Collie und Eskimohund, die nach unserer Meinung ausgesetzt worden war.
Aber ungeachtet unseres so erfreulich aufgelebten Geistes, ungeachtet der Tatsache, daß wir von Yale tief beeindruckt waren, daß wir ein Haus voller Freunde hatten und – wie ich in unser Tagebuch schrieb – wir die „kahlen nördlichen Bäume in all ihrer Schönheit wiederentdeckten", vergaßen wir niemals die „Graugans".
Damals schrieb ich in unser Tagebuch: „Irgendwo hinter den Gebäuden, die sich gegen den niedrigen Winterhimmel undeutlich abheben, weht der Passat, klatschen die langen, blauen Wellen mit weißem Schaum auf das Riff, und ein wilder Schoner schwingt hin und her und zerrt an seinem Anker. Mein Gott! Was tun wir hier eigentlich? So sehr uns auch jene ‚ruhige Würde der Bibliotheken' beeindruckt, von der E. B. White spricht, so vermuten wir doch manchmal, daß die emsigen, bebrillten Studenten, die zwischen den Regalen dieser herrlichen Bibliothek herumkrabbeln und die gelehrten Kommentare sowie die Fußnoten der Fußnoten abschreiben, vergessen haben, was ein Gedicht wirklich aussagen will. Ich habe ein Spottgedicht über sie geschrieben, und in einer Zeitung mokierte ich mich über Studenten, die ‚in einer Welt der grauen Steine und des Pergaments den Glanz der Sterne auf einem Baum im Hof und das Singen eines Gedichtes vergessen'. Auch wir, Davy und ich, werden uns in einer solchen Wolke von Nebel und Ungewißheit verlieren, wenn wir nicht nahe beim Wind bleiben."
Natürlich schrieben auch wir gelehrte Aufsätze und veröffentlichten sie, aber wir vergaßen nicht das Gedicht und den Wind auf der See.

Eines Abends ging ich nach einem Seminar durch Schnee und eisige Luft zu unserer Wohnung. Ich nahm mir vor, alles für das Abendessen vorzubereiten, bevor Davy aus der Bibliothek nach Hause kam. Aber als ich unser Zimmer betrat, war Davy schon da. Ein helles Feuer prasselte im Kamin, Kerzen brannten auf dem

Kaminsims, der Tisch war festlich gedeckt – und leise erklangen die ersten Töne des Violinkonzerts von Bruch. Davy lächelte über meinen freudig-überraschten Blick, und plötzlich war die ganze Szene ein Ausdruck unserer Liebe. Ich nahm sie in meine Arme und war überwältigt von der Liebe zu ihr, dem Bewußtsein der Freude und der kurzen, lieblichen Wärme des Lebens, das von kalter Dunkelheit und endloser Todesnacht bedroht ist. Ich flüsterte ihr das alles ins Ohr und hielt sie dabei immer noch fest, umhüllt vom Klang der Musik. Beide hatten wir Tränen der Freude in den Augen: Welche Dunkelheit auch immer hinter allem lauern mochte, jetzt, in diesem Augenblick, strahlte die Flamme unserer Liebe und vertrieb alle Dunkelheit.

An einem wunderschönen Frühlingsnachmittag ging Davy mit einem Buch in den Stadtpark. Sie las friedlich, blickte dann und wann auf, um die spielenden Kinder zu beobachten, die nach einer Weile wegliefen. Da hörte sie einen heiseren Schrei hinter sich. Sie drehte sich um. Ein Exhibitionist mit einem zu einer häßlichen Grimasse verzerrten Gesicht. Der Mann lief auf sie zu, und ihr wurde klar, daß sie in der beginnenden Dämmerung in diesem verlassenen Park allein mit ihm war. Obwohl ich ihr einige Methoden der Selbstverteidigung beigebracht hatte, sprang Davy auf und rannte wie gehetzt aus dem Park, von dem Mann verfolgt. Erst als er merkte, daß sie schneller war, blieb er zurück. Sie lief hinaus auf die Straße, schluchzend vor Ekel und Entsetzen. Das war alles – ein Mann, dessen ganzes Sein ein monströses, aus dem Gleis geratenes Ego war. Ich war so wütend, daß es mir ein schreckliches Vergnügen bereitet hätte, ihn zu vernichten. Später am Abend konnte Davy schon wieder über sich lächeln, aber das Gefühl, eine gehetzte Beute zu sein, verließ sie lange nicht.

Während unserer Zeit in Yale hatten wir unheimlich viel gelesen und dabei die Verzweiflungsschreie der Dichter vernommen, von Blakes „Die kranke Rose“ bis zu Audens „Gesichter an der Bar“. Wir hatten uns auch mit Hawthorne und seinem Thema der sündigen Seele beschäftigt. Vielleicht bestanden damit und vielleicht auch mit dem Mann im Park bestimmte Zusammenhänge – auf jeden Fall ereignete sich einige Monate nach diesem Erlebnis fol-

gendes. Ich war in die Bibliothek gegangen, um noch etwas herauszusuchen. Davy hatte sich friedlich mit einem Buch in die Sofaecke gekuschelt.
Als ich zurückkam, war ihr Gesicht von Tränen überströmt. Sie klammerte sich verzweifelt an mich und weinte. Es dauerte einige Zeit, bis sie mir erzählen konnte, was geschehen war.
Ausgelöst wurde alles durch einen Gedanken, den sie am folgenden Tag in diesen beiden Verszeilen formulierte (ein Gedicht übrigens, das sie nie vollendete):

Letzte Nacht zerbrach mein Glück
und ließ nur dich und meine Furcht zurück.

Sie sagte, alle ihre Sünden seien ihr auf einmal bewußt geworden; sie seien an ihr vorbeigezogen, gräßlich anzusehen und mit herausforderndem Gehabe.
„Welche Sünden?“ fragte ich mich bestürzt. „Welche Sünden konnte dieses liebenswerte Wesen begangen haben?“ Keine „sichtbaren“ Sünden jedenfalls. Sie hatte weder einen Menschen ermordet, noch einen Goldbarren gestohlen. Keine Untreue, kein heimliches Trinken, keine Unehrlichkeit, keine Faulheit, keine Tierquälerei. Aber manchmal war sie mürrisch oder schnippisch gewesen. Sie hatte mit boshaft-spitzigem Gerede Leute gequält, vielleicht sogar ihre Mutter oder ihren Bruder. Einmal, im Krieg, als ein junger Offizier – ein Freund, der als Katholik aufgewachsen war – gesagt hatte, daß er eines Tages zweifellos zur Kirche zurückkehren würde, hatte Davy mit spöttischer Verachtung gesagt: „Weshalb denn das? Bist du nicht tapfer genug, allein zu bestehen?“
Nun verfolgten sie diese Worte. Sünde: Sie wußte, daß es so etwas wie Sünde gab, daß da etwas war, was nicht einfach von einem Psychologen vergeben oder wegerklärt werden konnte. Noch schlimmer die Sünde der Unterlassung. Sie zitierte einen Dichter, dessen Namen sie nicht wußte: „O unversuchte Gütigkeit. O kostbarer Schatz, der nie gewonnen wird!“ Sie war so tief erschüttert, wie ich sie noch nie gesehen hatte. Ich erkannte das genau. Ich

wußte auch, daß eine ungeheuerliche und schreckliche Erfahrung hinter ihr lag.
Aber wie konnte ich sie verstehen? Ich, der nie etwas Ähnliches erlebt hatte? Ich hielt sie im Arm und beruhigte sie, indem ich ihr meine Liebe schenkte. Doch mir selbst redete ich ein, es sei eine vorübergehende Stimmung, das Ergebnis des Erlebnisses im Park, eine merkwürdige Verirrung des Geistes und Herzens, vergleichbar mit unserer seltsamen Furcht in der Nacht, als wir vor Diamond Head draußen im Meer gewesen waren. Denn Davy war mit Sicherheit kein Sünder. Selbst ihre kleinen Fehler waren nur menschlich und ließen Davy eigentlich nur noch liebenswerter werden. Was sie brauchte, was wir beide brauchten, waren das Meer und der Himmel, die Natur, damit wir beide wieder zur Ruhe kamen. So hielt ich sie fest und tröstete sie wegen einer Sache, die ich nicht verstehen konnte, die zu bekämpfen ich aber fest entschlossen war.
Heute weiß ich natürlich, daß sie das klassische Erlebnis der Sündenerkenntnis hatte. Ein Christ kennt das genau, aber ich kannte das Christentum nicht. Hätte ich verstanden, was damals geschah, hätte ich es als einen geistlichen Vorgang erkannt, so wäre ich in höchstem Maße alarmiert gewesen. Nur eben – um das wirklich verstehen zu können, muß man schon Christ sein. Und als Christ wiederum hätte mich das nicht zu alarmieren brauchen. Dann hätte ich gewußt, daß „der Hund des Himmels" hinter ihr her war und sie unermüdlich verfolgte. Aber ich verstand es nicht. Und sie verstand es natürlich auch nicht; aber wenn „alles Glück letzte Nacht zerbrach", so vergißt man diese Erfahrung niemals.
In der Zwischenzeit hatte ich meinen akademischen Titel erworben, und so wurde es Zeit, Yale zu verlassen und sich wieder der „Graugans" zuzuwenden. Solange der Schoner im Bau war, wollte ich einen Lehrauftrag an einem kleinen College in Virginia annehmen. Wir fanden ein altes Bauernhaus in der Nähe meines College, das wir „Pferdehof" nannten, weil das freundliche weiße Pferd der Farm Davy am ersten Tag freundschaftlich gezwickt hatte. Dort ließen wir uns mit unserem Straßenhund Gypsy aus New Haven gemütlich nieder.

Ein Schiffsbauer an der Ostküste von Maryland legte damals den Kiel zu einem 36 Fuß langen Schoner. Das Schiff war schnittig, mit einem herrlichen, von Howard Chapelle entworfenen Klipper-Bug. Lange Gespräche hatten wir deswegen mit Chapelle geführt. Später würde ich mehrere Artikel für Yachtzeitschriften über diese Gespräche schreiben, über den Bau, Stapellauf und die Seetüchtigkeit unseres Schiffes. Es war ein Kielschwertschiff mit Gaffeltakelung, das unglaublich schnell segelte. Wir fuhren oft an die Ostküste, um zu sehen, wie es allmählich entstand. Nach einer Zeichnung von Davy schnitzte ein befreundeter Bildhauer die Gallionsfigur aus Mahagoni, ein anmutiges Mädchen, das sich kühn dem Wind entgegenwirft. Unter dem hohen, schlanken Hauptmast war eine Holzplanke, die ich aus einem Museum im Norden ergattert hatte und die von dem Kriegsschiff „Virginia“ stammte, das in Hampton Roads für die Konföderierten gegen „Monitor“ gekämpft hatte.
Zu der Zeit gingen wir noch davon aus, daß dieses Schiff der letzte Vorgänger der tiefkieligen, hochseetüchtigen „Graugans“ sein sollte. Aber es war doch schon die „Graugans“, und so werde ich das Schiff auch nennen. Als der Schoner vom Stapel lief, taufte ihn Davy, indem sie eine Flasche Wein an seinem hübsch geschwungenen Bug zerbrach. Während er ins Wasser glitt, rief sie: „Bewahre uns vor eingefahrenen Lebenswegen!“
In einem der Küste vorgelagerten Hafenbecken wurde unser Schoner nun aufgetakelt und ausgerüstet. Wir beide zelteten am Ufer. In einer milden, dunklen Nacht hatten wir plötzlich den ganz dringenden Wunsch, zu unserem Schiff hinauszurudern. Das einzige Problem war, daß wir es vom Ufer aus überhaupt nicht sehen konnten; nicht der kleinste Stern erhellte den dunklen Nachthimmel. Doch es war nicht weit, und vielleicht könnten wir es trotz der Dunkelheit finden. So ruderten wir mit unserem kleinen Boot los, das wir von den Inseln mitgebracht und in den Riffs hinten an die „Möwe“ angebunden hatten. Wir suchten das ganze Becken ab, fanden aber keinen Schoner.
Nach einer Weile hielt ich kurz an, um mir eine Zigarette anzuzünden. Im kurzen Feuerschein des Zündholzes erkannten wir,

eine Armlänge entfernt, den anmutigen Bug unseres Schiffes. Hoch über uns war die Gallionsfigur mit dem langen, weißen Bugspriet, der über sie hinausragte. Das Zündholz verbrannte meine Finger, aber ich zündete gleich noch eins an. Wir waren merkwürdig erregt beim unerwarteten Anblick dieses stolzen Schonerbugs. Das war kein kleines Boot, das war ein richtiges Schiff. Wir ließen uns an der Seite des Schiffes entlang zurücktreiben und kletterten weiter hinten an Bord. „Und von unserem Deck betrachteten wir verächtlich das Land."

In diesem ungeplanten Augenblick, als wir zur „Graugans" hinausruderten, wurde unser Traum wahr; der Traum, von dem wir in jenem alten Gedicht aus den Tagen von Glenmerle geschrieben hatten. Wir saßen lange dort in der milden Dunkelheit und spürten, wie sich der Schoner leise an seinem Anker bewegte, während wir über unseren alten Traum über Glenmerle und die Inseln sprachen.

In dieser Zeit unterrichtete ich schon meine Klassen im College, und wir wohnten noch immer in unserem „Pferdehof". Wir tranken klares Quellwasser und hielten einige Hühner. Ein großer Collie kam, um Gypsy den Hof zu machen, und sie bekam – offensichtlich zu ihrer eigenen Überraschung – Junge, denen wir Seemannsnamen gaben: Jib und Tops 1, Spinnaker und Flurry. Flurry behielten wir und liebten sie all die Jahre hindurch; Flurry, die schnelle, anmutige und intelligente Hündin. Einmal, als sie noch ein Hundebaby war, mußten wir nach dem Essen sehr schnell weg und ließen deswegen alles (u. a. einen großen Landschinken) auf dem Tisch. Außerhalb von Flurrys Reichweite, wie wir annahmen. Doch Flurry ging die Sache mit Überlegung an. Mit ihren scharfen kleinen Zähnen griff sie sich einen Zipfel des Tischtuches, spreizte ihre kleinen Pfoten und zog. Als wir nach Hause kamen, mußten wir tief Luft holen: Wo der gut gedeckte Tisch gestanden hatte, lag nichts als ein Berg zerbrochenes Geschirr. Der ganze große Schinken war in Flurrys Bauch, die kaum noch gehen konnte. Sie hörte unser erschrecktes Aufstöhnen und meinen Fluch. Vielleicht war ihr selbst nicht ganz geheuer, was da so alles passiert war. Jedenfalls hob sie ihre kleine Schnauze und jaulte – das merkwürdigste, traurigste, schuld- und reuevollste Jaulen, das wohl jemals eine Kreatur von sich gab. Ungeachtet unseres Ärgers mußten wir laut lachen und konnten sie einfach nicht bestrafen.

Davy und ich wohnten gern im „Pferdehof". Wir heizten unsere Öfen mit Holz bis sie rot glühten, pflegten unsere Hühner, ritten ohne Sattel auf dem weißen Pferd und gingen spazieren. Wir waren in der frischen Luft, kletterten auf die blauen Hügel Virginias und sangen lauthals die Lieder von dem Fuchs, der in der kühlen Nacht ausgeht, und dem Schotten, der an den Salzseen zum Räuber wurde.

Ein paarmal gingen wir auch zur Kirche; nicht wegen irgendeiner Anwandlung von Glauben, sondern nur, um die herrliche und alte anglikanische Liturgie zu hören. Einmal nahmen wir sogar am Abendmahl teil, nur weil es eben dazugehörte. Es bedeutete uns nichts. Die Kirche, in die wir gingen, war winzig und 150 Jahre alt. St. Stephen lag in einer lieblichen hügeligen Landschaft zwischen einigen vornehmen, alten Häusern, vor dem Hintergrund des Blueridgegebirges, das in der Ferne glühte.

Davy malte. Sie war schon immer mit Bleistift und Pinsel geschickt umgegangen; nun malte sie ernsthaft und wurde immer besser. Sie malte Virginia: Szenen auf dem Weg nach St. Stephen und von unserem eigenen Bauernhof. Ein großer schwarzer Walnußbaum stand allein in unserer Wiese, charakterisiert durch einen besonders massiven Ast. Davy malte ein gutes Bild von dem Baum, der Wiese und dem Fluß. Dann malte sie ein anderes Bild von dem Baum – zweifellos demselben Baum, wenn auch schwarz und ohne Blätter –; aber die Wiese war in eine Traumlandschaft mit Felsen, Erde und Klippen verwandelt. In den Klippen waren Höhlen, aus denen groteske, fast feindselige Gesichter hervorsahen. Im Vordergrund stand der Baum und nahe dabei eine gespenstische, weibliche Gestalt, die sich zu dem Baum tastete, als ob sie ihn nicht deutlich sehen könnte: zu dem Baum, dessen massiver Ast den Schatten des gekreuzigten Messias auf die kahle Erde warf. Der Schatten eines Baumes.

Dieses Bild verarbeitete natürlich jene Erfahrung aus Yale, als die

Welt in ihr zerbrach, und wir nannten es deswegen ihr „Sündenbild“. Irgendwie beunruhigte mich das Bild, obwohl ich doch wußte, daß Davy kein Christ war. Hatten nicht auch viele Ungläubige den Symbolismus des Kreuzes in der Kunst verwandt? Sicherlich war das alles. Dabei war ich derjenige, der sich – wegen jenes anderen Schattenkreuzes, auf merkwürdige Weise vom Mast und Rahnock des Zerstörers gemalt – eines Tages vielleicht mit dem Christentum beschäftigen würde, nicht Davy. Tatsächlich aber war ich selbst viel zu weit vom Christentum entfernt, um die mögliche Nähe oder Ferne eines anderen zum christlichen Glauben beurteilen zu können. Und das, obwohl ich Davy fast so gut kannte, wie mich selbst.

In der Zwischenzeit bot sich uns die Möglichkeit, in Oxford zu studieren. Es gab mehrere Gründe, die es nach unserer Meinung rechtfertigten, die Reise mit der „Graugans“ für weitere zwei oder gar drei Jahre zu verschieben. Abgesehen von Oxford selbst, hatten wir ja auch eigentlich einen größeren Hochseeschoner geplant. Und den könnten wir unter Umständen in England noch besser finden. Außerdem hatte man in Yale festgestellt, daß Davy an einer merkwürdigen, wenn auch nicht ungefährlichen Krankheit litt. Ein paar Jahre Ruhe würden ihr nur gut tun.

Wir hatten die Chesapeake Bucht erforscht, die Inseln und kleinen Häfen an der Ostküste, und mit dem geringen Tiefgang unseres Bootes konnten wir auch in die kleinsten Buchten segeln. Heftige, weiße Sturmböen hatten wir inzwischen ebenso bewältigt wie Flauten. Manchmal nahmen wir Freunde mit, aber meistens waren wir beide allein. Unsere Mannschaft bestand aus Gypsy und Flurry, bis Gypsy, ihrem Namen verpflichtet, weglief und verlorenging. Der Schoner segelte wie ein Traum; stark genug, um gegen den Wind zu kreuzen, und schnell genug, um rasch beizudrehen. An heißen Sommertagen hatten wir gewöhnlich Schatten von dem großen Hauptsegel, und wenn wir vor Anker lagen, konnten wir außerdem einen Baldachin über den Bug spannen. Eine der besten Einrichtungen war ein langes Hinterdeck, auf dem ich mich sogar ausstrecken konnte.

Kurz vor unserer Abreise nach Oxford segelten wir eines Tages bei einer herrlichen, frischen Brise am Morgen los. Unser Boot segelte wie ein Klipper und überholte tatsächlich einen Motorkreuzer, an dem wir wie ein Wirbelwind vorbeischossen. Aber dann, am Nachmittag, legte sich die Brise völlig, und wir gerieten in eine Flaute. Wir konnten überhaupt nichts machen. So spannten wir den Baldachin auf und legten uns – mit Büchern und einem Krug eisgekühlter Limonade gut versorgt – auf das Hinterdeck. Gegen Abend kam eine leichte Brise auf, und das Schiff begann sich ein wenig zu wiegen, als wir den Baldachin einholten. Dennoch hingen die Segel schlaff herunter. Es war eine Bewegung wie im Traum. Das Wasser war noch spiegelglatt, die Brise bewegte nur die Takelung und war so leicht, daß unsere Bewegung kaum wahrnehmbar und vollkommen lautlos war; so etwas nennt man Geistersegeln. Das Hauptsegel warf einen Schatten von der Nachmittagssonne, ich war im Bug und hielt einen Finger auf die Ruderpinne, und Davy lag noch achtern auf dem Bauch, das Kinn in die Hände gestützt. Flurry, unsere Mannschaft, lag schlafend auf dem Kajütendach. Ich ging für einen Augenblick nach vorn und konnte dort das leise Gluckern des Wassers hören.

Unter dem blauen Himmel, der sich im Osten langsam verdunkelte, als die Sonne strahlend im Westen unterging, segelten wir wie im Traum über das ruhige Wasser. Im Licht der untergehenden Sonne sah es aus, als stehe es in Flammen. Vor uns, genau da, wo die Küstenlinie einen Bogen beschrieb, öffnete sich eine Bucht nach Norden. Ich steuerte darauf zu und dachte, daß die winzige Brise jeden Augenblick ganz und gar zu wehen aufhören würde. Aber sie hielt an, und als die Dämmerung hereinbrach, steuerten wir wie von Geisterhand bewegt in die Bucht, drehten bei, und der Anker fiel mit lautem Klatschen ins Wasser. Wir schwammen ein wenig und aßen ein leichtes Abendbrot. Der Abend schien trüber zu werden. Vielleicht würde es Sturm geben. Aber als wir in unsere Kojen krochen, war noch alles ruhig.

Irgendwann in der Nacht wachte ich auf und merkte, daß die Yacht am Anker hin- und herschwang. Ein angenehmer, kühler Luftzug strömte durch die vordere Luke. Lautlos stand ich auf. Im selben

Augenblick tauchte Davy aus der hinteren Luke auf und kroch am Deck nach vorn, wo ich halb aus meiner Luke herausschaute. Die Brise hatte sich verstärkt und nach Norden gedreht, so daß sie nun direkt in die Bucht wehte. Trotzdem brauchten wir uns keine Sorgen zu machen, ob der Anker halten würde. Der Wind hatte auch das letzte bißchen Regen und die letzte kleine Wolke weggeweht. Die Luft war kühl und frisch. Mit Tausenden glänzender Sterne besät, wölbte sich der Himmel über uns. Aber was uns ganz besonders bewegte, war das Meeresglühen. Jede kleine Welle, die in die Bucht hineinrollte, trug eine Schaumkrone aus kaltem Feuer. Das Ankerseil glühte wie eine Feuerspur, die in die Tiefe führte, und auch die Fische, die eilig hin- und herschwammen, hinterließen Feuerspuren. Davy war nahe an mich herangekrochen, und als ich meinen Arm um sie legte, schmiegte sie sich an mich.

Wir sprachen kein Wort. Es genügte, daß wir zusammen diese große Schönheit überwältigt erfahren durften. Ich wußte, daß wir beide das Gefühl absoluter Einheit hatten. Wir verharrten so in beglückender Gemeinsamkeit, außerhalb jeder Zeit. Um uns die atemberaubende Schönheit des Meeresglühens und über uns die glitzernden Sterne. Wir waren voller Bewunderung und Freude. Die „Graugans“ lebte, schaukelte auf kleinen Wellen und zeigte mit hohen, dunklen Masten hoch hinauf zu den Sternen. Der Augenblick war absolut zeitlos. Wir hatten jedes Gefühl für zeitliche Begrenzung und Begrenztheit verloren, und deshalb war dies vielleicht ein Vorgeschmack der Ewigkeit für uns. Schließlich gingen wir wieder nach unten – immer noch, ohne ein Wort gesprochen zu haben – und schliefen bald tief und fest.

Am nächsten Tag hätte keiner von uns sagen können, ob unser „Augenblick der Ewigkeit“ Stunden oder Minuten gedauert hatte. Eine Frage, die im Grunde vollkommen unwichtig war. Was zählte, war allein die Tatsache, daß dieser Augenblick uns die Erfüllung und den Höhepunkt alles dessen brachte, was wir uns je erträumt hatten: nicht nur die „Graugans“, nicht nur das „gute Leben“ – d. h. ein Leben ohne Hast und Hetze, ohne den selbstgewählten Zwang zum Erfolg –, sondern auch den noch immer blühenden Baum unserer heidnischen Liebe, der inmitten der

„Strahlenden Festung“ wuchs. In Liebe verbunden, erstrebten wir unverändert die Ferne. Wir waren zwar im Begriff, unsere mit der „Graugans“ verbundene Lebensweise für eine kurze Zeit aufzugeben, aber eben nur für eine begrenzte Zeit. Die fernen Inseln der Welt warteten. Das Leben lag vor uns.

Im Spätsommer verließ ein Passagierschiff der transatlantischen P. & O. Linie seinen Ankerplatz im Hafen von New York, um beim lauten Klang der Schiffssirene seine Überfahrt nach London zu beginnen. Davy und ich waren an Bord.

Kapitel 4

Begegnung mit dem Licht

Das weiche grüne Gras des frühen Juni, hier und da mit kleinen blauen Blumentupfern geschmückt, reichte bis zum Ufer des kleinen Flusses. Da, wo die Wiese aufhörte, überragte eine alte Buche alle anderen Bäume im Umkreis. Ein lieblicher, blauer Himmel, an dem nur ein paar vereinzelte Wolken segelten, wölbte sich über diese Idylle. Irgendwo ganz dort oben konnte man die durchdringende Süße eines Lerchenliedes hören. Leichter Dunst verwischte die Konturen des in der Ferne liegenden Waldes, während ganz hinten am Horizont die prächtigen Türme und Turmspitzen sichtbar wurden: Oxford – im Sommersemester am Cherwell.
Hier lagen Davy und ich im saftigen Gras, um uns laut aus „Der Wind in den Weiden“ vorzulesen, einem der wunderbarsten Bücher der Welt. Wir waren gerade bei dem Kapitel über die Ratte und den Maulwurf am Flußufer. Wie hatten wir doch über die Antwort der Ratte gelacht, als der Maulwurf zugeben mußte, daß er noch nie in einem Boot gewesen war. „Was?“ staunte die Ratte mit offenstehendem Mund. „Nie in einem – du bist noch nie – ja, sag bloß, was hast du denn dann überhaupt gemacht?“ Nun legten wir das Buch beiseite und hörten der Lerche zu. Zwei junge Männer stakten einen Kahn durch den Fluß. Einen Augenblick später erklang weit entfernt Glockengeläut: die Glocken von Oxford.

Zum Michaelissemester im vergangenen Herbst waren wir an die Universität gekommen und bereits jetzt war klar, daß man uns für alle Zeiten zu den Verehrern Oxfords zählen konnte, wie zu den Verehrern Englands überhaupt. Den Atlantik hatten wir mit dem Passagierschiff „Stratheden“ überquert, auf dem wir an jedem Tag mächtige indische Reisgerichte genossen, uns mit Engländern unterhielten und bereits anfingen, in Pfund, Schilling und Pence zu denken. Dabei hatten wir uns gefragt, was uns wohl in England erwarten würde, das wir so gut aus Büchern kannten und das ich schon als kleines Kind kennengelernt hatte. Würde es uns wesensmäßig fremd sein oder – nun, eben vertraut und lieb? Doch schon als das Schiff an den weißen Klippen entlangglitt und dann die Themse hinauffuhr, war uns klar: Nach England kommen, bedeutet nach Hause kommen; ein zwar halb vergessenes Zuhause, aber ein Zuhause.

An Bord des Schiffes hatten wir noch ein merkwürdiges Erlebnis gehabt. Im Büro des Zahlmeisters lasen wir an der „Schwarzen Tafel“, daß eine Frau, die zum Heiligen Jahr nach Rom reiste, ihre Handtasche mit ihrem ganzen Geld – immerhin 400 Dollar – verloren hatte. Uns fiel ein, daß auf dem Schiff genau 400 Passagiere waren. Nur einen Dollar mußte also jeder Reisende geben, und der armen Frau wäre geholfen. Wir gingen mit unseren Dollars zum Zahlmeister. Aber obwohl er persönlich gern dazu bereitgewesen wäre, durfte er aus rechtlichen Gründen die Sammlung nicht selbst übernehmen. Deswegen schlug er vor, wir sollten es doch tun.

„Oh, nein!“ entgegneten wir einigermaßen entsetzt. „Wir können so etwas nicht tun, wir sind zu schüchtern.“

So gingen wir weg. Dachten nach. Sahen uns an. Lachten gequält und kehrten um. „Wir machen es doch“, sagten wir.

Der Zahlmeister freute sich. „Das ist gut“, meinte er dann.

Die Passagierliste in der Hand gingen wir also zu jedem Mitreisenden. Dabei begegneten wir faszinierenden Leuten, angefangen von der Baronesse mit Landbesitz in Shropshire bis zu dem amerikanischen Kommunisten. Beide gaben ganz selbstverständlich ihren Anteil und beide luden uns zu einem Drink ein. Von ein paar mürrischen Deutschen abgesehen, steuerten letztlich alle ihr Teil bei. Natürlich waren die New Yorker ausnahmslos sehr mißtrauisch und wollten wissen, was wir denn davon hätten. Aber mit der Zeit lernten wir, sehr höflich zu sagen: „Entschuldigen Sie bitte, sind Sie eventuell aus New York? Ja? Nun, dann tut es uns leid, aber wir fragen die New Yorker nicht, sie sind zu mißtrauisch. Vergessen Sie es. Vielen Dank!“

Eine Stunde später kamen sie dann wie zufällig vorbei und gaben uns mit einem mürrischen „Da, bitte!“ zwanzig Dollar. So sammelten wir das ganze Geld und brachten es dem Zahlmeister mit der eindringlichen Bitte, der Frau nicht zu verraten, wer das Geld gesammelt hatte. Aber er erzählte es ihr doch, und sie kam weinend an unseren Tisch im Salon, was uns schrecklich peinlich war. Dabei hörte sie nicht auf, unentwegt der Heiligen Jungfrau für dieses Wunder zu danken.

Merkwürdig an dieser ganzen Angelegenheit war für uns vor allem die Frage, die man uns so oft und ganz ernsthaft gestellt hatte: Warum wir das tun? Ob wir Christen oder so etwas wären? Natürlich verneinten wir. Aber allein diese Vermutung überraschte uns. Wir hatten gedacht, einfach das zu tun, was unter diesen Umständen notwendig schien. Warum dachten so viele Leute, daß für so etwas nur das Christentum zuständig ist? Das war schon merkwürdig!

Nachdem wir zwei Wochen in London verbracht hatten, gingen wir zum Bahnhof Paddington und stiegen in den Zug nach Oxford. Kurz vor Oxford verlangsamte der Zug seine Fahrt, und wir sahen neugierig und gespannt aus dem Fenster. Zuerst waren da nur Ziegelsteinmauern. Doch dann erschienen plötzlich vor uns all die Türme und Turmspitzen, die in den Sommerhimmel ragten; lieblich, wie man sich in schönen Träumen eine Stadt vorstellt.

In Oxford nahmen uns Lew Salter und seine hübsche Frau Mary Ann in Empfang, deren Tante ich aus Virginia kannte. Lew war ein hervorragender Physiker und studierte ebenso wie ich am Jesus College. Er und Mary Ann waren, wie wir allerdings erst später entdeckten, bewußte Christen. Durch sie lernten wir sehr bald ihre englischen Freunde Peter und Bee Campion kennen. Bee, groß, flink, immer zu Unsinn aufgelegt, und Peter, mit hellen, blauen Augen, gerade aus der Royal Navy entlassen, Pfeife rauchend und vergnügt vor sich hinschmunzelnd. Peter war ebenfalls Physiker im „Exeter College“. Damals trafen wir auch einen ihrer anderen Freunde vom „Worcester College“: Thad Marsh, hager, witzig, intelligent. Er studierte Englisch. Sie waren unsere ersten guten Freunde und, was vielleicht noch wichtiger war, alles engagierte, gläubige Christen. Aber wir mochten sie so gern, daß wir ihnen diesen Fehler verziehen.

Uns vollkommen unbewußt, fingen wir freilich an, unsere Meinung zu überprüfen, nicht über das Christentum, aber über die Christen. Bisher waren wir grundsätzlich davon ausgegangen – und uns dabei sehr klug vorgekommen – daß alle Christen langweilig, steif oder dumm sind. Auf jeden Fall Leute, mit denen man am besten nichts zu tun hat. Das hatten wir tatsächlich so erfolgreich praktiziert, daß wir gar nichts über Christen wußten. Nun fiel diese törichte Voreingenommenheit einfach in sich zusammen. Die Bekanntschaft mit unseren christlichen Freunden in Oxford zerstörte unsere vorgefaßte Meinung. Mehr noch, wir erkannten in höchstem Maße erstaunt: Unsere Freunde und Kameraden konnten sehr wohl intelligent, zivilisiert, witzig, angenehm im Umgang – und gleichzeitig Christen sein.

Wenn uns damals jemand gefragt hätte, was wir unter einem Christen verstehen, dann hätten wir antworten müssen: Jemand, der sich selbst als Christ bezeichnet. Vielleicht hätten wir noch hinzufügen müssen, daß ein Christ daran glaubt, daß Jesus Gott ist oder mit Gott eins ist oder doch wenigstens sagt, daß er es glaubt. Nun gibt es Leute, die das Wort „Christ“ selten oder überhaupt nicht gebrauchen. Wer sind wir, so argumentieren sie, daß wir so tun als wüßten wir, was ein wirklicher Christ ist. Das weiß doch allein Gott! Dagegen läßt sich natürlich nichts sagen. Doch wir wollen und müssen eine Bezeichnung für einen gläubigen Menschen haben, und deshalb ist es sinnvoll, sich an den uralten neutestamentlichen Gebrauch zu halten. Und danach ist jemand ein Christ, der von sich sagt, daß er glaubt. Jemand, dem wir es auch abnehmen, wenn er es sagt. Zweifellos liebt Gott alle Menschen, auch wenn sie keine Christen sind, und zweifellos gibt es auch viele, die sich nur Christen nennen. Es liegt bei Gott, hier die endgültige Entscheidung zu treffen. Bis dahin müssen wir uns an die einfache, klare, ursprüngliche Bedeutung des Wortes halten: Ein Christ ist jemand, der die Lehren der Apostel annimmt; jemand, der glaubt.

Demnach waren wir keine Christen, im Gegensatz zu unseren Freunden. Aber wir mochten sie trotzdem.
Wir fanden eine Bleibe im Norden Oxfords und kauften uns Fahrräder. In der Dreizimmerwohnung an der Woodstockstraße stand auch ein Klavier, auf dem Davy für mich spielen konnte, auf dem aber auch Lew Salter herrlich musizierte. Wenn er sich nicht für die Physik entschieden hätte, wäre er sicherlich Konzertpianist geworden. Er spielte oft für uns, und wenn er spielte, ganz in seine Musik versunken, lag auf seinem feinen Gesicht – ihm selbst unbewußt – der Ausdruck von Schmerz. Wir waren oft zusammen. Einer allein oder auch alle fünf kamen sie einfach zu uns ohne jede Formalität. Wir tranken Tee, knabberten Kekse und unterhielten uns; immer wieder redeten wir miteinander: über die Universität, über Bücher, über unsere Arbeit. Peter und Lew erklärten uns Plus-Ionen – oder waren es Minus-Ionen? – in Spannungsfeldern, und Thad sprach über Spencer.
Häufig redeten wir über das Christentum. Es machte uns nichts aus, darüber zu sprechen: Denn Oxford ist ein Ort, an dem man über alles reden kann. Und immer wieder wurde musiziert. Lew oder Davy spielten Klavier. Manchmal sang Thad dazu mit seiner warmen, angenehmen Stimme. Schuberts „Forellenquintett“ liebten wir besonders, und immer, wenn wir es hörten, dachten Davy und ich an unsere Freunde und den Gasthof „Die Forelle“. Noch lieber mochten wir das reizende kleine Elisabethanische Lied von der Dame, die vorübergeht. War dieses Lied für Davy und mich zunächst ein Symbol für Oxford, so sah ich später in der Dame immer nur Davy.

Es war einst eine Dame fein,
kein Antlitz könnte schöner sein.
Sie ging vorbei im Abendrot,
ich werd' sie lieben bis zum Tod.

Zwischendurch erforschten wir mit dem Fahrrad oder zu Fuß Oxfords „Zauber in Grau“; Oxford, „die liebliche Stadt der träumenden Türme“ mit der wunderschönen Umgebung. Da gab es die Marston Fähre – eine Überfahrt zum Gasthaus auf der anderen

Seite kostete einen Penny – und den „Barsch“, einen Landgasthof mit einem hübschen Garten in dem winzigen Dorf Binsey, genau gegenüber von Port Meadow und seiner buckligen Brücke. Jenseits des Dorfes, versteckt hinter einer langen Reihe ehrwürdiger Buchen, lag die alte und winzige Dorfkirche St. Margaret mit ihrem Wunschbrunnen. In ihn mußte man einen Penny werfen, damit der Wunsch in Erfüllung ging. Und natürlich der beliebteste Ort der ganzen Universität: „Die Forelle.“ Dort aß man zu Mittag und trank auf der Terrasse Dunkelbier, während man die Schwäne der Königin fütterte. Am Ufer der Isis entlang, die von den Londonern auch die Themse genannt wird, ging es dann schließlich nach Oxford zurück, immer begleitet von den vorübergleitenden College-Achtern.

In Oxford begrüßte uns jedesmal Glockengeläut. Es kam einem so vor, als läuteten überall Glocken. Die Luft war geradezu erfüllt mit ihrem singenden Zauber. Wir erforschten jede Ecke in dieser Stadt der lieblichen Winkel, der unerwarteten, atemberaubenden Aussichten auf Türme und Turmspitzen. Und überall spürten wir die starke, von dem lebendigen Geist ihrer Universität geprägte Vergangenheit dieser Stadt. Ungeachtet aller modernen Laboratorien „atmet Oxford noch den letzten Zauber des Mittelalters“. Diese Mauer war Teil einer großen Abtei: diese langgestreckten herrlichen Gebäude bauten die Benediktiner. Die enge Straße, in der wir unseren Tee kauften, wurde jahrhundertelang die Mönchspforte genannt. Die Universitätsgebäude heißen „Christ Church“, „Mary Magdalen“ oder auch „Corpus Christi“. Und die Glocken mit ihrem herrlichen Klang haben all die Jahrhunderte hindurch geläutet.

Unmerklich beinahe wurde die Zeit, in der die Menschen geglaubt hatten, für uns wieder lebendig; nicht wie etwas, was man aus einem Buch erfährt, sondern ganz realistisch als die Zeit, in der die Menschen wirklich glaubten, als die aufsteigenden Turmspitzen ihre Augen und Gedanken hinauf zu Gott trugen. Fast ohne es zu merken, fingen wir an, uns mit dem christlichen Glauben zu beschäftigen, der nicht nur das Leben unserer Freunde bestimmte,

sondern auch den Geist und die Atmosphäre dieser Universität mit ihren Kirchen und Kapellen prägte.
Es war nicht so, daß man uns bedrängte, diesen Glauben anzunehmen. Aber wir mußten einfach seine Existenz als uralte und dabei überaus lebendige Kraft zur Kenntnis nehmen, angefangen von dem kaum noch zu ertragenden Glanz in diesen Kirchen mit ihrem herrlich leuchtenden Glas, bis hin zum kunstvollen Choralgesang und den schönen Worten der Liturgie. Natürlich waren das alles keine Beweise für einen wahrhaftigen Glauben. Und dennoch hatten wir das unbestimmte Gefühl, daß damit irgendwie gültige Werte angesprochen wurden.
So wie wir mit unseren Freunden sprachen, spielten und wie wir die Stadt erforschten, entdeckte ich das „Jesus College". Zwei oder dreimal in der Woche nahm ich am gemeinsamen Essen im Speisesaal teil. Auf diese Weise fand ich unter den Studenten weitere Freunde: Trevor, John und Alan, die alle die Klassiker hörten; außerdem Edmund Dews, groß und städtisch, und John Dikkey, der Jura studierte und hinter seiner liebenswürdigen, leichten Freundlichkeit einen messerscharfen Verstand verbarg. Mit ihnen besprach ich meine Arbeit – besonders die Wahl eines Studienfaches – und profitierte viel bei der gemeinsamen Arbeit und in der altehrwürdigen „Bodleian Bibliothek". Oft, wenn Davy und ich über unseren Büchern hockten, meinten wir den fast monotonen und doch gar nicht eintönigen, sondern lieblichen und beinahe fröhlichen Klang des Glockenspiels einer der Kirchen aus unserer Umgebung zu hören. Dann gab es da noch die Universitätsclubs und Vereinigungen, die man besuchen konnte, Vereine für alle möglichen Interessen, u. a. den Yachtclub, durch den wir ein wenig zum Segeln auf der Isis kamen.
Ich war sehr unglücklich darüber, daß Davy und ich hier viele Dinge nicht gemeinsam tun konnten, wie z. B. das Essen im College. Wir hatten ein langes Gespräch darüber, und sie überredete mich schließlich, alles auszukosten, was Oxford uns zu bieten hatte, und ihr anschließend alles zu erzählen oder Freunde mitzubringen – wie ich es dann auch tat.
„Ich möchte lieber alles nur aus Erzählungen kennen, als es gar

nicht zu kennen", sagte sie. „Außerdem, haben Peter Ibbetson und Mimsey es nicht auch so gemacht? Haben sie sich nicht in Träumen alles gezeigt, was sie erlebten? Du kannst es mir so erzählen, daß ich das Ganze vor mir sehe. Übrigens etwas, was du sehr gut kannst."

Also beschlossen wir, so viel wie nur möglich von Oxford kennenzulernen; gemeinsam, wenn es sich irgendwie einrichten ließ, getrennt, wenn es nicht anders möglich war. In solchen Fällen berichtete ich Davy alles ganz wahrheitsgetreu, so daß wir zum Schluß trotzdem alles gemeinsam erlebt hatten.

Während des Semesters wurden in Oxford literarische Leckerbissen in Hülle und Fülle angeboten: musikalische Darbietungen, unter ihnen auch der jährliche Besuch der D'Oyly Carte Gilbert und Sullivan Gruppe. Manchmal erlebten Theaterstücke, die für London bestimmt waren, ihre Erstaufführung in Oxford. Und dann natürlich die Bootsrennen der Universitäts-Achter, die wir von dem schönen Gala-Ruderboot des „Jesus College" aus beobachten konnten.

Als Davy und ich noch immer darüber nachdachten, welches Hauptstudienfach wir wählen sollten, schrieb ich einen kurzen Aufsatz für die Zeitschrift „History Today", der mir zwanzig Guineen einbrachte. Er handelte von dem englischen Historiker James Anthony Froude, und A. L. Rowse vom „All Souls College" half mir ein wenig dabei. „All Souls" ist ein herrliches, altehrwürdiges College für graduierte Studenten. Damals lud mich mein Mentor ein, in „All Souls" zu essen, und er empfing mich dazu in langer schwarzer Robe.

Die riesige Halle von „All Souls" war nur von Kerzenlicht beleuchtet. Der Tisch erschien als ein einziger Kerzenglanz. Nur wenige Meter vom Tisch entfernt und unter der hohen, gewölbten Decke herrschte freilich völlige Dunkelheit. Als ich meinem Gastgeber in der Prozession der Dekane folgte, erhielt ich meinen Platz neben Warden Summer. Während des Essens unterhielten wir uns mit betont gewählter, dabei überaus charmanter Höflichkeit. Ich betrachtete das Gesicht meines Gesprächspartners, das sich vor dem Dunkel des Raumes im Kerzenlicht besonders hell und leuchtend abhob. Auf ihm lag ein Ausdruck, wie man ihn in der ernsten Schönheit eines mittelalterlichen Heiligen findet. Die Jahrhunderte Oxfords hatten dieses feingeschnittene, schöne Gesicht gleichsam geprägt. Für mich war es einer der größten unvergeßlichen Eindrücke, die ich je gehabt hatte. Als ich an diesem Abend in meiner wehenden Robe die Woodstockstraße hinunterging, während die Glocken nah und fern die Mitternachtsstunde ankündigten, dachte ich darüber nach, wie ich Davy das Erlebte lebendig machen könnte. Dabei wurde mir klar, daß ich angefangen hatte, etwas vom Wesen dieser Stadt, ihrer durch Jahrhunderte hindurch gewachsenen Individualität und historischen Eigenart zu begreifen.

Eines Nachmittags schlenderte ich allein über die Port Wiese nach Oxford und hörte in der Ferne ein Glockenspiel. Möglicherweise waren es die Glocken, die vor mir das Bild eines Kirchturms mit dem Kreuz darauf erstehen ließen. Jedenfalls erinnerte ich mich mal wieder, wie schon ab und an in all den Jahren vorher, an den Schatten des Kreuzes, so wie er sich damals durch den Mast und das Rahnock meines Zerstörers gebildet hatte. Auch mein damaliger Entschluß, mich eines Tages mit der Sache des Christentums genauer auseinanderzusetzen, fiel mir wieder ein. Vielleicht war jetzt die richtige Zeit dafür gekommen. Der Gedanke daran erschien mir heute zumindest weniger fremd, als er es sonst gewesen war. Natürlich konnte das Christentum nicht wahr sein, sagte eine Stimme in mir. Und doch hatte ich mich – vielleicht nur aus Gründen der Fairneß – dazu entschlossen, mich intensiv und möglichst vorurteilsfrei mit dem Christentum zu beschäftigen.

Auf meinem Weg durch die Straßen zum „Jesus College“ sah ich zufällig hoch. Dort zeichnete sich vor dem dunkelgewordenen, grauen Himmel der riesige hochaufstrebende Turm von „St. Mary the Virgin“ ab. Damit stand mein Entschluß fest: Jetzt war für mich die Zeit gekommen, in der ich meine so lange gehegte Absicht verwirklichen würde. Ich drehte mich so plötzlich um, daß ich fast mit einem anderen Studenten vom „Jesus College“ zusammengestoßen wäre, und betrat entschlossen den Buchladen Blackwell.

Nur wenig später kam ich mit einem ganzen Arm voller Bücher über das Christentum in der Woodstockstraße an. Beim Tee erzählte ich Davy von meinen Plänen und davon, wie sie durch den Anblick des Turmes von „St. Mary the Virgin" erneut wachgerufen worden waren; diesem Turm aus dem 13. Jahrhundert und – nach meinem Gefühl – herrlichsten Kirchturm der ganzen Christenheit überhaupt. Davy freute sich.

„Ich habe schon lange gedacht, daß wir eigentlich über das Christentum mehr wissen sollten", sagte sie. „Oh, gut, ich sehe, du hast Bücher von C. S. Lewis gekauft. Thad und die anderen sprechen dauernd von ihm. Wer ist das überhaupt?"

„Ein Professor", antwortete ich. „Er ist Professor hier an der Universität im ‚Magdalen College', lese ich gerade. Aber kein Theologie-Professor. Englische Literatur. Er soll ganz ausgezeichnet sein. Ich habe einmal einen Teil einer Auseinandersetzung gelesen, die er mit einem Philosophen hatte. Vielleicht sollte ich dieses Buch hier zuerst lesen. Es heißt ‚Wunder'."

„Gut", meinte Davy. „Dann lese ich die ‚Dienstanweisungen an einen Unterteufel'. Und danach können wir tauschen. Mary Ann, Lew und natürlich auch die anderen werden begeistert sein, meinst du nicht?"

„Natürlich werden sie das", sagte ich. „Aber hör zu, Davy. Wir wollen uns informieren, nicht mehr. D. h., wir wollen einen kühlen Kopf behalten. Du weißt, es gibt schwerwiegende Argumente gegen das Christentum."

„Oh, das weiß ich!" stimmte sie mir lebhaft zu. „Ich kann mir nicht vorstellen, daß davon etwas wahr sein könnte. Nur – was würdest du sagen, wenn wir doch etwas herausfinden, das uns richtig und überzeugend erscheint?"

„Hm", zögerte ich, „ich bin mir da nicht so sicher. Auf jeden Fall sollten wir erst mal die ganze Sache kennenlernen. Das wäre sicherlich gut. Aber müßte man als Christ nicht auch zur Kirche gehen und all das? Und auch beten? Trotzdem wäre es großartig, wenn wir darüber Bescheid wüßten, uns vor allem darüber klar würden, was das alles soll. Aber, verdammt noch mal! Es kann einfach nicht wahr sein. Wie könnte eine einzige von all den Religionen der Erde die Wahrheit für das ganze Universum, vielleicht für Millionen von Planeten einschließen? Von daher ist es schon von Anfang an unmöglich. Es ist einfach... zu wenig!"

„Ich weiß", meinte Davy, leicht abgelenkt. „Sieh mal hier diese drei Bücher. Das ist so eine Art Science-fiction-Trilogie: ‚Jenseits des schweigenden Sterns'; ‚Perelandra'; ‚ Die böse Macht'. Kennst du sie?"

„Du meine Güte: Nein!" rief ich. „Ich will diese Bücher doch gerade lesen, oder willst du damit anfangen?"

„Nein", sagte sie. „Ich will erst die ‚Dienstanweisungen an einen Unterteufel' lesen. Thad sagt, sie seien lustig."

Und so fing alles an. Unsere Begegnung mit dem Licht. In Wirklichkeit hatte es natürlich schon früher angefangen; damit nämlich, daß wir nach Oxford kamen. Oder vielleicht mit dem Schatten des Masts und Rahnocks. Vielleicht auch damit, daß wir unseren Kinderglauben aufgaben. Immerhin hat jemand mal gesagt, um ohne zu zweifeln glauben zu können, muß man mit dem Zweifeln beginnen. Aber wo auch immer es anfing, es kamen jedenfalls sehr unterschiedliche Dinge zusammen: unsere Liebe zueinander ebenso wie unsere gemeinsame Liebe zur Schönheit, unsere Sehnsucht nach dem, was wir unter einem „guten Leben" verstanden, die Nacht des Meeresglühens auf der „Graugans", der Einfluß unserer christlichen Freunde, die Schönheit Oxfords und das Wesen und geistige Fluidum dieser Stadt, das mir beim Anblick des Gesichtes von Warden Summer in „All Souls" so bewußt geworden war. Dies alles kam nun zusammen, so wie in einem Brennpunkt alle einfallenden Lichtstrahlen gebündelt werden.

In diesem ersten Herbst und Winter in Oxford lasen wir unzählige Bücher. Langsam begann uns die Sache zu interessieren, und so fingen wir von allem Anfang an, das Christentum regelrecht zu studieren – freilich: Es war noch immer nur ein erstes Kennenlernen. Glücklicherweise hatte ich die Science-fiction-Trilogie von C. S. Lewis als erstes zum Lesen ausgesucht. Denn einmal war sie herrlich und fesselnd geschrieben und außerdem fühlte ich mich dem Verfasser dieser Bücher auf eine ganz merkwürdige Weise verbunden, war ich mit ihm vertraut: ich haßte und fürchtete wie er.

Sehr viel wichtiger war aber wohl für mich die Erkenntnis, daß der christliche Gott möglicherweise doch groß genug für das ganze Universum sein könnte. Damit war zwar noch nichts bewiesen. Aber die eine, mir anfangs unüberwindlich erscheinende Schwierigkeit – wonach das Christentum eine im besten Fall nur für einen begrenzten Raum gültige Religion sein könnte –, diese Schwierigkeit war beseitigt.

Außer C. S. Lewis lasen wir noch G. K. Chesterton, der für das Christentum in „Der unsterbliche Mensch" und anderen Werken so geistreiche und überzeugende Gründe anführte. Wir studierten Charles Williams, den Theologen und Romanschriftsteller, der uns Bereiche des Geistes eröffnete, von deren Existenz wir bis dahin nichts gewußt hatten. Auf erschreckende Weise zeigte uns Graham Greene, was die Sünde ist und – für uns ebenso erschrekkend – was der Glaube ist. Dorothy Sayers ließ uns die dramatischen und spannenden Aspekte des Christentums erkennen. Sie kämpfte ganz gezielt gegen Selbstzufriedenheit und Trägheit. T. S. Eliot hatten wir schon viele Jahre hindurch gelesen. Jetzt allerdings fingen wir erst an zu begreifen, was er wirklich in „Aschermittwoch" und den „Vier Quartetten" sagen wollte, und – wir waren erschreckt. Seine Beschreibung des Christseins ist lange in uns lebendig geblieben. Nach Eliots Meinung war das Christentum „ein Zustand totaler Einfachheit, etwas, das nicht weniger kostet als alles". Alles!

Wir lasen noch viele andere Bücher, unter ihnen die „Imitatio Christi" und die „Apologia Pro Vita Sua" des Heiligen Augustin. Und natürlich lasen wir das Neue Testament, in unzähligen Übersetzungen zusammen mit den jeweiligen Kommentaren. Aber ohne jede Frage war C. S. Lewis die für uns beide wichtigste Lektüre. Nur jemand, der sich selbst mit der Frage auseinandergesetzt hat, ob das Christentum falsch ist, kann einem anderen helfen, wenn es um die Frage geht, ob das Christentum wahr ist. Wir lasen alles, was er jemals geschrieben hatte, auch „Die große Scheidung", „Wunder", „Über den Schmerz" und das – nach meiner

Meinung – sehr wichtige Buch „Des Pilgers Rückkehr“; ebenso seine wissenschaftlichen Werke, wie z. B. „Die Allegorie der Liebe“.
Das Wissen dieses Mannes war enorm; ob es sich um englische Literatur, um die klassische Dichtung der Antike oder um Theologie handelte, wenngleich er auf diesem Gebiet auch Kritik erfuhr. Er verfügte vielleicht über den brillantesten und sicherlich über den klarsten Geist, den wir jemals kennengelernt hatten. Über das Christentum schrieb er so klar wie Quellwasser, ohne eine Spur von Scheinheiligkeit, Ungenauigkeit oder Doppeldeutigkeit, denn er ging nie davon ab, anders als mit Verstandesgründen zu argumentieren. Er hatte ganz einfache, direkte, beschreibende Argumente, die er mit Esprit vorbrachte. Und diese unglaubliche Vorstellungskraft!

Während dieser Zeit sprachen wir auch häufig mit unseren christlichen Freunden, diskutierten mit ihnen unsere Fragen und Zweifel. Sie antworteten uns sehr geduldig und überlegt. Zu den mit uns schon lange bekannten fünf Freunden kamen jetzt noch andere Christen. Besonders gern erinnere ich mich an einen kleinen Waliser aus meinem College, der Geraint Gruffydd hieß, selbst ein Dichter war und sich für Dichtung begeisterte. Zutiefst beeindruckt waren Davy und ich, als wir eines Tages feststellten, daß unsere Freunde – ob sie nun Anglikaner, Baptisten, Katholiken oder Lutheraner waren – sehr viel mehr miteinander verband als trennte: nämlich das „reine Christentum“, wie Lewis sagen würde.
„Und sie sind alle so – so glücklich in ihrem Glauben“, meinte Davy.
Ich fragte: „Könnte dieses Glücklichsein wohl das sein, was ‚christliche Freude‘ genannt wird? Was meinst du?“

In jener Nacht schrieb ich in unser Tagebuch:
„Das beste Argument für das Christentum sind die Christen: ihre Freude, ihre Gewißheit, ihre Vollkommenheit. Aber das stärkste Argument gegen das Christentum sind auch die Christen. Dann nämlich, wenn sie düster und freudlos, wenn sie selbstgerecht und

selbstgefällig, engherzig und heuchlerisch sind. Dann stirbt das Christentum tausend Tode. Aber wenn es auch mit Sicherheit solche ‚schlechten' Christen gibt, vielleicht sollte man deswegen das Christentum selbst nicht dafür verurteilen. In der Tat spricht vieles dafür, daß es im Christentum den positiven Wert der Freude gibt; möglicherweise nirgendwo sonst. Wäre das ganz sicher, so würde das einen ungewöhnlich hohen Rang des Christentums beweisen."

Wenn Männer wie der heilige Augustin oder auch Newman bzw. Lewis zu überzeugten und engagierten Christen werden konnten, so mußte man den christlichen Glauben ernst nehmen. Ich schämte mich ein wenig bei dem Gedanken an meine oberflächliche, von törichten Vorurteilen geprägte Einstellung vergangener Jahre. Die meisten Leute, die das Christentum ablehnen, wissen gar nicht, was sie eigentlich ablehnen. Und Menschen, die verurteilen, was sie gar nicht kennen, sind mit Sicherheit dumm. Davy und ich sagten damals, daß wir – wenn es einen Gott gibt – ihm danken, daß wir jetzt endlich und ehrlich den christlichen Glauben kennenlernen. Wenn unsere christlichen Freunde – Kernphysiker, Historiker und Gelehrte auf allen möglichen Gebieten – an Christus glauben können, wenn C.S. Lewis an Christus glauben kann, dann müssen auch wir diesen Glauben sehr ernsthaft durchdenken.

Wie wir später feststellten, war es für Davy und mich bei unserer Auseinandersetzung mit dem Christentum eine sehr gute Hilfe, immer genau zu wissen, welche Position wir im Augenblick gerade zu diesem Glauben einnahmen. Wir gingen nämlich keineswegs davon aus, daß wir uns als Christen bezeichnen könnten, nur weil wir mehr oder weniger nette Leute waren, die vage glaubten, daß es da irgendeine Art von Gott gab, und die schon mal in einer Kirche gewesen waren. Wir standen eindeutig außerhalb der Gemeinde.

Uns war klar, die zentrale Aussage des Christentums lautete und hatte schon immer gelautet: derselbe Gott, der die Welt schuf, hat auch in der Welt gelebt und ist von ihr getötet worden. Der Beweis für diese Aussage war seine Auferstehung von den Toten. Und ge-

nau das konnten wir so nicht glauben. Aber weil wir wußten, daß wir uns nur Christen nennen durften, wenn wir dies glaubten, nannten wir uns nicht Christen.
Später sollten wir noch vielen Leuten begegnen, die an diesen Kernsatz des Christentums ebensowenig glaubten wie an den Osterhasen, und sich dennoch Christen nannten. Vielleicht weil sie zur Kirche gingen und einige ausgewählte Stückchen aus der Bergpredigt anerkannten. Ich konnte mir nicht verkneifen, sie als den lebenden Beweis dafür zu bezeichnen, daß es offensichtlich doch Rauch ohne Feuer geben könne. Aber Davy und ich erkannten diese Gefahr durchaus. Wir haben die vorgelagerten Hügelketten nicht für die eigentlichen Berggipfel gehalten. Wir sahen sie dort nur zu deutlich, einzig, gewaltig, schneebedeckt und anscheinend unbezwingbar; zumindest für uns. Wußten wir doch, daß wir *glauben* mußten. Denn das Christentum war ja ein *Glaube.*
Inzwischen war uns auch klar, wie wichtig der Glaube ist. Wäre das Christentum wahr – und wir gestanden uns diese Möglichkeit ein –, dann wäre es ganz einfach die einzig wirklich wichtige Wahrheit der Welt. Im anderen Falle wäre es eben falsch. Es gibt ja keinen Mittelweg. Entweder man glaubt, oder man glaubt nicht.
Ich schrieb damals:
„Es ist nicht möglich, ein ‚bißchen' Christ zu sein. Der christliche Glaube muß einem einfach alles oder nichts bedeuten. Und weil dieses ‚Alles' vielen Namenchristen oder Nichtchristen unverständlich ist – denn ihr Leben kennt kein überwältigendes *Alles,* sondern nur viele Halbheiten –, lehnen sie das Christentum ab."
In einer Nacht im Dezember hatten Davy und ich über den Anspruch des Christentums gesprochen, die Antwort auf alle Grundfragen des Lebens zu sein; eine konsequente Antwort nach Ansicht unserer Physikerfreunde. Wir gestanden uns ein, daß auch wir ganz verzweifelt nach einer Antwort suchten. Nur: Wir konnten die christliche Antwort nicht glauben.

Ich schlug vor, noch ein paar Schritte zu laufen, aber Davy wollte lieber schlafengehen, weil sie Kopfschmerzen hatte. Während ich also allein ein wenig nach draußen ging, dachte ich darüber nach, was ich C. S. Lewis alles fragen würde, wenn er nur hier wäre. Dieser plötzlichen Eingebung folgend, schrieb ich – gleich nachdem ich in die Wohnung zurückgekommen war – an Lewis, den vielbeschäftigten Mann, den ich noch nicht einmal gesehen hatte. Er antwortete umgehend und ohne Umschweife; und auch ich schrieb zurück.

Diesen Briefwechsel möchte ich hier wiedergeben, und zwar originalgetreu. Lediglich die Anrede und den Gruß habe ich weggelassen.

An C. S. Lewis (I)

„Ich schreibe auf Grund einer plötzlichen Eingebung, die mir möglicherweise morgen früh so unbescheiden und anmaßend erscheinen mag, daß ich diese Zeilen vernichten werde. Aber noch vor wenigen Augenblicken hatte ich das Gefühl, als ginge ich auf eine Reise, die mich eines Tages zu Gott bringen könnte. Doch schon jetzt, nur fünf Minuten später, möchte ich bereits ein abschwächendes Vielleicht hinzufügen. Ich stehe vor einem Schritt, den ich einfach nicht tun kann. In dieser Situation mußte ich an Sie denken. Sie haben diesen Schritt gewagt und damit die Gewißheit im christlichen Glauben gefunden.

Aber vielleicht können Sie mir einen Rat geben, wie ich es machen soll. Ich erahne den geistigen und historischen Anspruch des Christentums und habe angefangen, hier weiter nachzuforschen. Dabei bin ich zur Erkenntnis der Überzeugungskraft und Möglichkeit einer christlichen Antwort gekommen. Ich würde es nur allzu gern glauben. Ich möchte Gott kennenlernen, wenn das überhaupt möglich ist. Aber ich kann nicht in der Überzeugung beten, daß mich jemand hört. Ich kann nicht glauben. Ich bin ganz einfach der Meinung, daß irgendeine intelligente Macht unser Universum geschaffen hat, und daß alle Menschen die Unendlichkeit dieser Macht ehrfürchtig anerkennen müssen. Naturgemäß werden alle, die das wissen oder auch nur spüren, diese einfache Erkenntnis ausschmücken wollen; seien es nun die Propheten, Buddha, Jesus oder Mohammed. Und auf diese Weise sind die Weltreligionen entstanden. Aber mit welchem Recht nun bezeichnet man nur eine

dieser Religionen als wahr? Muß nicht – z. B. einem intelligenten Besucher vom Mars – das Christentum lediglich als eine von vielen Religionen erscheinen?
Am Anfang meines Briefes habe ich geschrieben, daß ich häufig denke, am Anfang eines langen Weges zu sein, der mich eines Tages zum Christentum führen könnte. Habe ich damit nicht schon angefangen zu glauben? Oder will ich es nur glauben? Gleichzeitig warnt mich eine innere Stimme: ‚Der Wunsch zu glauben ist eine Art Selbsttäuschung. Schonungslose Aufrichtigkeit ist besser als jeder billige Trost. Sei mutig und bekenne dich zu der Tatsache, daß die Menschen der Macht, die das Weltall schuf, nichts bedeuten.'
Und doch würde ich so gern glauben, daß Jesus wirklich mein gnädiger Gott ist. Für die Apostel, die mit Jesus sprechen konnten, muß es leicht gewesen sein. Aber ich lebe in der Welt von heute, der Welt der Autobusse, der Nylonstrümpfe und Atombomben. Ich kann nur darüber lesen, was andere über ihre Erfahrungen mit Gott berichten. Mir erscheinen keine Engel, keine überirdischen Stimmen, gar nichts. Nur die Christen. In dieser Welt von heute mit ihren Werten bedeuten Sie mir mehr als alle Bischöfe der Vergangenheit. Sie haben diesen Schritt vom Unglauben zum Glauben gewagt. Aber wie konnten Sie das? Ich kann selbst nicht so recht begreifen, daß ich es wage, Ihnen dies alles zu schreiben. Ihnen, dem vielbeschäftigten Lehrer in Oxford, und nicht einem Priester. Doch das weiß ich ganz sicher: Sie dienen Gott und nicht sich selbst. Sie müssen es tun, wenn Sie ein Christ sind. Meine eigene Antwort – wenn ich sie nur recht erkennen könnte – liegt vielleicht schon in der Tatsache, daß ich überhaupt an Sie schreibe."

Von C. S. Lewis (I)

„Als ich auf der Schwelle zum Christentum stand, war meine Situation – verglichen mit der Ihren – genau umgekehrt. Sie wünschen, daß das Christentum wahr wäre. Ich hoffte inständig, daß es nicht wahr wäre. Wenigstens wünschte ich mir das, und zwar ganz bewußt. Möglicherweise vermuten Sie, daß ich ganz andere unbewußte Wünsche hatte und daß es diese waren, die mich schließlich zum Christentum brachten. Das ist richtig. Aber dann kann auch ich annehmen, daß hinter Ihrem bewußten Wunsch, es möge wahr sein, ein starker unbewußter Wunsch steckt, daß es – hoffentlich – nicht so ist. Dies beweist, daß all das moderne Gerede über verborgene Wünsche und Wunschdenken, so nützlich es auch sein mag, wenn man den Ursprung eines bereits erkannten Fehlers finden will, absolut ungeeignet ist, um zu entscheiden, welche von zwei Glaubensmöglichkeiten richtig und welche falsch ist. Denn erstens sind einem niemals alle gehegten Wünsche bewußt, und zweitens sind in jeder wichtigen Frage, wie in der Ihren, selbst die bewußten Wünsche fast nie eindeutig.

Mit Sicherheit kann man meiner Meinung nach nur sagen: Die Ansicht, daß jeder gern das Christentum für wahr halten möchte, und daß deshalb alle Atheisten tapfere Menschen sind, die bemerkenswerterweise die Niederlage ihrer tiefsten Wünsche akzeptiert haben, ist totaler Unsinn. Glauben Sie, daß Leute wie Stalin, Hitler, Haldane oder Stapledon – den ich im übrigen als Schriftsteller außerordentlich schätze –, daß diese Leute es gern hätten, wenn sie eines Morgens aufwachten und feststellten, daß sie nicht ihre eigenen Herren sind, sondern einen Herrn und Richter haben? Jemanden, vor dem sie selbst ihre geheimsten Gedanken nicht verschließen könnten, bei dem es keinen Bereich mehr gäbe, von dem sie sagen könnten: ‚Draußen bleiben! Privatbereich. Dies ist meine Angelegenheit.' ? Glauben Sie das? Natürlich nicht! Die erste Reaktion dieser Leute wäre – wie wohl bei jedem anderen auch – Wut und Schrecken. Und ich bezweifle sehr, ob sogar Sie es nur angenehm fänden. Ist es nicht in Wahrheit so, daß durch diese Erkenntnis zwar einige unserer Wünsche in Erfüllung gehen, – wenn auch nicht gerade die, auf deren Erfüllung wir am sehnlichsten hoffen –, daß umgekehrt aber viele andere gewaltsam durchkreuzt werden? Wir sollten all dies Gehabe um unsere Wünsche aufgeben. Es hat bis jetzt noch niemals jemandem geholfen, seine Probleme zu lösen.

Ihrer Sicht von Religionsgeschichte stimme ich nicht zu. Weder Christus noch Buddha, Mohammed oder andere ‚schmückten'

eine einfache Erkenntnis aus. Ich glaube, daß der Buddhismus eine Vereinfachung des Hinduismus und der Islam wiederum eine Vereinfachung des Christentums ist. Die Vorstellung, daß eine Religion eindeutig, für jedermann offenkundig, einfach zu sein hat – also etwa das Tao mit einem schemenhaften, irgendwie ethischen Gott im Hintergrund, ist eine späte Entwicklung, die gewöhnlich bei gebildeten Großstadtmenschen entsteht. In Wirklichkeit stehen am Anfang Rituale, Mythen und Mysterien, Tod und Auferstehung von Baldur oder Osiris, Kulttänze, Weihespiele, Opfer, göttliche Könige. Verglichen mit ihnen kann man auch die Philosophen, Aristoteles oder Konfuzius kaum religiös nennen.
Die beiden einzigen Systeme, in denen Mysterien und Philosophie zusammenkommen, sind der Hinduismus und das Christentum: Dort finden Sie beides, Metaphysik und Kultus (in Verbindung mit den uralten Riten). Deshalb wollte ich am Anfang zunächst mit Sicherheit herausfinden, welche der beiden Religionen die richtige Antwort hatte. Denn das kann nicht wahr sein, was entweder nur für Unzivilisierte oder andererseits nur für Gebildete gilt. Die realen wirklichen Dinge sind nicht so. (Materie ist z. B. das erste, dem man augenfällig in seinem Leben begegnet, sei es nun – Milch, Schokolade oder Äpfel. Gleichzeitig ist sie das Objekt der Quantenphysik.)
Es geht nicht um die Vielzahl der Religionen, die im Grunde nichts miteinander verbindet. Wir haben nur die Wahl zwischen a) dem materialistischen Weltbild, an das ich nicht glauben kann, b) den wirklich archaischen, primitiven Religionen, deren ethisch-sittliches Niveau immer zu niedrig ist, c) dem Anspruch dieser beiden auf Erfüllung im Hinduismus und d) dem Anspruch dieser beiden auf Erfüllung im Christentum. Die Schwäche des Hinduismus ist, daß er die beiden Lager nicht wirklich miteinander verbindet. Die primitive Religion beherrscht das Dorf, der Einsiedler philosophiert im Walde: Aber keiner von beiden beschäftigt sich mit dem anderen. Nur das Christentum veranlaßt einen Intellektuellen wie mich, an einem rituellen Blutfest teilzunehmen, und es bringt einen Bekehrten aus Zentralafrika dazu, sich einer aufgeklärt-vor-

urteilsfreien, allgemeingültigen Ethik anzupassen. Haben Sie Chestertons ‚Der unsterbliche Mensch' gelesen? Es ist die beste allgemeinverständliche Apologie, die ich kenne.
Für die Zwischenzeit ist der Versuch, das Tao zu praktizieren, sicherlich richtig. Haben Sie die ‚Analects' von Konfuzius gelesen? Er beschließt sie mit den Worten: ‚Dies ist das Tao. Ich weiß nicht, ob es jemals ein Mensch gehalten hat.' Das halte ich für bedeutsam: Man kann tatsächlich von dort aus direkt zum Römerbrief übergehen.
Ich weiß nicht, ob Ihnen dies alles irgendwie nützt. Schreiben Sie wieder oder rufen Sie an, wenn Sie meinen, daß ich Ihnen irgendwie helfen kann."

An C. S. Lewis (II)
„Mein Problem sieht so aus: Ich kann nicht an Christus glauben, wenn ich kein Vertrauen (zu Christus?) habe, aber ich kann kein Vertrauen zu Christus haben, wenn ich nicht an ihn glaube. Dies ist der entscheidende ‚Schritt'. Wenn Christsein bedeutet, an Christus zu glauben (und ganz offensichtlich ist es so), dann heißt das doch: Ich muß ein Christ sein, um ihn annehmen zu können. Ich aber habe kein Vertrauen, und ich glaube bis jetzt noch nicht, obwohl ich doch von allen Seiten zu hören bekomme: ‚Du mußt Vertrauen haben, um zu glauben.' Woher nur bekomme ich dieses Vertrauen? Oder können Sie mir etwas anderes sagen? Gibt es einen Beweis? Kann die Vernunft mich über den Abgrund tragen ... ohne Vertrauen?
Warum erwartet Gott so viel von uns? Warum belastet er uns mit dieser unerhört schweren Aufgabe des Glaubens? Er könnte uns doch seine Existenz ganz deutlich und offensichtlich werden lassen – so deutlich wie einen Sonnenaufgang, so handgreiflich wie einen Felsen oder vernehmlich wie den Schrei eines Babys. Wären wir dann nicht geradezu froh, ihn und sein Gesetz zu wählen? Warum schließt der richtige Gebrauch unseres freien Willens diese Angst vor intellektueller Unehrlichkeit mit ein?
Ich muß noch einmal auf das Thema des Wunschdenkens zurückkommen. Es ist sicherlich richtig, daß ich möglicherweise einander

widersprechende Wünsche habe und der Wunsch allein mir nicht hilft, irgendein Problem zu lösen. Ihr Hinweis, Hitler und Stalin (wie auch ich) wären erschreckt bei der Entdeckung eines Herrn, vor dem nichts verborgen bleibt, hat mich tief beeindruckt. In der Tat ist mir im Christentum nichts so zuwider wie diese christliche Demutsgeste: das gebeugte Knie. Wenn ich jenseits von Hoffnung oder Verzweiflung wüßte, das Christentum ist wahr, so würde ich mich mit all meiner Kraft für etwas mehr Stolz unter den Christen einsetzen nach dem Motto: ‚Das Rückgrat kann wohl brechen, aber es wird sich niemals beugen.' Und dennoch: Würde ich (ja, vielleicht sogar Stalin) nicht die Unterwerfung unter einen Herrn dem schrecklichen Gedanken an das Ende allen Seins vorziehen, um der Möglichkeit, dem Aufhören der Existenz, dem Nichts im Tode zu entfliehen?

Außerdem wäre doch die sichere Erkenntnis, daß Jesus tatsächlich der Herr ist, weitaus mehr als nur eine angenehme Neuigkeit, die einige unserer ausgefallenen Wünsche befriedigt. Es würde bedeuten:

a) daß der Materialismus sowohl ein Irrtum als auch eine Torheit ist; b) daß die verschiedenen schrecklichen Zukunftsaussichten, wie sie von den Marxisten, den Freudianern und allen möglichen soziologischen Zukunftsspezialisten vorausgesetzt werden, vollkommen unrealistisch sind (sogar dann, wenn sie in irgendeinem Punkt in Erfüllung gehen); c) daß unser Streben nach Weisheit – ich meine hier so etwas wie den Aufbau und die Vervollkommnung unserer Seele – nicht umsonst wäre; und d) vor allem, daß überleben würde, was es an Gutem und Schönem gibt.

Aus all diesen Gründen wünsche ich mir, es möge wahr sein. Ich würde wohl jede Demütigung auf mich nehmen, damit es wahr wäre. Schlimm an diesem meinem Wunsch, die Wahrheit bestätigt zu finden, ist freilich die Tatsache, daß ich jede Glaubensregung argwöhnisch daraufhin betrachte, ob sie nicht ihrerseits durch den Wunsch ausgelöst wurde. Das Gute daran ist, daß der Wunsch mich weiterführt. Und ich werde weitergehen; ich muß weitergehen, so weit, wie es eben geht."

Von C. S. Lewis (II)

„Der Widerspruch: ‚Wir müssen Vertrauen haben, um zu glauben, und wir müssen glauben, um Vertrauen zu bekommen', entspricht genau den Argumenten, mit denen die Eleaten beweisen wollten, daß jede Bewegung unmöglich ist. Und es gibt noch viele andere Beispiele. Man kann nicht schwimmen, wenn man im Wasser untergeht, und man geht im Wasser unter, wenn man nicht schwimmen kann. Oder die Sache mit dem Willensentschluß. Ist z. B. das Aufstehen am Morgen ein Akt der Freiwilligkeit, oder fühlen wir uns dazu gezwungen? Handelt man dabei freiwillig, dann muß man es gewollt haben; d. h., man war schon dazu bereit, also war es nicht wirklich der Anfang. Ist man dagegen unfreiwillig aufgestanden, dann war diese Handlung vom ersten Augenblick des Beschlusses an unfreiwillig. Aber gehen wir nicht ungeachtet all dieser Gedanken beruhigt zum Schwimmen, und stehen wir nicht an jedem Morgen wieder auf?

Ich glaube nicht, daß es – wie etwa bei Euklid – einen demonstrativen Beweis für das Christentum gibt; ebensowenig wie für die Existenz der Materie oder den guten Willen bzw. die Ehrlichkeit meiner besten und ältesten Freunde. Ich denke, alle drei sind (mit Ausnahme des zweiten vielleicht) sehr viel wahrscheinlicher als ihre Gegenteile. Chesterton gibt eine sehr gute Begründung für das Christentum; so ähnlich habe ich es in meinen ‚Radiogesprächen' versucht.

Nun zu Ihrer Frage, warum uns Gott seine Existenz nicht ganz eindeutig erkennen läßt. Wieso sind wir eigentlich so sicher, daß Gott überhaupt an einem solchen Theismus interessiert ist, der eine notwendige, logische Zustimmung zu einem überzeugenden Argument wäre? Sind wir in unseren persönlichen Angelegenheiten daran interessiert? Ich erwarte von meinem Freund, daß er meiner guten Absicht vertraut, und zwar ohne demonstrativen Beweis. Ein Vertrauen, das erst auf Grund eines erbrachten Beweises entsteht, ist doch gar kein Vertrauen. Zum Henker damit! Sogar die Märchen sagen uns in diesem Punkt die Wahrheit. Othello glaubte an Desdemonas Unschuld, als sie bewiesen war: Aber da war es zu spät. König Lear glaubte an Cordelias Liebe, als sie bewiesen

war: Aber da war es zu spät. ‚Der hat seinen Ruhm dahin, wer mit seiner Entscheidung wartet, bis alle sie getroffen haben.‘
Von uns verlangt man den Edelmut und die Großherzigkeit, die auf dem Vertrauen in eine für möglich gehaltene Wahrscheinlichkeit beruht. Aber angenommen, jemand glaubt und hätte sich dann doch geirrt? Nun, dann hätte er dem Universum ein Kompliment gemacht, das es nicht verdient. Ein solcher Irrtum wäre sogar noch interessanter und wichtiger als die Wirklichkeit. Und doch, wie wäre das möglich? Wie könnte ein idiotisches Universum Geschöpfe hervorbringen, deren Träume so viel stärker, besser, feiner sind als es selbst? Bedenken Sie, daß ein Leben nach dem Tode, was Ihnen doch so wesentlich zu sein scheint, selbst eine späte Entdeckung war. Gott verlangte von den Hebräern durch Jahrhunderte, an ihn zu glauben, ohne ihnen dafür ein Leben nach dem Tode zu versprechen. Und – gelobt sei der Herr! – er prüfte auch mich etwa ein Jahr lang in derselben Weise. Es ist wie bei dem verkleideten Prinzen im Märchen, in den sich die Königstochter verliebt, ohne zu wissen, daß er mehr ist als ein einfacher Holzfäller. Es ist besser, daß diese Enthüllung zum Schluß kommt, denn sonst würde es ja wie Bestechung aussehen.
In allem, was Sie sagen, wird ganz deutlich, daß Sie bewußte Wünsche auf beiden Seiten haben. Und nun noch ein anderer Aspekt zum Thema Wünsche. Selbstverständlich kann ein Wunsch zu einem falschen Glauben führen. Aber worauf weist die Existenz des Wunsches hin? Ich war einmal sehr beeindruckt von dem Ausspruch Arnolds: ‚Hunger beweist noch nicht, daß wir auch Brot haben.‘ Sicherlich beweist der Hunger nicht, daß ein bestimmter Mensch Essen bekommt; aber er beweist mit Sicherheit, daß es überhaupt so etwas wie Essen gibt! D. h., wenn wir Lebewesen wären, die normalerweise nicht essen, die nicht zum Essen geschaffen sind, würden wir dann Hunger empfinden?
Sie sagen, das materialistische Universum sei häßlich. Ich frage mich, wie Sie das entdeckt haben. Wenn Sie wirklich das Produkt eines materialistischen Universums sind, wie kommt es dann, daß Sie sich dort nicht zu Hause fühlen? Werfen die Fische dem Meer vor, daß sie naß werden? Und selbst wenn sie es täten: Würde die-

ser Vorwurf nicht dafür sprechen, daß sie nicht immer reine Wasserlebewesen waren oder sein werden? Achten Sie doch mal darauf, wie wir ständig von der Zeit überrascht werden. (‚Wie die Zeit vergeht! Sieh nur, Hans ist auch schon erwachsen und verheiratet! Ich kann es kaum glauben!') Um Himmels willen, warum denn nur, wenn nicht tatsächlich etwas in uns lebt, das nicht zeitgebunden ist!

Im Tao gibt es keine absolute Demut, denn das Tao sagt nichts über ein Objekt, für das dies die richtige Art der Begegnung wäre. Schließlich gab es ja auch zur Zeit Elisabeth I. kein Gesetz über Eisenbahnen. Aber bedenken wir, wieviel Achtung und Ehrerbietung das Tao für die Vorfahren, die Eltern, die Alten und die Lehrer verlangt, so ist ganz klar, wie das Tao jemandem wie Gott begegnen würde.

Nach meiner Meinung hängen Sie schon in den Maschen des Netzes! Der Heilige Geist ist hinter Ihnen her. Ich bezweifle, daß Sie ihm noch entkommen!"

Diese Briefe gaben uns damals und auch später viel zu denken. Selten, eigentlich nie ist mir jemand begegnet, der mit so wenig Worten so viel sagen konnte. Die Briefe jagten uns Schrecken ein; mir jedenfalls – besonders dieser schockierende letzte Abschnitt. Es wurde ernst, und die Alarmglocken waren nicht länger zu überhören. Aber ich konnte mich nicht entscheiden, welchen Weg ich gehen sollte.

Betrachteten wir die Sache rein verstandesmäßig, so war unsere Position hier kurz vor dem Ziel dieselbe wie zum Beginn des Unternehmens. Wir hatten uns nun genauer mit dem Christentum beschäftigt, und wir hatten herausgefunden – ja, was hatten wir eigentlich gefunden? Sicherlich viel mehr, als wir erwartet hatten. Das Christentum erschien uns jetzt geistig anregend und ästhetisch aufregend. Die Gestalt Jesu wurde in den Evangelien erstaunlich übereinstimmend dargestellt. Ganz gleich, wann die Evangelien auch geschrieben worden waren, sie sind von einer Person geprägt, die so unglaublich stark war, daß Christen an ihn glauben, obwohl sie ihn doch nie gesehen haben; diese ganz eigen-

tümliche Mischung aus kaum noch zu ertragendem Ernst und zu Herzen gehender Zärtlichkeit.
Die Kirche bedeutete uns nicht länger nur ein Gemisch sich streitender Sekten. Wir sahen nun ein neues Bild der Kirche; wie sie, herrlich und schrecklich zugleich, durch die Jahrhunderte schreitet mit Chorälen, leuchtenden Kreuzen und ihres Glaubens gewissen Heiligen. Der Glaube war nicht länger nur etwas für Kinder. Auch sehr ernstzunehmende Leute glaubten ganz fest –, und sie hatten teil an einem geheimen Singen, das wir nicht hören konnten. Oder hörten wir doch etwas: hoch, klar und unsagbar süß?
Das Christentum erschien uns wahrscheinlich und annehmbar. Es kam alles auf diesen Jesus an. War er wirklich der Messias, der Heilige Israels, der Christus? War er tatsächlich der menschgewordene Gott? Wahrhaftiger Gott vom wahrhaftigen Gott? Das war der Angelpunkt der ganzen Sache. Ist er wirklich von den Toten auferstanden? Die Apostel, die Evangelisten, Paulus, sie alle glaubten es, ohne auch nur im geringsten daran zu zweifeln. Konnten wir ihrem Glauben vertrauen? An ein Wunder glauben? Die Tatsache, daß wir niemals ein Wunder erlebt hatten, bewies oder bedeutete nicht, daß es in anderen geschichtlichen Situationen keine Wunder habe geben können. Es gab einfach keinen Beweis, es war kein Beweis möglich, daß es nicht geschehen ist; aber auch keinen festen Beweis dafür, daß es geschehen ist. Es schien uns wahrscheinlich. Es enthielt so etwas wie ein Gefühl von Wahrheit. Einen Klang von Wahrheit. Aber war das genug?

Vom Gefühl her hatte sich unsere Haltung verändert. Ich war angeregt, ja aufgewühlt von der intellektuellen Herausforderung. Niemals hätte ich es zugegeben, und doch begann ich den Jesus zu lieben, so wie er sich in den Schriften des Neuen Testaments offenbarte. Wie oft war ich kurz davor, auf meine Knie zu fallen und meine Hand nach ihm auszustrecken. Ich vermutete, daß alle meine Sehnsüchte, die ich jemals, nach was auch immer, gehabt hatte – seien es nur Herbstblätter im Zwielicht, vorüberziehende Wildgänse, kahle Zweige vor dem Sternenhimmel, oder der erwachende Frühling an einem Aprilmorgen gewesen –, daß alle diese Wünsche in Wahrheit meine Sehnsucht nach ihm waren. Nach Gott. Ich sehnte mich nach ihm, wenngleich aus meiner Sicht für den Glauben keine Notwendigkeit bestand. Ich brauchte ihn nicht – wenigstens war ich dieser Meinung.

Bei Davy war das anders: Für sie bestand diese Notwendigkeit. Worüber wir meistens sprachen, das waren weniger die geistlichen, vielmehr die geistigen Fragen, die man so viel leichter in Worte fassen kann als Gefühle; besonders wenn es sich um Gefühle handelt, die einem noch nicht einmal selbst bewußt sind. Doch im Gegensatz zu mir war sich Davy der Notwendigkeit bewußt, die sie aus ihrem Wissen um Sünde und Schmerz ableitete. Natürlich hatte sie jene Nacht nicht vergessen, in der „ihr Glück zerbrach", ihre Erfahrung, die sie im „Sündenbild" mit dem prophetischen Schatten des gekreuzigten Herrn gemalt hatte. Damals schon muß sie intuitiv gewußt haben, worauf alles hinauslaufen würde. Jene Erfahrung und die ganz andere mit dem Exhibitionisten im Park hatten meiner Meinung nach ihr Selbstvertrauen zerstört und vielleicht sogar ihr Vertrauen in die wunderbare Vollkommenheit unserer Liebe, die sich selbst genügte.

Weder Davy noch ich wußten es, aber unsere „Strahlende Festung" war nicht unverwundbar. Außerdem beunruhigte uns beide ein wenig ihre Gesundheit. Es war nichts Konkretes, aber sie fühlte sich nicht so richtig wohl. In dieser Zeit starb ihre Mutter an Krebs. Davys Schwester, die sich um die Mutter kümmerte, hatte Davy geradezu befohlen, nach England zu gehen. Nicht zuletzt deswegen, weil die Mutter traurig gewesen wäre, hätte Davy ihretwegen darauf verzichtet. Aber Davy war sich der Leiden ihrer Mutter tief bewußt. Zwei oder drei Monate nach unserer Ankunft in England starb ihre Mutter.

Ich wußte dies alles, weil ich ebenso wie Davy fühlte und empfand, doch ich erlebte alles aus einer gewissen Entfernung. Mit einer Intensität, die ich so nicht nachempfinden konnte, war Davy nicht nur in ihrem Vertrauen erschüttert, sondern sie durchlitt gleichsam selbst Sünde, Schmerz und Tod.

Deshalb bedeutete das Christentum für sie das Angebot von Trost,

Sicherheit, ja sogar von Vergebung. Auf die Fragen und Einwendungen ihres Verstandes hatten uns die Bücher Antwort gegeben. Dies alles floß in ihre Seele wie das Wasser des Lebens.

Eines Abends nach einer lebhaften Diskussion über den Glauben mit Lew und Mary Ann fragte ich Davy, ob sie schon daran glaube, daß Christus Gott sei.
Sie sagte: „Nun, ich denke, er könnte es sein.“
Meinen Einwand, daß dies noch nicht wirklich zu glauben bedeutete, schrieb sie in unser Tagebuch; und dann fügte sie hinzu: „Im Innersten meines Herzens aber wollte ich eigentlich sagen: ‚Ja, ich glaube an Jesus – Jesus, den Sohn Gottes und selbst Gott‘.“ Abschließend bemerkte sie noch: „Ich verdanke dies C. S. Lewis, der mir bei allem Denken über Gott sehr eindringlich klargemacht hat, wie unabdingbar notwendig wir Christus brauchen.“
Sie war einen Schritt vor dem Ziel – und dann sprang sie. Zwei Tage später schrieb sie:
„Heute, als ich im Zimmer hin und herging, habe ich alles zusammengefaßt, was ich bin, was ich fürchte, hasse, liebe und erhoffe; und dann habe ich es getan. Ich habe mein Leben Gott in Christus übergeben.“
Sie war damals allein, und sie erzählte es mir, als ich eine Stunde später nach Hause kam. Ich war weder erschrocken noch erstaunt. Es war, als hätte ich es schon vorher gewußt. Ich empfand so etwas wie Freude für sie, und das sagte ich ihr auch. Gleichzeitig fühlte ich mich aber auch ein wenig verloren. Vielleicht weil mich der heimliche, versteckte, niemals ausgesprochene Gedanke plagte, daß sie es nicht ohne mich hätte tun sollen. Damals dachte ich noch nicht an die Folgen ihrer Entscheidung für unsere gemeinsame Zukunft. War mir eventuell schon klar, daß ich ihr folgen sollte?

Einige Abende später hatten wir ein langes und gutes Gespräch über den Glauben. Davy ging schließlich schlafen, während ich noch in dem Buch „Wunder“ von C. S. Lewis las. Eine halbe Stunde verging. Ich legte das Buch beiseite und löschte das Licht. In einer merkwürdigen Mischung aus Hoffnung und Freude fragte ich mich, ob Christus nicht vielleicht doch mein Gott und Herr ist. Plötzlich merkte ich, daß Davy neben mir betete. Sie hatte sich in das dunkle Zimmer geschlichen und vor dem Sofa niedergekniet. Eine Weile betrachtete ich ihre ruhige Gestalt. Ich hatte sie noch nie beten sehen. Dann redete sie.

Ganz ruhig sagte sie: „Als ich im Bett war, hatte ich das Gefühl, daß ich zu dir gehen müßte. Ich habe zu Gott gebetet, daß er dir helfen und dich zum Glauben bringen soll."

Sie schwieg einen Augenblick, dann flüsterte sie: „Oh, mein Liebster – bitte glaube doch!"

Zutiefst betroffen antwortete ich – wie sie später in unser Tagebuch schrieb: „Aber ich glaube doch." Ein Gefühl absoluter Gewißheit erfüllte mich. Sie schrieb, daß ich im Feuerschein „sanft und ruhig wie ein mittelalterlicher Heiliger" ausgesehen hätte, und daß „wir uns fest umschlungen" hielten.

„Denke an diesen Augenblick", sagte sie, „halte dich an ihn fest, wenn Zweifel kommen. Dies ist die Wahrheit – ich weiß, daß sie es ist."

Aber ich hielt mich nicht daran fest. Hätte ich es doch nur getan, und wenn es nur um ihretwillen gewesen wäre! In Wirklichkeit war es meine Liebe zu Davy, nicht die zu Gott gewesen, die mich zu meinem Bekenntnis veranlaßt hatte. Das sagte ich mir jedenfalls am nächsten Morgen. Vielleicht hatte mein Herz zugestimmt, ganz gewiß nicht mein Verstand. Auf jeden Fall war die Freude dahin, die wir seit jenem Advent hätten teilen können, wenn wir nicht nur in dieser einen „heiligen" Nacht Hand in Hand gegangen wären. Und doch konnte ich jene plötzliche Glaubensgewißheit nicht vergessen, die mich damals erfüllt hatte. Vielleicht war es doch nicht nur aus Liebe zu ihr geschehen?!

Wie dem auch sei! Ich war wieder auf der Seite der Ungläubigen und fing nun an, Davys Bekehrung abzulehnen. D. h., ich lehnte weniger ihren Glauben ab, sondern die Tatsache, daß sie sich wie ein Christ verhielt. Sie ging ohne mich zur Kirche. War das nicht praktizierte Untreue? Sie traf sich mit all den anderen Christen und ließ mich allein zurück. Selbst ihre täglichen kleinen Liebesbezeugungen mir gegenüber begann ich abzulehnen. War das

nicht eventuell ein Umweg, auf dem sie mich gewinnen wollte? Ich wollte die alte Davy zurückhaben. Ich wollte nicht, daß sie dort war, wohin ich nicht gehen konnte oder wollte. Mir gefiel es nicht in meiner selbstgewählten Isolation. Unser gemeinsamer Spaß, aus sicherer Distanz das Christentum anzusehen, war vorbei. Ich blieb allein und gekränkt zurück.
Die „Strahlende Festung" kam mir in den Sinn; doch mehr als drohende Gefahr, wenn wir auch weiter innerlich getrennt blieben. Ich dachte nicht an den Anspruch der Liebe, denn er paßte überhaupt nicht zur augenblicklichen Situation. Endgültig hatte ich das Christentum freilich nicht abgelehnt; ich hatte mich nur noch nicht entschieden. Ohne daß wir darüber gesprochen hätten, war klar, daß bis zu meiner Entscheidung eine Kluft zwischen uns bestehen würde. Trotzdem wäre mir nie in den Sinn gekommen, daß durch ihre Liebe zu Christus unsere Liebe aufhören könnte. Auf jeden Fall scheute ich davor zurück, über die „Strahlende Festung" nachzudenken. Dazu hatte ich später immer noch Zeit.

Auf dieser Stelle, also einen Schritt vor dem Ziel, blieb ich mehr als zwei Monate stehen. Ich las weiter und dachte nach. Natürlich wußte ich, daß Davy für mich betete. Alle unsere christlichen Freunde beteten für mich. Vielleicht auch noch deren Freunde. Vielleicht die ganze Kirchengemeinde. Aber alle diese Bemühungen erfüllten mich nur mit Argwohn. Ich spürte, wie alle darauf warteten, daß etwas geschieht. Sie sahen mich freundlich und erwartungsvoll an, wenn wir uns auf der Straße begegneten.
Aber ich mißtraute selbst meinen eigenen Gefühlsregungen diesem Jesus gegenüber. Ich warnte mich selbst vor Emotionen. Mir war, als würde mich Jesus freundlich fragend oder auch unerträglich ernst ansehen. In dieser Zeit wurde mir klar, daß sowohl die Emotionen, wie auch der Verstand ihre Berechtigung hatten. Ich schrieb in unser Tagebuch:

„Es scheint, daß man dem Christentum sowohl emotional wie auch verstandesmäßig zustimmen muß. Wenn die Zustimmung nur auf Gefühlen beruht, so stellt der Verstand beunruhigende Fragen. Bleiben sie unbeantwortet, kann das zum Abfall führen, denn Liebe kann nicht ohne einsichtiges Verstehen wachgehalten werden. Auf der anderen Seite besteht eine Kluft, die durch tiefes Empfinden und Gefühl überbrückt werden muß. Wenn man diesen Gefühlsregungen mißtraut, die der Anfang des Glaubens sein können, wie kann man dann die Kluft überwinden?"

Das Christentum – d. h. die Göttlichkeit Jesu – schien mir wahrscheinlich. Aber es bestand eine Kluft zwischen dem Wahrscheinlichen und dem Bewiesenen. Wie sollte ich mit ihr fertigwerden? Wenn ich mein ganzes Leben auf den auferstandenen Christus gründen sollte, wollte ich Beweise. Ich wollte Gewißheit. Ich wollte ihn sehen, wie er ein Stückchen Fisch aß. Ich wollte Feuerbuchstaben am Himmel sehen. Aber ich erlebte nichts davon, gar nichts. Und so blieb ich weiter am Rande des Abgrunds.

Davy und ich lasen zusammen mit Freunden oder allein die faszinierende Serie kurzer Szenen aus dem Leben Jesu von Dorothy Sayers. Eine dieser Szenen hatte mich außerordentlich getroffen. In ihr antwortete ein Mann, den Jesus nach seinem Glauben gefragt hatte: „Herr, ich glaube. Hilf du meinem Unglauben."

War das nicht genau meine Lage? Glauben wollen und doch nicht glauben. Dieser berühmte Widerspruch: Man muß Glauben haben, um zu glauben; aber man muß glauben, um den Glauben zu bekommen. Ließ sich mit der einen Aussage die andere entschlüsseln? Ich fühlte, daß es so war.

Einen Tag später erlebte ich den zweiten Durchbruch: Es war die ziemlich entmutigende Erkenntnis, daß es für mich kein Zurück mehr gab. In meinem alten, oberflächlichen Theismus hatte ich das Christentum beinahe als Märchen betrachtet. Ich hatte Jesus weder angenommen noch abgelehnt, weil ich ihm tatsächlich noch nie begegnet war. Jetzt war ich ihm begegnet. Aber die Frage war nicht, ob ich ihn als Herrn annehmen wollte oder nicht, so wie ich es all die Monate hindurch leichthin gedacht hatte. Die Frage war, ob ich Jesus annehmen oder *ablehnen* wollte.

Mein Gott! Nun sah ich auch hinter mir einen Abgrund. Dann mochte der Schritt zur Annahme ein schreckliches Wagnis sein, was aber bedeutete er gegen den Schritt der Ablehnung? Vielleicht gab es keine Gewißheit, daß Christus Gott war; aber gab es

denn eine Gewißheit, daß er es nicht war? Sollte ich mich zum Glauben bekennen, könnte und würde ich mich wahrscheinlich mit dem Gedanken plagen: „Vielleicht ist es doch alles eine Lüge, und ich bin zum Narren gehalten worden!“ Doch ebenso sicher würde mich im anderen Fall der schreckliche Gedanke verfolgen: „Vielleicht ist es wahr, und ich habe meinen Gott abgelehnt!“ Diesen Gedanken konnte ich nicht ertragen. Ich konnte Jesus nicht ablehnen. Seit ich den Abgrund hinter mir einmal gesehen hatte, gab es für mich nur noch einen Weg. Ich mußte diesen Abgrund überwinden und mich Jesus in die Arme werfen.
An einem dieser regnerischen englischen Morgen – der Frühlingsduft lag schon in der Luft – schrieb ich in unser Tagebuch und an C. S. Lewis:

„Ich habe den Glauben an Gott, den Vater, Sohn und Heiligen Geist – an Christus, meinen Herrn und meinen Gott – gewählt. Das Christentum scheint mir die einzige Wahrheit zu sein. Erfüllung statt innerer Leere, ein sinnvolles, wichtiges Ziel anstelle des sinnlosen Herumirrens – das bewirkt der christliche Glaube in unserem Leben. Bis in seinen innersten Kern wird das All wunderbar, und hinter der lieblichen Fassade des Frühlings verbergen sich weder Kälte noch Häßlichkeit. Aber die Leere, die Sinnlosigkeit und die Häßlichkeit kann man meiner Meinung nach nur sehen, wenn man einen kurzen Blick auf die Fülle, die Bedeutung und die Schönheit geworfen hat. Wenn man aber beides, Himmel und Hölle, schon einmal gesehen hat, dann ist es unmöglich, wieder zurückzugehen. Mir freilich schien es ebenso unmöglich, nach vorn zu gehen. Ein kurzer Blick bringt noch keine Einsicht. Doch man kann nur eine Seite wählen.
Und so treffe ich nun meine Wahl: Ich wähle die Schönheit, ich wähle alles das, was ich liebe. Den Glauben wählen, das heißt glauben. Es ist alles, was ich tun kann: wählen. Ich bekenne meine Zweifel und bitte meinen Herrn Jesus, in mein Leben einzutreten. Ich weiß nicht, ob es Gott gibt. Ich kann nur sagen: Mir geschehe nach deinem Willen. Ich behaupte nicht, daß ich ohne Zweifel bin; ich bitte Gott nur, nachdem ich nun gewählt habe, mir dabei zu

helfen, die Zweifel zu überwinden. Ich kann nur sagen: Herr, ich glaube – hilf du meinem Unglauben."
Während ich das schrieb, saß Davy neben mir, erfüllt von einer stillen Freude. Natürlich hatte ich ihr alles erzählt. Sie war sogar im Zimmer gewesen, als ich die Sache mit dem Abgrund hinter mir durchdacht hatte. Sie hatte gehört, wie ich „Mein Gott!" sagte. Und sie hatte gehört, wie ich sagte: „Davy, Liebling... ich habe Christus gewählt. Ich habe den Glauben gewählt." Voller Freude sah sie mich an, kam zu mir herüber und kniete nieder. Ich kniete neben ihr und übergab mein Leben Gott. Als wir wieder aufstanden, hielten wir uns lange fest umschlungen.
Was ich damals empfunden habe, brachte ich später in diesen Versen zum Ausdruck:

Der Abgrund

Ob Jesus lebte? Und ob er sie sprach
Die Worte, die die Todesfurcht zerstörn?
Und sind sie wahr? Nur hier in ihrem Herrn,
Nur hier wird Kirche stark sein oder schwach.

Der Garten Eden und die große Flut,
Die Jungfrauengeburt – laß fahrn dahin –
Die fleischgewordne Liebe hab im Sinn.
Gott sandte seinen Sohn – nur das ist gut.

Der Abgrund zwischen Meinung und Beweis
Erschrickt. Den Sprung nicht wagend stehn wir dort,
Bis hinter uns der Boden sinkt. Dann fällt
Auch unter uns der Grund. Uns dämmert leis,
Daß eins nur hilft: der Sprung hinein ins Wort.
Und das erschließt uns eine neue Welt.

Kapitel 5

Du bist der König der Ehren

Nun waren wir Christen. Vielleicht hatte sich Davy schon daran gewöhnt. Aber ich – ich ein Christ? Ich, der ich die Christen mit mitleidiger Abneigung betrachtet hatte, mußte nun zugeben, daß ich selbst ein Christ war. Halb widerwillig, halb stolz gestand ich mir das ein. In der Tat fühlte ich mich merkwürdig unsicher. Meinen mehr weltlichen und wahrscheinlich nichtchristlichen Freunden gegenüber, von denen einige mich eher als Buddhisten oder Atheisten akzeptiert hätten, war ich gleichermaßen verlegen wie auch stolz; so als hätte ich etwas Lobenswertes oder gar Gott einen Gefallen getan. Wie oft wollte ich vor ihnen meinen Glauben verstecken, und doch wußte ich, daß ein Bekenntnis zu Christus als meinem Herrn ein öffentliches Bekennen zu ihm notwendig miteinschloß.

Vielleicht aber kam in dieser meiner Haltung lediglich der Wunsch nach so etwas wie Bescheidenheit oder Demut zum Ausdruck. Hatte ich nicht sogar im Augenblick meiner Bekehrung gesagt: „Ich wähle den Glauben“ statt: „Ich glaube“? Das Banner meiner Unabhängigkeit lag zertreten im Staub, und ich selbst hatte meine Knie gebeugt, doch nicht ohne Stolz. Ich huldigte Christus wie jemand, der sich mit seinem Schwert und seiner Lehnstreue einem König verpflichtet.

In Wirklichkeit war es wohl ganz anders gewesen: Nicht ich hatte gewählt, sondern ich war erwählt worden. Die liebevollen Gebete Davys und der anderen, die Gebete von C. S. Lewis, seine Bücher und Briefe, sie verrichteten die Arbeit des Königs. Und doch war es gut und sinnvoll, daß ich mich selbst entschieden hatte, auch wenn es nur meinem Verstand so erscheinen mochte: Sollte in Zukunft mein Glaube schwach werden und ich Christus nicht mehr folgen wollen, dann würde ich ja ehrlos und eidbrüchig vor mei-

nem Lehnsherrn stehen, dem ich doch mit den Worten: „Ich wähle den Glauben“ treue Gefolgschaft geschworen hatte.
C. S. Lewis schrieb mir und ließ dabei bemerkenswerterweise die förmliche Anrede „Herr“ vor meinem Namen weg, obwohl ich ihn weiterhin mit Mr. Lewis anredete, bis er selbst es mir anders anbot:
„Meine Gebete sind erhört. Du hast recht, ein kurzer Blick bringt noch keine Einsicht. Aber für einen Mann, der nachts auf einem Bergpfad wandert, kann der klare Blick auf die nächsten drei Schritte wichtiger sein als der Anblick des Horizontes. Und vielleicht muß immer gerade so viel an der absoluten Sicherheit fehlen, daß eine freie Wahl möglich bleibt, denn wir könnten ja gar nicht anders als den Glauben annehmen, wenn er genauso plausibel wäre wie das Einmaleins.
Du weißt, daß Du einen Gegenangriff erleben wirst, also sei nicht zu beunruhigt, wenn er kommt. Der Feind wird nicht tatenlos zusehen, daß Du in Gottes Lager hinüberwechselst. Er wird alles versuchen, Dich zurückzuerobern. Bemühe Dich, beten zu lernen, und (wenn Du Dich entschieden hast, zu welcher Kirche Du gehören willst) laß Dich konfirmieren. Ich wünsche Dir Gottes Segen und heiße Dich jederzeit herzlich willkommen. Nimm meine Hilfe in Anspruch, wann immer Du willst. Und laß uns immer füreinander beten.“
Davy und ich gehörten schon zur anglikanischen Kirche. Alle unsere christlichen Freunde und auch Davy gingen in die alte normannische Kirche „St. Ebbe“, die in ihrer theologischen Ausrichtung evangelikal war und zur Kirche von England gehörte. So ging auch ich dorthin. Es war eine glaubensstarke Gemeinde.
Ihr Pfarrer, M. A. P. Wood, ist vor kurzem Bischof von Norwich geworden. Er war ein großer Prediger und ein kluger Ratgeber für alle Fragen christlicher Lebensführung. Davy und ich hatten viele Gespräche mit ihm in der Pfarrei am Paradise Square, und manchmal blieben wir auch zum Essen. Mich beeindruckte vor allem seine scharfsinnige Sicht des Zusammenspiels von Geist und Gemüt bei der Bekehrung. Die Feier unseres ersten gemeinsamen Abendmahls in der Kirche war ein ergreifendes Ereignis.

Später besuchten Davy und ich auch andere Gottesdienste, weil wir die vielen unterschiedlichen Kirchen in Oxford kennenlernen wollten. So waren wir u. a. in der Universitätskirche „St. Mary the Virgin“ und bestaunten die hochkirchliche, anglo-katholische Pracht von „Mary Magdalen“. Aber wohin wir auch gingen, unser junges christliches Leben war geprägt von der anglikanischen Kirche. Immer wieder kamen wir nach „St. Ebbe“ zurück. Dort fanden wir das lebendige Leben in Christus. In „St. Ebbe“ sang man das Te Deum nach dem Satz, der die Zeile: „Du bist der König der Ehren, o-o-o-o-o Christus!“ durch eine mehrfache Steigerung des O zu einem herrlichen Triumphgesang für Christus werden ließ. Dieser Satz ist deshalb untrennbar mit der Gemeinde „St. Ebbe“ und ihrem lebendigen Glauben verbunden.
Als wir eines Abends sehr spät zu Peter und Bee gingen, die in einer Wohnung im oberen Stockwerk wohnten, fanden wir die Haustür verschlossen. In der stillen Straße stimmten wir das „Du bist der König der Ehren“ an. Noch ehe wir zu dem Wort Christus kamen, wurden die Fenster geöffnet, und Peter und Bee sahen erstaunt heraus.
Zuerst war ich mir – genau wie Davy – erstaunlich sicher und gewiß, die richtige Wahl getroffen zu haben, und das trotz der Zweifel, die mich so lange gequält hatten. Ich glaube, daß diese Freude und Sicherheit einem jungen Christen am Anfang als besondere Gnade geschenkt wird, auf wie schwachen Beinen sein Glaube zunächst auch noch stehen mag. Und diese besondere Gnade bleibt wirksam bis der neugeborene Christ gelernt hat, selbst zu stehen und ein wenig zu gehen. Zu der Zeit schrieb ich in unser Tagebuch:
„Vierzig Tage danach. Wenn man einmal die Wahl getroffen hat, dann fängt man auch an, danach zu leben. Man betet, geht zur Kirche, geht zu dem so unglaublich bedeutungsvollen ersten heiligen Abendmahl. Man versucht alles, was man jemals gedacht hat, in diesem neuen Licht neu zu bedenken. Man versucht, sich demütig unterzuordnen (sich zu bekreuzigen als Zeichen dafür, daß man das eigene Ich durchkreuzt) und mit mehr oder weniger Erfolg Christus zu folgen.

C. S. Lewis prophezeit den Gegenangriff des Feindes und hat wie gewöhnlich recht. Es tauchen Gefühle auf, daß alles eine Lüge ist, daß der rote Bus dort drüben, die harten Pflastersteine unter meinen Füßen, die Herrlichkeit eines Baumes im Mai die einzig realen Dinge sind. Aber dann erinnert man sich daran, daß die Entscheidung sich auf die Vernunft und das Gewicht des Beweismaterials gründete, und dann ist man wieder gestärkt. Aber das ist noch nicht alles. Nicht nur, daß man den Zweifeln gewachsen ist, nicht nur, daß die Gebete besser werden, sondern die Zweifel kommen auch seltener – und selbst wenn sie auftauchen, werden sie von dem Gefühl eines unerklärlichen Vertrauens aufgefangen, daß die Wahl richtig war. Wir sind am Gewinnen."

Nachdem ich jede Zeile mit Davy besprochen hatte, schrieb ich mein Gedicht „Der Abgrund" (s. S. 118). Noch während ich daran arbeitete, hatte ich die Idee für ein anderes Gedicht, in dem ich die Wahl der Seele – und sie muß natürlich entscheiden – der Gnade des Erwähltseins unterordnete. Als ich diese beiden Gedichte beendet hatte, schickte ich sie C. S. Lewis. Dem zweiten Gedicht gab ich die Überschrift:

Treibsand

Für unverletzlich hält die Seele sich,
doch Christi Worte klopfen fragend an
und dringen ein, wie wehend Sand es kann,
und nageln fest mit gut gezieltem Stich.

Vergeblich sucht sie einen Weg zur Flucht,
doch ganz umgibt sie das lebendge Wort
und läßt sie ohne bittern Kampf nicht fort,
ob sie auch voller Angst den Ausweg sucht.

Der Herr klopft an: Sie hat die schwere Wahl.
Nur eine abgeschirmte Seele trägt den Schmerz,
der wirbelt, weht und sticht wie Sand.

Sich selbst aufgeben scheint ihr eine Qual.
Doch Christus tritt als Herr ins wunde Herz
und schenkt sich ihm als Liebesunterpfand.

C. S. Lewis antwortete:
„Vielen Dank für Deinen Brief, über den ich mich sehr gefreut habe. Die Gedichte sind wirklich sehr bemerkenswert, obwohl sie in einer Art geschrieben sind, die zur Zeit nur wenige Hörer gewinnen wird (zum Henker mit all den Modeerscheinungen!). Wie gut sie mir gefallen haben, siehst Du daran, daß ich plötzlich alles persönliche, biographische Interesse vergessen hatte, und sie einfach als Dichtung las. Das Bild vom Treibsand erfordert echte Phantasie. Zuerst hat mir dieses Gedicht besser gefallen, aber jetzt bin ich mir nicht mehr so sicher. ‚Der Abgrund' enthält erstklassige Argumentation – und dann das Bild vom ‚Boden, der um uns sinkt'. Ausgezeichnet!"

Als ein junger Christ und fasziniert vom Christentum hätte es damals nahegelegen, mein Studienfach zu wechseln und Theologie zu studieren. Ich tat es nicht, obwohl ich schon daran gedacht hatte, bevor ich Christ wurde. Jetzt war ich überrascht, daß ich als Ungläubiger nicht nur die Theologie, sondern sogar das geistliche Amt hatte bedenken können. Davy, die zu dieser Zeit schon Christ war, verhielt sich seltsam zurückhaltend. Nicht was die historisch-wissenschaftlichen Aspekte der Theologie anbetraf – Geschichte war immerhin mein Fach –, sondern im Hinblick auf das geistliche Amt.
Es war merkwürdig: Obwohl ich mich durchaus für das Christentum interessierte, erkannte ich nicht, wie absurd es war, Priester eines Glaubens sein zu wollen, den man selbst nicht akzeptierte, so eine Art wandelnder Lüge. Vielleicht aber spürte ich auch schon die Notwendigkeit und dachte, ich würde ihn so finden. Jedenfalls war ich am Theologiestudium so interessiert, wie ein Mann, der Soldat wird, weil er sich so sehr für den Krieg interessiert.
Nichts läßt den grundlegenden Unterschied zwischen einem gläu-

bigen Christen und einem Nichtchristen so deutlich werden wie die jeweils sehr verschiedenen Ansichten darüber, was man von einem Priester erwartet: Soll er ein Mann des Glaubens sein oder ein Mann, der das Priesteramt wählen kann wie jeden anderen Beruf auch? Ein Priester oder ein Bischof ohne Glauben ist für den Christen so falsch wie eine Schlange, für den Nichtchristen aber lediglich ein unschuldiger Berufstätiger wie viele andere.
Das Element der Notwendigkeit, das einen Nichtgläubigen überzeugen könnte, in die Kirche zu gehen, ist möglicherweise der Schlüssel zum Verständnis eines ähnlichen Phänomens. Es ist dasselbe, wenn Neurotiker oder sogar Verrückte Psychologen werden wollen. Auf jeden Fall erklären sowohl das Verlangen der Menschen nach Glauben, wie auch die Sicht, das geistliche Amt sei ein Beruf wie jeder andere, so manchen ungläubigen Priester oder Bischof. Diese falschen Hirten der Herde! – die der Kirche so viel Schaden zufügen und doch nicht die Notwendigkeit spüren, ihr Amt aufzugeben, sondern ihrer eigenen Unehrlichkeit gegenüber blind zu sein scheinen.
Unter dem Eindruck meiner so überaus kläglichen Idee, schrieb ich an C. S. Lewis und argumentierte nach seiner ersten Antwort weiter. Zwei Monate vor meiner Bekehrung erhielt ich diese beiden Briefe von ihm im Abstand von drei Tagen. Ich habe sie die „Zeltmacher-Briefe" genannt.

„Wenn Sie als Studienfach Theologie wählen wollen, so müssen wir uns drei Fragen nach der möglichen Auswirkung stellen.
1. Würde es Ihre augenblickliche Freude erhöhen? Antwort: Vielleicht, aber nicht sicher, ja.
2. Wäre es vorteilhaft für Ihre akademische Karriere? Antwort: Wahrscheinlich nein. Denn Sie müßten sich in Eile eine Menge Wissen aneignen, das Sie in der kurzen Zeit nur schwer bewältigen könnten.
3. Wäre es besser für Seele und Geist? Ich weiß es nicht. Ich denke, es ließe sich eine Menge darüber sagen, wenn man seine tiefsten, geistlichen Interessen von seiner normalen Pflicht als Student oder Berufstätiger abgetrennt hat.

Paulus war von Beruf Zeltmacher. Wenn die beiden Bereiche, das geistliche Leben und der Beruf, zusammenfallen, so besteht meiner Meinung nach die Gefahr, das natürliche Interesse an einem Beruf und berufliche Erfolge für geistlichen Fortschritt und geistliche Erfahrung zu halten. Und ich meine, daß Geistliche manchmal in diese Falle geraten. Auf der anderen Seite besteht auch die Gefahr, daß die langweiligen und unerfreulichen Seiten des Berufs einen vom geistlichen Leben abbringen. Und endlich hat jemand gesagt: ‚Niemand ist so unheilig wie die Menschen, deren Hände sich mit den heiligen Dingen beschäftigen!'
Geheiligte Dinge können profan werden, wenn sie Teil des Berufes werden. Sie wollen nun geistliche Wahrheit um ihrer selbst willen haben. Wie wird es sein, wenn Sie dieselbe Wahrheit als wirkungsvolle Fußnote für eine These gebrauchen? In der Tat, der Wechsel könnte sich gut oder schlecht für Sie auswirken. Ich selbst bin immer froh darüber gewesen, daß ich mit der Theologie nicht meinen Lebensunterhalt verdiene. Ihnen würde ich raten, mit Ihrer ‚Zeltmacherei' weiterzumachen. Die Erfüllung einer Pflicht wird Sie wahrscheinlich genau so viel über Gott lehren wie die akademische Theologie. Denken Sie daran, ich bin mir nicht ganz sicher; aber ich neige zu dieser Sicht der Dinge."

In einem zweiten Brief schrieb mir C. S. Lewis:
„Sehen Sie, die Frage ist doch nicht, ob wir Gott in unseren Beruf hineinbringen oder nicht. Sicherlich sollten, ja müssen wir das tun. So wie MacDonald sagt: ‚Alles, was nicht Gott ist, ist Tod.' Die Frage ist vielmehr, ob wir a) Ihn einbeziehen in die Hingabe unseres Berufes an Ihn, in die Redlichkeit, den Eifer, aber auch die Bescheidenheit, mit der wir unsere Pflicht erfüllen, oder auch b), ob wir den ausdrücklich auf Gott bezogenen Dienst zu unserem Beruf machen.
Die Berufung unter a) gilt für alle Menschen, ob sie es wissen oder nicht; die Berufung unter b) gilt nur für Menschen, die dazu besonders berufen sind. Jede Berufung hat ihre besonderen Gefahren und ihre besonderen Freuden. Natürlich kann ich nicht sagen, welches Ihre Berufung ist. Wenn ich bei einem Fachbereichs-

wechsel von einer Gefahr für Ihre akademische Karriere sprach, so dachte ich hauptsächlich an den Faktor Zeit. Ein zusätzliches Jahr würde hier die Situation schon grundlegend ändern. Ich habe auf keinen Fall gemeint, daß Religionsgeschichte an sich ein akademisch unergiebiges Forschungsgebiet ist. Es würde mich sehr freuen, Sie zu sehen und von Ihnen zu hören."

Nach diesen Briefen, die so bewundernswert gesund und logisch waren, beschäftigte ich mich weiter mit meiner „Zeltmacherei". Aber natürlich lasen Davy und ich auch weiterhin theologische Werke, z. B. Austin Farrer. Wir waren beide tief beeindruckt von den Büchern „Die Taube schwebt herab" und „Niederfahrt zur Hölle" von Charles Williams.

Dann machten wir die Bekanntschaft mit den deutschen „Entmythologisierern" – und waren entsetzt. Die Auferstehung war eine Legende. Die Himmelfahrt war eine Legende. Alle Wunder und Prophezeiungen waren Legenden. Vielleicht war sogar die Existenz Jesu Christi eine Legende. Wobei Mythos oder Legende gleichbedeutend war mit Lüge oder frommer Fiktion. Doch was machten wir als Christen dann überhaupt? Und was machten diese Entmythologisierer, die sich selbst noch Christen nannten und zu denen sogar Pastoren gehörten? Sie würden vielleicht erst später Rechenschaft für ihr Handeln ablegen müssen.

Nach unserem ersten Entsetzen beruhigten wir uns wieder und fingen an nachzudenken. Diese Leute gehörten ganz offensichtlich zu denen, die den Wald vor lauter Bäumen nicht sehen konnten. Denn eins war absolut sicher: Die Person Jesu, die in allen vier Evangelien und bei Paulus so übereinstimmend beschrieben wird, war so mächtig, so einmalig und außerordentlich, daß die Schreiber des Neuen Testaments sie gekannt haben müssen. Manche vielleicht durch andere, so wie wir Winston Churchill oder Abraham Lincoln kennen. Sie waren geprägt von Christus, dessen Geist und Worte in den Christen weiterleben.

Für diese Entmythologisierer aber kam unsere „Rettung" aus dem Anerkennen vollkommen unbewiesener, fundamentaler Hypothesen, die sich nirgendwo aus dem Neuen Testament ableiten lassen, sondern die sie sich ausgedacht haben. Wenn man in Oxford irgend etwas lernt, dann dies, daß fundamentale Thesen als wahr nachweisbar sein müssen. Das tun die Entmythologisierer aber nicht.

Wenn sie behaupten, daß jede Prophezeiung erst nach dem entsprechenden Ereignis eingefügt worden ist, so unterstellen sie, daß es Prophezeiungen tatsächlich nicht gibt. Sie nehmen an – man beachte: sie nehmen an –, daß Wunder nicht geschehen können. Denn Beweise gibt es nicht; wie es ja in der Natur der Dinge liegt, daß hier kein Beweis möglich ist. Weigert man sich aber, es als Wunder anzusehen, dann konnte die Himmelfahrt nicht geschehen. Denn sie widerspricht der modernen Kosmologie. Der Himmel kann nicht „oben" oder „draußen" sein.

Nach der Meinung seiner Kritiker kann Gott keine Gründe gehabt haben, wenn sie ihnen nicht erkennbar sind. Sie argumentieren, daß alles, was gesagt oder geschrieben wird, auch zu der Zeit passieren muß, in der es verfaßt wurde. Das in den Evangelien über Jesus Berichtete muß demnach auch mit der Theologie bzw. der Ekklesiologie dieser Zeit übereinstimmen, d. h. beides darf nicht zu fortschrittlich sein. Nach ihrer Ansicht ist es unmöglich, daß jemals ein Mensch seiner Zeit voraus gewesen sein könnte. Wenn ein Ereignis aus dem Neuen Testament schon irgendwo in einer der frühen Mythen auftaucht, dann ist – wie die Entmythologisierer meinen – damit bewiesen, daß dieses Ereignis nicht zur Zeit Christi passiert ist. Es sei denn, man setzt voraus, daß es Gott gefallen hätte, einen vorgreifenden Mythos in eine Tatsache zu verwandeln. Mehr noch, Christi Worte sind von seinen Nachfolgern und der frühen Kirche mißverstanden worden, obwohl sie für alle ganz klar waren. Voraussetzung: Der Geist des unendlichen Gottes ist dem Geist eines deutschen Kritikers nicht unähnlich.

Davy und ich hatten keine Probleme mit berechtigter biblischer Forschung, sondern nur mit jenen, die wie die Entmythologisierer ihre in keinem Punkt nachweisbaren Annahmen und Philosophien an den Bibeltext heranbringen. Im Blick auf diese Leute änderten wir Hilaire Bellocs Ausspruch „Auf einen Puritaner" in „Auf ei-

nen Entmythologisierer“ und rezitierten: „Er diente seinem Herrn so treu und gut, daß er jetzt in der Hölle ruht.“
Damals entstand ein weiteres meiner Oxford-Gedichte. Als Vorlage diente mir die Legende Veronicas, der Frau, die Jesus auf dem Weg zum Kreuz den Schweiß vom Gesicht wischte. Ich widmete dieses Gedicht Davy und der flinken, temperamentvollen Bee Campion, erkannte ich doch bei diesen beiden immer wieder, daß sie sich wie die Veronica verhielten.

Das Schwert

Ja, Markus hatte Dienst zu jener Zeit,
als es die Priester hatten durchgesetzt,
den „Gott“ zu töten. Menschenmassen, aufgehetzt,
umwogten uns wild wütend weit und breit.

Kein Zeichen hatte mich davor gewarnt,
die Straße zu betreten, wo mich unbewehrt
der Blick des Gottes treffen sollte wie ein Schwert,
geschärft mit Gnade, die ich nie geahnt.

Die Menge wich vor uns ein Stück zurück.
Gebückt vom Kreuz, wankte der Gott vorbei.
Sein Blick traf mich, ich sah die Not
und wischt' den Schweiß ihm ab. Doch meiner Jugend Glück
fiel in den Staub und brach entzwei,
als er „Mein Kind“ mich nennt auf seinem Weg zum Tod.

Nur kurze Zeit nachdem ich C. S. Lewis geschrieben hatte, daß ich den Glauben gewählt hatte, erhielt ich eine Karte von ihm, auf der er mich einlud, mit ihm im „Magdalen College“ zu essen.
Ich kannte ihn gar nicht, hatte noch nicht einmal ein Foto von ihm gesehen. Aber beim Lesen seiner Bücher und Briefe hatte ich ihn mir als einen schlanken, irgendwie asketischen und leicht gebückten Mann mit hagerem Gesicht und kurzsichtigem Blick vorgestellt. Doch dann traf ich „John Bull“ in eigener Person. Stattlich, fröhlich, mit einem gewinnenden Lächeln, einer vollen Stimme,

einem belustigten Blick – und dennoch ganz ernst. Er war ausgesprochen einfach und unkompliziert. Trotzdem habe ich niemals einen Menschen getroffen, der alles unlogische Denken mit einem derartig messerscharfen Verstand analysierte.
Er wußte, wie ich darauf brannte, meinen neugefundenen Glauben zu zeigen, und deshalb schlug er vor, in der Eßhalle oder im Gemeinschaftsraum nicht über christliche Themen zu sprechen. Ein erster Hinweis darauf, daß einige seiner Kollegen im „Magdalen College", ebenso wie andere Professoren an der Universität, seinem christlichen Glauben nicht freundlich gesonnen waren. Zweifellos hätten sie es geduldet, wenn er ein unscheinbarer, unauffälliger Christ gewesen wäre. Aber daß er auch wie ein Christ handelte und vielbeachtete Bücher über das Christentum schrieb, das war zuviel des Guten.
Jedenfalls hielt ich mich an jenem Abend mit einem Gespräch über den Glauben zurück, wenigstens bis wir in seine Räume zurückkehrten. Dafür erlebte ich sowohl am Tisch als auch beim Portwein am Kamin im Gemeinschaftsraum den Lewis, der in puncto Brillanz, Witz und Geistesschärfe mit allen anderen mithalten konnte.

An jenem Abend begann meine Freundschaft mit C. S. Lewis. Es war von meiner Seite aus eine sehr tiefe Freundschaft. Kein anderer Mensch hat mein Denken und Tun jemals derart stark beeinflußt und geformt, wenn man einmal von der Auswirkung absieht, die das Christentum auf mein Leben hatte. Niemals habe ich einen Mann mehr geliebt. Und ich darf aus manchem schließen, was er mir sagte oder schrieb, daß auch er Freundschaft und Zuneigung zu mir empfand. Später war er auch Davy – er nannte sie Jean – sehr zugetan. Nach seinem Tode berichtete sein Bruder Warren: „Jack war begeistert von Van und Jean."
Einige Male aß ich mit Lewis im „Magdalen College". Wir verbrachten glückliche Stunden bei angeregter Unterhaltung in seinen Räumen im College; ziemlich kahlen Räumen mit einer herrlichen Aussicht. Manchmal liefen wir auch zusammen auf dem Addison Spazierweg. Beim ersten Mal hatte ich mir vorgenom-

men, meinen Schritt der Gangart des Älteren anzupassen. Doch er ging so schnell, daß ich kaum mitkam. Wie ein Soldat marschierte er neben mir, und ich war heilfroh, als wir endlich wieder am Ausgang ankamen. Da hörte ich Lewis sagen: „Sollten wir nicht noch einmal herumgehen?“ Und wir gingen noch einmal herum.

Gelegentlich sah und hörte ich ihn auch in der Universität bei seinen Vorlesungen oder im „Socratic Club“, wo er unterrichtete und dann ganz in seinem Element war. Am häufigsten trafen wir uns freilich im „Eastgate Hotel“ zum Mittagessen, wo Lewis es nie versäumte, lautstark zu fragen: „Gibt es heute Auflauf?“ Eine riesige Portion Fleisch- und Nierenauflauf mit einem Glas Bier wurde zu unserer Standardbestellung.

Einmal hatte er die Verabredung zum Mittagessen im „Eastgate“ vergessen. Am nächsten Tag erhielt ich folgende Karte von ihm: „Porcus sum, ich bin ein Schwein, porcissimus, sogar das schlimmste aller Schweine. Ich sah am Samstagnachmittag um drei Uhr in meinen Terminkalender und stellte zu meinem Entsetzen fest, daß ich die Verabredung mit Dir um 12 Uhr versäumt habe. Bitte, vergib mir Dummkopf. Willst Du Deine Freundlichkeit beweisen und Dich mit mir am nächsten Samstag um 12 Uhr im ‚Eastgate‘ treffen? Sogar mir passiert selten derselbe Fehler zweimal. Es tut mir wirklich leid; ich hatte mich sehr darauf gefreut.“

Lewis und ich sprachen über alle möglichen Dinge auf und über unserem Planeten, über Science-fiction, wovon wir beide eine Menge gelesen hatten, und natürlich über das Christentum und die christliche Ethik. Ich erinnere mich an einen Nachmittag, als ich ihn fragte, ob ich jemandem, der es wohl verdient hatte, eine harte Rüge erteilen sollte oder nicht. Lewis kam sofort auf den Kern der Sache, indem er fragte: „Was war dein Motiv?“

Ein anderes Mal unterhielten wir uns über die Wirksamkeit des Gebetes. Lewis meinte, es sei gut, sich daran zu gewöhnen, daß man selbst die Antwort auf das Gebet eines anderen sein kann. Und er erzählte mir die Geschichte von seinem Friseur. Obwohl es eigentlich nicht nötig war, hatte er das Gefühl gehabt, sich un-

bedingt die Haare schneiden lassen zu müssen. Und als er es dann tat, stellte er fest, daß sein Friseur darum gebetet hatte, daß Lewis vorbeikommen möchte. Einige dieser Erlebnisse nahm er später in seine Schriften auf.
Eines Abends im „Magdalen College“ sprachen wir über „Die Insel im Westen“ aus „Des Pilgers Rückkehr“. Diese Insel ist der Ort, nach dem wir uns alle sehnen. Und das kann eine Insel im Westen, die andere Seite eines Berges, vielleicht auch eine Segelyacht sein. Auf jeden Fall sehnen wir uns dahin in dem Glauben, dort die Freude zu finden. Natürlich finden wir sie nicht, denn das, wonach wir uns wirklich sehnen, ist Gott. Keine seiner Ideen verstand ich besser als diese, und unser Gespräch darüber war tiefgehend und beschäftigte mich noch lange.

Bei anderen Gelegenheiten sprachen Lewis und ich darüber, was ein Roman sei bzw. wie er sein sollte, nämlich eine gute Erzählung. Wir sprachen über Dichtung, über „die gerichtete Welt“ in seinem Science-fiction-Roman und in G. M. Hopkins „Gottes Größe“. Lewis meinte, daß er dies unabhängig von Hopkins geschrieben hätte, weil es so natürlich und folgerichtig in seiner Geschichte sei. Aber zu seinem Gedicht „Pilgersorge“, wo am Schluß „ernste Sterne am fest gegründeten Himmel aufleuchten, unbeugsam in Gerechtigkeit“ meinte er, daß er – wenn auch unbewußt – „die ernsten Sterne“ von Keats übernommen haben muß. Dann wieder sprachen wir über menschliche Schwäche, über Bier, über das Gebet, über literarische Quellen und über unsere liebsten Bücher. Wir waren beide der Meinung, daß man den echten Buchliebhaber daran erkennt, daß er Bücher mehrmals liest.

Davy und ich waren in den verschiedensten Kirchen Oxfords gewesen, und wir kamen zu dem Schluß, daß uns die High Church wesensmäßig am nächsten ist. Wir fanden die anglikanisch-katholische Messe sehr schön. Angeregt durch die Verehrung der Maria in der High Church entstand dieses Gedicht:

Marias Herz

Geliebte Schwester, menschlich war mein Herz,
nicht göttlich, als der Engel bei mir war.
Als jungfräulich ich dann den Sohn gebar,
war ich ganz Frau in meinem Schmerz.

Den Himmel hielt in meinen Armen ich
und nährte ihn an meiner Brust.
Der Göttlichkeit war ich mir nicht bewußt,
denn fleischgeworden Gott dem Menschen glich.

Die Weisen sahen auf des Kindes Haupt
die Krone, doch die Dornen sahn sie nicht.
Hingebungsvoll anbetend beugten sie die Knie
vor ihm, an den als König sie geglaubt.
Die Worte brachten in mein Herz ein Licht,
den Schmerzenskelch jedoch bedacht' ich nie.

Im Juni, am Ende des Sommersemesters, übernahmen Davy und ich von einem Freund eine kleine Wohnung im Zentrum Oxfords, das Studio. Zwar waren wir traurig, daß wir nun kein Klavier mehr hatten, aber trotzdem zogen wir glücklich um. Die Wohnung lag an der kopfsteingepflasterten und mit Gaslaternen beleuchteten Pusey Lane. Eine rote Tür führte in einen Gang, von wo aus eine andere Tür „Das Studio" ankündigte. Wir hatten eine winzigkleine Küche im Erdgeschoß und eine Treppe, die so eng war, daß selbst zwei Skelette nicht aneinander hätten vorbei gehen können, führte in ein langes Zimmer im ersten Stock. Das war alles. Zu unserem Badezimmer mußten wir quer durch den Garten in das Haupthaus gehen. Das eine lange Zimmer hatte zwei Fenster mit Sicht auf den Garten und ein großes Oberlicht in dem sanft sich neigenden Dach. Am einen Ende des Zimmers war ein Kamin, der das Zimmer sofort mit dichtem Kohlenrauch füllte, wenn der Wind aus der falschen Richtung kam. Doch wie der Wind auch immer stehen mochte, wir konnten alle Glocken Oxfords hören,

selbst den tiefen Klang des „Great Tom" vom „Christ Church College". So war unser Studio („St. Udio!") ungewöhnlich, eng, rauchig und geliebt von uns wie von vielen anderen.
„Das Studio" wurde für viele zum Mittelpunkt eines lebendigen Lebens mit Christus, denn es lag zentral und zufällig auf dem Weg von Nord-Oxford nach „St. Ebbe". Außerdem strahlte es eine besondere Atmosphäre aus, die sich einfach ergab, wenn man von der Kopfsteinpflasterstraße draußen in das warme obere Zimmer mit dem regenschwarzen Oberlicht und dem munter flackernden Feuer kam; vorausgesetzt, der Wind stand richtig. Wir fanden uns bald damit ab, dringende Arbeiten in der „Bodleian Bibliothek" zu schreiben. Doch wie oft warteten selbst dann schon Freunde auf uns, wenn wir nach Hause kamen.
Mein Tagebuch berichtet, daß in einer wahllos herausgegriffenen Woche 24 Besucher bei uns waren, sechs davon zweimal, so daß der Messingtürklopfer dreißigmal erklang und einer von uns die enge Treppe hinunterspringen mußte. Fast zwei Jahre lang, außer wenn wir nach London ins Theater fuhren, wenn wir Besuche machten oder auf Reisen waren, gab es kaum einen Tag oder Abend, an dem uns niemand besuchte. Dabei waren Christen und Nichtchristen in der Besucherschar bunt gemischt.
Nach unserer Bekehrung hatte sich natürlich der Kreis unserer christlichen Freunde vergrößert. Fast alle waren Studenten wie wir. Doch am häufigsten trafen wir uns nach wie vor mit unseren alten Freunden: Lew und Mary Ann, Peter und Bee und Thad. Von Geraint Gruffydd habe ich schon erzählt: dem Waliser mit dem dichten Haarschopf, der mit seiner wohlklingenden Stimme Gedichte so ausgezeichnet vorlesen konnte, daß selbst einer Statue Schauer über den Rücken gelaufen wären. Er war selbst ein Dichter, aber seine in Walisisch verfaßten Gedichte lernten wir nur in seiner eigenen Übersetzung kennen.
Ein anderer, ganz außergewöhnlicher Dichter und ein guter, christlicher Freund in all den Jahren war Julian, Dom Julian vom St. Benet's Kloster. Obwohl in England geboren, hatte er einen Teil seiner Kindheits- und Jugendjahre in Maryland/USA verbracht. Sein Benediktinerkloster in Neuengland hatte ihn zuerst

nach Rom und schließlich nach Oxford geschickt, wo wir ihn dann trafen. Auch David Griffiths aus Kent vom „Worcester College" und Tom Harpur aus Toronto vom „Oriel College" studierten Theologie, um Pfarrer zu werden. Sie gehörten allerdings zur anglikanischen Kirche. Mit David teilten wir die aufregende Entdekkung des Glaubens innerhalb der Kirche von England, und wir sprachen so manche Nacht darüber.

Der große, blauäugige Tom war trotz der Tradition Newmans und der Oxford-Bewegung in seinem College mehr evangelikal. Aber so war das Studio: Katholiken, Evangelikale, Atheisten und alle Schattierungen dazwischen sprachen gleichermaßen glücklich miteinander; ohne jeden Unterschied und auf hohem geistigen Niveau. Wenn Tom manchmal allzu lange blieb, ging ich mit ihm zurück zum „Oriel College". Er stellte sich dann auf meine Schulter, um an einem der vergitterten Fenster einen Gitterstab zu entfernen und in das Haus zu klettern. Einmal ließ er den Gitterstab fallen, der in der Stille der Nacht mit entsetzlichem Getöse zu Boden fiel. Nur Sekunden später kam der Aufseher um die Ecke. Wir – Tom mit der Gitterstange in der Hand – versteckten uns schnell in der Dunkelheit und wagten erst sehr viel später einen neuen Versuch.

Als geradezu himmlische Entschädigung für das verlorene Klavier wurde Davy manchmal gebeten, in „St. Ebbe" die Orgel zu spielen. Im Chor sang ein junges Mädchen mit, das Jane hieß und wie ein kleiner, dunkelhaariger Engel aussah. Davy brachte Jane mit ins Studio. Später kamen Jane und manchmal auch ihre Freundin Mia häufig zu uns. Beide Mädchen warteten darauf, in die Universität aufgenommen zu werden. Jane war sehr schweigsam, aber sie liebte die Dichtung und schrieb auch selbst Gedichte. Wir lasen viele Gedichte laut im Studio, und wenn ich las, besonders T. S. Eliots „Vier Quartette", konnte ich fast fühlen, wie angespannt Jane zuhörte.

Dichtung gehörte einfach zum Zauber des Studios; nicht nur die Gedichte bedeutender und berühmter Autoren, sondern auch unsere eigenen. Die Gedichte, die wir schrieben und uns gegenseitig vorlasen und darüber sprachen; Gedichte, in denen sehr oft der menschgewordene Gottessohn vorkam. Geraint sprach in einem Gedicht, das er für Luned, sein walisisches Mädchen geschrieben hatte, von den „heiligen Stunden, wenn unsere Geister sich vereinten in den Strömen der Liebe Christi“. Julians Gedichte waren reine, tiefe und heilige Gebete. Eines seiner Gedichte beschrieb, wie er abends das Studio verließ:

Ruf in der Nacht

Ruf in der Nacht
Gaslicht wacht
Regen verrinnt
Ich geh allein
Abschied muß sein

Doch wenn der Schmerz beginnt
und mancher Stunde Pein
So möge Gott sein Kind
Das er im Glauben findt
In Segen hüllen ein
Amen

Eines Abends sprachen Julian, Davy und ich lange und intensiv über Dichtung und die Jungfrau Maria, was sie den Menschen bedeutet und welche Rolle sie im Reich Gottes hat. Nach diesem Gespräch entstand ein weiteres meiner Oxford-Gedichte, das ich diesmal Julian widmete:

Unsre Jungfrau der Nacht

Wenn diese Welt verhüllt des Lichtes Herz,
so bleibt uns nur Verzweiflung in der Sterne Schein.
Gleichgültigkeit beherrscht kalt unser Sein,
und Tod und Nichts taucht uns in dunklen Schmerz.

Heimlich am dunkelblauen Himmel angefacht
erscheint ein Licht, und schimmernd hell der Mond

umgibt sie zärtlich, die dort thront.
mit seinem Glanz: die Himmelskönigin der Nacht.

Oh Jungfrau, unsre Augen können nicht
ertragen jenen hellen Glanz.
doch ohne ihn – wir straucheln blind
und trostlos suchend nach dem Licht,
das dich umgibt und einhüllt, ganz
durch Dunkelheit, wo wir gefangen sind.

Obwohl überwiegend christliche Freunde zu uns in das Studio kamen, hatten wir natürlich auch Freunde, die keine Christen waren, und auch sie hießen wir herzlich willkommen. Tatsächlich beteiligten sich an den besten unserer Diskussionen über christliche Themen immer ein paar Nichtchristen, deren gesunde Skepsis uns geholfen hat. In Oxford redete ohnehin jeder über alles. Deswegen wußten wir auch gewöhnlich ganz genau, wer Christ oder Nichtchrist, wer ein „halber" Christ, wer Hindu oder was auch immer war.

Eines Nachmittags gingen Davy und ich im Universitätspark und in „Mesopotamien" spazieren. Wir unterhielten uns darüber, daß wir irgendwann einmal einen Roman schreiben wollten, in dem sich etwas von unserem so ungewöhnlich reichen, unserem ebenso an- wie aufregenden Leben in Oxford und in unserem Studio widerspiegeln sollte. Also ein autobiographischer Roman. Dann, als wir mit einem: „Eines Tages, vielleicht!" das Gespräch beendeten, gingen wir in den „Kupferkessel" auf der High Street zum Tee.

An jenem Abend kamen wie gewöhnlich einige Freunde vorbei. Es waren Julian und Richard. Richard war kein Christ, wollte aber mit uns über das Christentum sprechen. Nach einer langen Debatte meinte er schließlich: „Was mich stört, ist die Trinität. Und daran vor allem wieder die Menschwerdung Christi. Ihr glaubt anscheinend alle, daß Jesus zur selben Zeit ganz Mensch und ganz Gott war. Aber wenn man auch nur einen Funken gesunden Menschenverstand hat, das ist doch wirklich absolut unmöglich! Müßt ihr Christen euch eigentlich immer in Wunder und Mysterien flüchten?"

„Natürlich nicht", entgegnete ich. „Wir verstecken uns nicht hinter einem Mysterium und hier schon gar nicht."
„Gut", sagte Richard. „Aber dann erkläre mir die Sache so, daß es einen Sinn gibt."
Julian redete etwas über das Wesen Gottes. Doch ich merkte, daß Richard damit nichts anfangen konnte. Da fiel mir die Sache mit dem Roman ein, über den Davy und ich gesprochen hatten, und ich flüsterte Davy zu: „Jetzt hab ich's!"
„Ich verstehe es immer noch nicht", erklärte Richard als Julian seinen Versuch beendet hatte.
„Also gut, Richard", begann ich nun. „Heute nachmittag haben Davy und ich darüber gesprochen, daß wir einen Roman über Oxford schreiben wollen, über das Studio und uns alle hier. Nun, angenommen, wir würden es tun..."
„Angenommen, ihr würdet ihn schreiben", sagte Richard, „dann würde ich ein Exemplar kaufen. Mehr als fünf Schilling dürfte es allerdings nicht kosten."
Doch ich ließ mich nicht beirren und erklärte weiter: „Wir sprechen über die Menschwerdung Christi. Okay. Angenommen, ich allein schreibe den Roman, weil es mit zwei Autoren eventuell zu kompliziert wird, und ich komme selbst in diesem Roman vor. Da erscheine ich dann in dem Buch wie ich die High Street hinuntergehe, wie ich die Krawatte vom ‚Jesus College' trage. So wie es in Wirklichkeit ja auch gewesen ist. Daneben aber erfinde ich eine Menge Charaktere und beschreibe irgendwelche Phantasiegestalten, weil ich die Gefühle irgendeines Menschen nicht verletzen möchte. Als Autor des Romans, der ja tatsächlich existiert, sage ich demnach auch, was ich genauso zu den tatsächlich in meiner Umgebung lebenden Leuten sagen würde."
„Was hat das bloß mit der Menschwerdung Christi zu tun?" fragte mich jetzt Richard.
„Das will ich dir ja gerade klarmachen, du Dummkopf", antwortete ich lachend. „Siehst du das nicht selbst? Als Autor des Buches stehe ich draußen und schreibe es; d. h. ich habe die Funktion wie Gott, der Vater. Aber ich als handelnde Person bin auch tatsächlich in dem Buch, nicht wahr? Das ist dann Jesus, der Sohn, rich-

tig? Das ‚Ich' in dem Buch spricht dann meine Worte. Aber wahrscheinlich habe ich diese Worte so nie in meinem Leben gesprochen, weil die tatsächliche und die beschriebene Situation immer etwas anders ist. Und doch – das siehst du doch ein – bin ich es, der das sagt."

„Hm", meinte Richard. „Ich verstehe. Weiter."

„Also dann", erklärte ich. „Ich bin hier draußen und bin der Autor des Ganzen. Gleichzeitig bin ich in dem Buch als aktiver Teilnehmer des Geschehens. Ich bin also gleichzeitig ein Mensch aus Fleisch und Blut und eine Romanfigur. Wie die Lehre: ganz Gott und ganz Mensch. Das ist doch verständlich, oder? Und noch etwas: Stell dir vor, die Romanfiguren würden sich verselbständigen. Autoren behaupten immer wieder, daß es so etwas gibt. Es könnte möglich sein, was immer ich mir auch ursprünglich vorgenommen hatte, daß ich getötet – hm, gekreuzigt werden müßte... Nun, wie dem auch sei... Verstehst du mich?"

„Du gewinnst", gab sich Richard geschlagen. „So wie du es sagst, ergibt es einen Sinn. Ich werde darüber nachdenken müssen."

„Es kommt noch etwas hinzu", gab Davy zu bedenken, „die anderen Romanfiguren, die erdachten, erfundenen. Denkt sich Van Figuren aus, so werden sie alle, sogar die bösen, etwas von Van in sich haben, nicht wahr? Verstehst du, was ich damit sagen will? Wir haben alle etwas von Gott in uns, also Gottes Geist. Aber nur der eine, Jesus, ist der menschgewordene Gott. Doch Gottes Geist lebt und wirkt auch in uns, und das ist die Trinität. Verstehst du das? Gott, der Vater; Gott, der Sohn, und Gott, der Heilige Geist. Tatsächlich habe ich selbst das noch nie so deutlich gesehen und verstanden. – Möchtest du noch etwas Tee?"

Während unserer Zeit in Oxford besuchten wir in den Ferien manchmal unsere Freunde oder unternahmen längere Entdekkungsfahrten. Mitunter fuhren wir auch für einen oder zwei Tage nach London. Im Hause unseres Collegefreundes Trevor in Yorkshire erlebten wir ein lustiges Weihnachtsfest mit Familienspielen und Liedersingen in den nebligen Straßen. Einmal reisten wir mit Bee, Peter und Geraint für zwei Wochen nach Wales, wo wir bei gutem Wetter Bergtouren zum Cadr Idris unternahmen, und wenn es regnete, in einem Bauernhaus John Buchan lasen. Zusammen mit Thad liehen wir uns ein Auto und fuhren tagelang durch die liebliche Landschaft Cotswolds, wobei wir die Ruinen alter Klöster erforschten und Freunde besuchten. Unser irischer Freund Paddy O'Leary, den ich bei einem Ehemaligen-Treffen im College kennengelernt hatte, und seine reizende Frau Margaret luden uns als Paten zur Taufe ihres Sohnes zu sich ein.

Mit meinem Tischnachbarn Edmund und dem Mädchen Lore reisten wir vierzehn Tage durch Frankreich, besuchten Kathedralen, alte Römerbauten und die Höhlen von Lascaux. Wir speisten in erstklassigen Restaurants, die im Reiseführer mit Sternen versehen waren. Voller Genuß probierten wir die herrlichen Weine Frankreichs und beendeten unsere Reise mit einer fröhlichen Fahrt nach Paris, wo wir an dem ersten milden Frühlingstag mit heruntergelassenem Verdeck ankamen. Der Himmel war blau und die Parks voller Liebespaare, die Seine glitzerte in der Sonne, und Notre Dame auf der Ile de la Cité sah hinreißend vornehm aus.

Eine unserer schönsten Reisen führte uns nach Hampshire in das Elternhaus Peter Cranes, eines sehr lieben Collegefreundes und häufigen Studiobesuchers. Das riesige, verwinkelte Haus „Fritham" lag in einem großen Wald. Noch lange nach der Reise erinnerten wir uns oft daran; an den Lavendelduft im Küchengarten, den herzlichen und gastfreundlichen Major Crane und seine Frau, das schöne Wohnzimmer und das geheimnisvolle Fenster im oberen Stockwerk, zu dem kein Zimmer gehörte – oder doch nur ein kleines, zugemauertes. In einer milden, stockfinsteren Nacht unternahmen Davy, Peter und ich einen langen Spaziergang durch den alten Wald. Nach einer Weile entdeckten wir einen Feuerschein und hörten eine Mädchenstimme singen. Wir schlichen uns näher. Da sahen wir im Schein des Feuers unter den großen Bäumen ein paar Zigeunerwagen. Die Männer lagerten im Gras, und das Mädchen, dunkel und lieblich im Feuerschein, sang ein wehmütiges Lied. Man hatte das Gefühl, als sänge sie nur für sich selbst.

Doch ungeachtet all dieser interessanten Reisen und ungeachtet der Tatsache, daß wir viele Stunden in der großen „Bodleian Bibliothek“ verbrachten, das Zentrum unseres Lebens in Oxford war und blieb das Studio. Das war etwas, was Davy und ich vollständig gemeinsam hatten. Auf Kosten unserer Gemeinsamkeit hatten wir uns von Anfang an entschlossen, alles kennenzulernen, was die Universität an außergewöhnlichen Reichtümern bot.
Irgendwie ahnten wir alle, daß diese wunderbare Zeit in Oxford bald ihr Ende finden würde. Lew und Mary Ann drückten es eines Abends so aus: „Weißt du, jetzt ist eine Zeit des Aufnehmens: Freundschaft, Unterhaltung, Fröhlichkeit, Weisheit, Wissen, Schönheit, Heiligkeit. Später, nun dann wird die Zeit des Abgebens kommen.“
Später, das war die Zeit, als wir überall in der ganzen Welt verstreut lebten. Deswegen mußten wir jetzt die Stärke, den Reichtum, alles was Oxford uns gegeben hatte, aufspeichern, um später davon zu zehren. Hier war Oxford wie eine Mutter für uns alle, die schöne Dinge austeilt. Wir konnten nehmen, was wir wollten. Und wir, Davy und ich, wollten uns die Erinnerung an all die Menschen hier als eins dieser schönen Dinge mitnehmen.
Eine Beschreibung unseres Lebens als Christen in Oxford wäre unvollständig, würde ich darauf verzichten, den überragenden Einfluß von C. S. Lewis auf unseren ganzen Freundeskreis zu erwähnen. Oft holten wir ein Buch von Lewis, um einen Abschnitt daraus zu lesen, oder wir gebrauchten Zitate aus seinen „gesammelten Werken“ in unseren Unterhaltungen.
Wir zitierten oft die „roten Busse“ und meinten damit den roten Bus, den der Unterteufel benutzte, um den Mann im Britischen Museum von gefährlichen Gedanken über Gott abzulenken. Für uns symbolisierten die „roten Busse“ die Trennung der „realen Welt“ von der wirklichen Realität Gottes. Im Scherz nannten wir Lewis unseren „Vater auf Erden“, wobei wir gewöhnlich mit einem Blick nach oben: „Verzeih, Majestät!“ sagten.
Es gab viele Bezugspunkte zu den Personen aus dem Lewis-Buch „Die große Scheidung“, besonders zu diesem salbungsvollen Bischof, der nicht glauben wollte. Oft sagte jemand von uns: „Oh,

als Christ vergebe ich dir natürlich, aber es gibt Dinge, die kann man nie vergessen!" Manchmal sagten wir es mit Selbstkritik, manchmal aber auch ernsthaft und fragend, wenn wir dachten, daß einer von uns vielleicht nicht wirklich vergeben konnte. Und manchmal sagten wir es im vollen Bewußtsein freudiger Vergebung als eine Art leuchtender „himmlischer Ironie".

Alle unsere Freunde und Bekannten, Christen oder nicht, brachten ihre Freunde mit, wenn sie zu uns kamen, – manchmal nur auf einen Sprung, manchmal für Stunden. Wir unterhielten uns über alles mögliche. Früher oder später aber kamen wir im Gespräch immer wieder auf die letzten Dinge und das Christentum. Nirgendwo sonst gab es solche Gespräche wie in „St. Udio", wie wir das Studio manchmal nannten. Gespräche, die fröhlich und zur selben Zeit ernst waren. Keiner von all unseren Besuchern hat das Studio jemals ganz vergessen: mit den im Hintergrund läutenden Glocken Oxfords, die wir gar nicht mehr bewußt wahrnahmen, und mit dem Regen, der auf das Oberlichtfenster prasselte.

Und dann das Abschiednehmen, so wie es Julian in seinem Gedicht beschreibt: Wenn man die enge Treppe hinunterging und auf die Pusey Lane hinaustrat, um den weggehenden Freund mit „Aufwiedersehen! Gute Nacht! Geh in Gottes Frieden!" zu verabschieden. Dieser Abschiedsgruß stammt von Charles Williams, und wir alle gebrauchten ihn – sogar noch Jahre später. Das Licht umgab die Gaslaterne wie ein Heiligenschein, und im dichten englischen Regen, der die Straße wie mit einem Schleier einhüllte, glänzten die runden Pflastersteine. „Gute Nacht! Geh in Gottes Frieden!" Und der Freund antwortete dann vielleicht: „Gott schütze dich. Gute Nacht!"

Natürlich besuchten auch wir Freunde und Bekannte. Wir gingen auf Partys im College, wo es Glühwein am Kamin gab, oder besuchten Freunde in Nord-Oxford. Aber das Studio lag so zentral, daß irgend jemand eigentlich immer dort vorbeikam. Deshalb erklang der Türklopfer Tag und Nacht, und alle Besucher waren uns immer willkommen, d. h. einmal nicht.

Wir waren spät aufgestanden und dementsprechend schlecht gelaunt. Die Wohnung war ein Durcheinander von schmutzigen

Tassen, Gläsern und Büchern, die überall herumlagen. Durch das Oberlicht fiel ein trüber Schein in den Raum. Natürlich brannte kein Feuer, und es war ungemütlich kalt. Schließlich raffte ich mich auf, ging nach unten und holte Kohlen, um Feuer zu machen. Als ich gerade damit beschäftigt war, passierte folgendes: Davy schaltete den Staubsauger ein, und alle Sicherungen brannten durch. Und weil sich in diesem Augenblick gerade der Wind drehte, strömte der ganze Rauch in das Zimmer. Wir tapsten im Zwielicht herum, traten auf Kaffeetassen, schleppten Wassertöpfe, um das Feuer zu löschen. In diesem Moment ertönte der freundliche Klang des Türklopfers. Davy und ich sahen uns durch den Rauch mit entsetzten, rot umränderten Augen an, und in unausgesprochener Übereinstimmung bewegten wir uns nicht. Es klopfte wieder. Wir rührten uns nicht. Unser Besucher – ich weiß bis heute nicht, wer es war – gab auf. Schritte entfernten sich. Vielleicht war es Jesus selbst gewesen.
Obwohl so viele Leute ins Studio kamen, achteten wir streng darauf, uns einander nahe zu bleiben; vor allem hielten wir uns an unsere alte Regel, in der freien Natur Zeit für einander zu haben. So gingen wir bei jedem Wetter spazieren und sprachen dabei über alles, was uns bewegte. Oder wir ruderten in einem Kahn auf dem Fluß. Im Frühling und Sommer nahmen wir einen Gedichtband mit oder auch „Der Wind in den Weiden“ und gingen hinaus auf einen schönen Grashang am Cherwell, um zu lesen und dann darüber zu sprechen. Wir waren inzwischen ja Christen, aber wir waren es eben beide, und stimmten in allem, was wir tun wollten, absolut überein. Alle Prinzipien der „Strahlenden Festung“ schienen wie in alten Tagen zu funktionieren. So verloren wir nicht den Kontakt zueinander und erfaßten in wortloser Kommunikation schnell alles, was einen von uns stören könnte und was man dagegen tun konnte.

Eines Abends kam C. S. Lewis zu uns ins Studio zum Abendessen. Es war im Sommersemester oder in den Sommerferien. So bestand keine Gefahr, daß unser Kamin qualmen könnte. Lewis kam und zwängte sich die enge Treppe hinauf. Seine volle, herzliche

Stimme brachte die Wände zum Wackeln. Nach dem Sherry aßen wir Lammfleisch und neue Kartoffeln. Es war ein großartiger Abend.
Wir unterhielten uns fröhlich über den Ursprung bestimmter Wörter und ihren unterschiedlichen Gebrauch in England und Amerika; u. a. darüber, daß einzelne Redewendungen oder Wortformen, die in England als sehr altertümlich nicht mehr gebraucht wurden, in Amerika noch durchaus zur Alltagssprache gehörten. Davy erwähnte den Gebrauch alter Wörter und den leichten Cockney Akzent der Chesapeake Inselbewohner, den wir kennengelernt hatten, als wir dort mit der „Graugans" segelten. Lewis schien an unseren Segelabenteuern interessiert zu sein, und so unterhielten wir uns über Boote. Er blieb ziemlich lange, und schließlich kamen wir auch auf ein ernsteres Thema zu sprechen. Es ging um die Bedeutung des Gebetes. Davy fragte ihn nach seiner Meinung zu Gebeten an die Jungfrau Maria. In diesem Zusammenhang muß man bemerken, daß sich Lewis nie auf die Unterschiede zwischen High und Low Church einlassen oder sie gar bewerten wollte. Dennoch meinte er, daß man die Zeit, in der man Maria um Hilfe bittet, besser nutzt, indem man unmittelbar Gott selbst anruft.
Wir sprachen auch über das fürbittende Gebet um die Bekehrung eines anderen. Uns ging es darum, ob solche Gebete nützlich sind, denn erstens müßte doch Gott die Bekehrung selbst wünschen und zweitens würde man damit ja die freie Willensentscheidung eines jeden in Frage stellen. Aber wie auch immer: Lewis war sich vollkommen sicher, daß wir diese Fürbitte tun sollten und müßten. Er hätte hinzufügen können, man müsse so dafür beten, wie er und Davy für mich gebetet hatten.
Als er sich schließlich verabschiedete, gingen wir beide mit ihm auf die Straße und begleiteten ihn ein Stück auf seinem Weg zum „Magdalen College".
Das Sommersemester in jenem Jahr war außergewöhnlich schön. Eines Morgens im Mai, kurz nach Sonnenaufgang, saßen wir mit Freunden in einem Flußkahn unterhalb des „Magdalen Towers" und hörten zuerst das Lied einer verspäteten Nachtigall und un-

mittelbar darauf von der Spitze des hohen Turmes die klaren Stimmen der Chorknaben, die ihr lateinisches Madrigal sangen. Nach ihrem Gesang läuteten die Turmglocken, um den Maienmorgen zu begrüßen. Wir ließen uns den Fluß hinuntertreiben, während wir unser Frühstück verzehrten – immer begleitet vom Klang der großen Glocken.

Eines Sonntags, als die Maibäume in voller Blüte standen, wanderten wir mit Peter und Bee über die Wiesen zu dem winzigen Dorf Binsey. Wir gingen die lange Buchenallee entlang und wollten eigentlich die Frühmesse in St. Margaret besuchen, wie wir es schon lange geplant hatten. Aber wir hatten uns wohl in der Zeit geirrt, denn außer uns war niemand da. So entschlossen wir uns, unseren eigenen kleinen Gottesdienst zu halten. Davy spielte die kleine Orgel. Peter las die erste Lesung und ich die zweite. Dann knieten wir alle nieder und beteten das allgemeine Sündenbekenntnis. Daß Gott uns die Absolution erteilen würde, darauf vertrauten wir fest. Schließlich sangen wir einen Choral, und Bee hielt uns eine ganz außergewöhnliche Predigt, die etwa eine Minute dauerte und sich mit der Nächstenliebe beschäftigte. Am eindrucksvollsten war für mich das „Te Deum laudamus“. Unsere Stimmen erfüllten die kleine Kirche, als wir das „Du bist der König der Ehren“ anstimmten. Nach diesem Gottesdienst fühlten wir uns genauso wie nach einem richtigen Gottesdienst.

In der Erinnerung an jenen ersten Advent, als Davy Christ geworden war und ich in einer heiligen Nacht beinahe auch, schrieb ich das letzte meiner Oxford-Gedichte. Auch diesmal hatte Davy kräftig dabei geholfen.

Advent

Zweitausend Jahre gehn dahin, und unser Herr
leidet noch immer dort am Kreuz den Schmerz,
der endlos ist. Noch heute treffen unser eigen Herz
grausame Nägel und bohrender Speer.

Kalt bricht die dunkle Nacht herein,
und Finsternis regiert die wüste Welt,

wenn Dunkelheit sie jäh befällt,
und sie verschlingt und tilgt des Lichtes Schein.

Doch selbst wenn Schmerz und Tod,
Marias Tränen und des Heilands Todesschrei
auch weiterleben; über jenem Grab
strahlt hell wie eine Neugeburt das Morgenrot,
das Dunkelheiten reißt entzwei
und neues Leben bringt, obwohl er starb.

Nach dem Sommersemester verließen uns einige Freunde, unter ihnen auch Julian, der traurig über den Abschied, aber gehorsam überall dorthin ging, wohin ihn sein Kloster schickte. Für uns bedeuteten die großen Ferien und der frühe Herbst eine Zeit intensiver, wissenschaftlicher Arbeit. Trotzdem kamen unsere Freunde, die zurückgeblieben waren, nicht zu kurz.
Im Herbst näherte sich schließlich auch das Ende unserer Zeit in Oxford. Wir sollten im Winter nach Amerika zurückkehren. Julian, der nun wieder in seinem Kloster war, schrieb uns, daß er sich nach Oxford zurücksehnte. Ausdrücklich sprach er von Davys Eifer, jener Wesensart, die ihr eigentliches Ich auszumachen schien. Er schickte uns folgendes Gedicht:

Abend

Manchmal zünd ich die Pfeife an,
der Herbstabend ist lang
und kühl, vergangen ist Sommergesang,
Gedanken fliegen dann zurück
und sehnen sich nach jenem Glück
bei Van und Jean im Studio am Kamin.
Wir sprechen vom Gebet.
Den Regen und der Gaslaterne Schein
hüllt still und sanft der Nebel ein,
wie unsern Menschensinn,
der klar nur ist für Ihn.

In jenem Herbst gingen wir oft in unser Stammlokal „The Lamb and Flag“. Dort saßen wir in einer gemütlichen Ecke, tranken Dunkelbier und unterhielten uns. Und uns wurde bewußt, daß wir zwei wieder allein sein würden. Der traditionsgeprägte mittelalterlich-graue Zauber Oxfords würde für uns in weiter Ferne versinken, aber wir, wir würden weiterleben; wir würden zusammensein und uns gegenseitig stärken. Jeder von uns wußte, was es bedeutete, in Oxford Christ zu sein, so wie wir wußten, wie man außerhalb dieser Stadt als Nichtchrist lebte. Aber von jetzt an würden wir als Christen woanders hingehen – nach Virginia, genau gesagt – und das würde neu für uns sein. Doch Gott in seiner Liebe würde uns begleiten, und so konnten wir es wagen.

Wir sprachen über unsere Jahre in Oxford immer aus der „Wir-Perspektive“. Wieviel, wie unbeschreiblich viel Freundschaft und Liebe hatten wir beide gemeinsam dort erlebt, trotz der vielen neuen Freunde. Wir dachten an all die gemeinsamen fröhlichen Stunden, wenn wir in den Parks spazierengegangen oder mit dem Zug irgendwohin gefahren waren, wenn wir am Cherwell im Gras gelegen hatten, zum „Barsch“ oder zur „Forelle“ hinausgewandert waren. Welch überwältigende Erfahrung war für uns beide in Oxford die Begegnung mit Christus gewesen.

Wir fühlten beide, daß wir viel Zeit nur für uns brauchten, um – vielleicht auf einer einsamen Insel – wieder und wieder darüber zu sprechen, wie wir Oxford und Christus, die „Graugans“ und die „Strahlende Festung“ miteinander verbinden konnten. Ob sich unsere heidnische Philosophie und die christliche Wahrheit irgendwie auf einen Nenner bringen ließen? Damals nahmen wir uns vor, uns in ein oder zwei Jahren für mehrere Monate irgendwo aufs Land zurückzuziehen und dort alles neu zu bedenken.

Voller Sehnsucht dachten wir an das verlorene Glenmerle. Den Platz, den wir finden wollten, vielleicht in England, vielleicht in Virginia, nannten wir „Ladywood“. In „Ladywood“ würden wir im Gespräch wieder zu uns selbst finden und den Kurs für unsere Zukunft abstecken. Wir dachten nach wie vor in den Begriffen der „Graugans“, aber wir waren nicht sicher, ob das so bleiben

könnte. Auf jeden Fall war es einfach notwendig, daß wir unsere alte Gemeinsamkeit wiederherstellten.
Bei unseren Gesprächen dort in dem „Lamb and Flag“ hatten wir immer das Gefühl, daß die Zeit in Oxford für uns vorüber war. Und merkwürdigerweise zweifelten wir nicht daran, daß dies auch der absolut richtige Zeitpunkt dafür war. Da wir in Oxford nicht viel über unsere Zukunft gesprochen hatten – wir waren einfach von der Gegenwart viel zu stark beansprucht gewesen –, kam es uns vor, als würden wir einander wieder ganz neu entdecken.

Plötzlich war er da, unser letzter Tag in Oxford. Am nächsten Morgen würden wir noch bei Edmund Dews zum Frühstück sein, und dann würde er uns schon zum Zug nach London bringen. Dort wiederum hätten wir gerade noch genug Zeit, um in meinem Club „Oxford and Cambridge“ auf der Pall Mall zu Mittag zu essen, ehe uns der Zug mit dem schönen Namen „Rote Rose“ nach Liverpool bringen würde. Und bei Anbruch der Nacht würde schließlich unser Schiff in den weiten und winterlichen Nordatlantik hinaussteuern.
Aber nun war unwiderruflich unser letzter Tag in Oxford da. Ein sonniger Wintertag. Am Nachmittag wollten wir uns von Freunden verabschieden und in der Nacht noch einmal durch die leeren Straßen Oxfords gehen. Gerade als wir in der High Street ankamen – der wohl schönsten Straße der Welt –, fingen die Glocken von „St. Mary the Virgin“ an zu läuten, als ob sie uns verabschieden wollten.
An jenem letzten Tag traf ich mich mit C. S. Lewis im „Eastgate“ zum Mittagessen. Ich erinnere mich, daß wir über den Tod sprachen, oder besser über das Leben nach dem Tod. Doch wie das auch immer vor sich gehen würde, wir kamen zu dem Schluß: „Warum haben wir uns bloß Gedanken gemacht? Natürlich ist es so. Wie könnte es überhaupt anders sein.“ Wir mußten beide bei diesem Gedanken lachen. Ich meinte, es wäre so etwas wie ein „Nach-Hause-Kommen“, und Lewis stimmte mir zu. Er wünschte sich, daß Davy und ich bald einmal nach England zurückkommen würden, damit unser Kontakt auch in Zukunft erhalten blieb.

„In jedem Fall“, sagte er mit einem freundlichen Lächeln, „werden wir uns wieder treffen, hier – oder dort.“ Dann war es Zeit zu gehen, und wir leerten unsere Krüge.
Als wir in die belebte High Street einbogen, gaben wir uns die Hände, und er verabschiedete sich mit den Worten: „Ich sage nicht ‚Lebewohl‘, sondern ‚Aufwiedersehen‘, und meine es auch so. Denn wir werden uns bestimmt wiedersehen.“ Dann verschwand er im Verkehrsgewühl. Ich blieb stehen und sah ihm nach.
Als er den Fußweg auf der anderen Straßenseite erreicht hatte, drehte er sich um, als wüßte er genau, daß ich noch dort vor dem „Eastgate“ stand. Dann rief er mit einer Stimme, die den Lärm der Autos und Busse übertönte, die viele Passanten verwundert aufsehen ließ und mindestens einen Autofahrer ins Schleudern brachte: „Und außerdem, Christen sehen sich nie zum letztenmal!“

Kapitel 6

Die zerbrochene Festung

Es war tiefer Winter, als wir Lynchburg in Virginia erreichten. Als dann das neue Jahr begann, zogen wir zusammen mit unserem fröhlichen Collie-Mischling Flurry in einen wahrhaft düsteren Bungalow. Das Haus nannten wir schon nach dem allerersten Blick „Villa Trostlos“, denn es lag in einer Straße mit bemerkenswert trostlos und düster aussehenden Häusern. Wir hatten kein Auto, aber zum Lynchburg College, an dem ich unterrichtete, war es nur ein kurzes Stück, und auch die Geschäfte und unsere Kirche lagen in der Nähe unserer Wohnung. Wir waren nach Hause gekommen. Oder war es umgekehrt? Hatten wir nicht vielmehr mit England und unserem geliebten Oxford auch unser Zuhause verlassen, um in ein fremdes Land zu gehen? Mir kam es fast so vor.

Wir litten in der Tat unter dem, was man einen „Kulturschock“ nennen könnte, und das um so verheerender, weil er für uns so unerwartet kam. Als wir nach England gingen, hatten wir nichts dergleichen erlebt.

Aber nun waren wir geschockt und entsetzt. Die hiesige Tageszeitung, nach der gewohnten „Times“, war unglaublich. Amerikanisches Bier war zu kalt und enthielt viel zuviel Kohlensäure. In den Häusern war es zu heiß, außerdem sahen sie schäbig aus. Das Gras war nicht richtig grün. Die Studenten am College waren überhaupt keine richtigen Studenten, und ihre Bildung war höchst mangelhaft.

Kurz nach unserer Rückkehr sprach ich vor dem Frauenclub im College. Aber alles höfliche Willkommenslächeln erstarb auf den Gesichtern meiner Zuhörerinnen, als ich anfing, über die barbarischen amerikanischen Sitten zu spotten: das Autohupen, mit dem man Freunde begrüßt, die schrecklichen Trink- oder auch Antitrinkgewohnheiten und nicht zuletzt McCarthys Antikommunis-

mus. Im Hinblick auf diese antikommunistische Hysterie berichtete ich von einem Erlebnis aus Oxford: Als wir dort eines Abends die Broad Street hinaufgingen, sahen wir eine kleine Ansammlung von Leuten, die – zum Teil belustigt – einem Kommunisten zuhörte. Er stand auf einer Kiste, von wo aus er hochtrabende Reden schwang, immer wieder von einem Faschisten unterbrochen. Ein Polizist stand dabei und beobachtete das Ganze. Als es so aussah, als wolle der Faschist handgreiflich werden, bahnte sich der Polizist einen Weg durch die Massen, legte seine große Hand auf die Schulter des aufgebrachten Faschisten und sagte besänftigend: „Na, na, Mann, laß ihn doch ausreden."
Weil wir von England und dem hochkultivierten Oxford so fasziniert waren, traf uns dieser Kulturschock besonders hart. Uns mißfiel einfach alles. Überall fanden wir es zu heiß – in Zügen, Bussen, Häusern –, einfach unerträglich heiß. Dazu dann unsere Kleidung aus Tweed und Flanell. Ich riß die Klassenfenster weit auf. Aber dann zitterten die Studenten wie Espenlaub und beklagten sich. Wenigstens zu Hause drehten wir den Thermostat ganz zurück und zündeten uns ein gemütliches Kohlenfeuer im Kamin an. Wir tranken „richtig Tee", morgens, mittags und abends, und eine Zeitlang versuchten wir sogar, die englischen Mahlzeiten einzuführen.
Das Gedicht „Exil" von Theodore Maynard entsprach vollkommen unseren Gefühlen, und wir sagten mit seinen Worten: „Englische Luft mein Atem war, verlieh mir Leben Jahr um Jahr." Wir schrieben heimwehkranke Briefe an unsere Freunde, die noch in Oxford waren, und erhielten ebensolche sehnsüchtigen Briefe von allen, die wie wir Oxford verlassen hatten und nun ziemlich unglücklich in Kansas oder Kenia lebten.
Im Sommer dann waren wir überrascht von den wildwuchernden Pflanzen, dem üppigen Gestrüpp und der fürchterlichen Hitze. Früher hatten wir das nie so bemerkt. Aber jetzt erschien uns Virginia tropisch, fast wie im Dschungel. Unsere Abneigung gegen die amerikanische Umgebung und die Sehnsucht nach England brachten Davy und mich wieder sehr eng zusammen. Wir mußten uns einfach gegenseitig stärken und trösten.

Neben unserem „Kulturschock" erlebten wir zu allem Unglück auch noch einen religiösen Schock. In Oxford hatten wir uns an Lynchburg als eine Stadt der Kirchen erinnert. Vielleicht nicht ganz so ehrwürdige und wunderbare Kirchen wie in England, aber doch mit Gemeinden, in denen der Heilige Geist wirkte und die auf der Suche nach einem Leben mit Christus waren. Zugegeben, damals hatten wir uns um dieses lebhafte, christliche Leben nicht sonderlich gekümmert; aber damals waren wir ja auch noch keine Christen gewesen. Nun plötzlich sah alles ganz anders aus. Natürlich gingen die Leute zur Kirche, aber sie unterhielten sich vor allem über den geselligen Klub für Ehepaare oder die radikalen Rassenansichten des Bischofs. Natürlich war Christus auch in diesen Kirchen, irgendwie und irgendwo. Aber er war nicht leicht zu finden.
Noch erschreckender wirkte auf uns das Abwerten des Glaubens auf einige christliche Moralvorschriften, wie es von vielen praktiziert wurde. „Ja", sagten diese Ungläubigen, die sich selbst Christen nannten, „ja, Christus war in der Tat der göttliche Sohn Gottes, so wie wir alle auch Gottes Kinder sind. Natürlich gab es eine Inkarnation, jeder von uns ist eine Inkarnation Gottes. Wenn Johannes oder Paulus etwas anderes sagen, dann muß man das nicht so wörtlich nehmen. Wunder? – Nun ja, wir wissen zufällig, daß Gott so nicht handelt. Nein, natürlich kommt unser Wissen über Gottes Handeln nicht aus der Bibel, aber wir wissen es trotzdem. Es gab keine Auferstehung, außer in einer sehr, sehr geistlichen Weise, was auch immer diese naiven Apostel gesehen haben wollen. Natürlich sind wir Christen, wie können Sie daran zweifeln? Aber natürlich sind der Buddhismus und der Islam wie alle Religionen außer der katholischen Kirche gleichberechtigt und gleichrangig. Wahrheit? Was ist Wahrheit? Und was hat die Wahrheit damit zu tun?"
Alles das war für uns, die wir den „alten" christlichen Glauben angenommen hatten, sehr deprimierend. Nicht mehr den starken roten Wein des Glaubens gab man uns zu trinken, sondern Pampelmusensaft. Der Glaube war zu stark: der Wein mußte in Wasser zurückverwandelt werden. Zu anderen Zeiten hatten sich Leute,

die nicht an Jesus Christus glauben konnten, Deisten oder Unitarier genannt, aber aus für uns unverständlichen Gründen nannten sich diese Leute Christen, wobei sie den Glauben so weit reduzierten, daß nichts anderes übrigblieb als ein milder Theismus.
Wir beschlossen, an dem Glauben festzuhalten, den wir einmal angenommen hatten, und fingen an, über die unwandelbare und biblisch festgegründete Lehre der Kirche glücklich zu sein. Sie wurde unsere sichere Zufluchtsstätte.
Zwei Dinge waren in Oxford für uns besonders wichtig gewesen. Sie waren so ineinander verflochten, daß wir sie nicht klar voneinander trennen konnten. Das eine war der apostolische Glaube in seiner ganzen Fülle, wie er von C. S. Lewis und Charles Williams dargestellt wird. Das andere war jener hohe Grad an Bildung, Verstand und Geist, den Lewis und Williams ebenso wie auch viele andere verkörperten. Wir sehnten uns nach dem lebendigen Leben des Geistes, nach der Freude, wie sie eine ernste und zugleich fröhliche Unterhaltung schenkt, wobei es unerheblich ist, ob es dabei um Christus, Dichtung oder Geschichte geht. Wenn wir über den lebendigen Glauben an Christus sprachen, so meinten wir die Heilsgewißheit, aber wir dachten auch an die tiefsinnigen Gespräche über die Bedeutung des Wesens Christi.
Es gab vielleicht mehr Glauben in den Kirchen Virginias, als wir erkennen konnten. Glauben, der real, aber nicht ausgesprochen und nicht durchdacht war. Manchmal fragten wir uns, ob der apostolische Glaube im Protestantismus nicht sterben mußte angesichts der scheinbaren Gleichgültigkeit auf der einen und dem verwässerten Christentum auf der anderen Seite. Wir wurden von Julian getröstet, dessen Gedanken seinen tiefen Glauben verrieten, und von anderen Freunden, die über die ganze Welt verstreut lebten und unbeirrt von äußeren Einflüssen an ihrem Glauben festhielten.
Unser Haus lag in dem Gebiet der „Grace Church", einer kleinen schönen Kirche. Man hatte sie aus einem heimischen grünen Stein gebaut, der in seiner gedämpften Farbe dem Cotswold Stein sehr ähnelt. Pfarrer Jeffrey und seine Frau waren Engländer aus Cornwall, was uns natürlich sehr freute.

In der Kirche lernten wir bald eine Nachbarin kennen, Miß Preston Ambler. Sie war nicht nur eine gebildete Frau, sondern auch eine bewußte Christin. Dazu kam noch Shirley Rosser, ein Physikprofessor am College und ein gläubiger Anglikaner. Weil er wie Peter und Lew Physiker und Christ war, begann ich darüber nachzudenken, warum so viele Physiker – außer diesen dreien kannte ich noch mehrere – entschiedene Christen waren. Dabei bastelte ich mir folgende Theorie zurecht: Leute, die keine Naturwissenschaftler sind, werden immer sagen, wir kennen die Antwort auf die letzten Dinge nicht. Das ist eine Sache der Naturwissenschaftler. Und die Naturwissenschaftler, die keine Physiker sind, erklären, wir kennen diese Antwort auch nicht. Das ist eine Angelegenheit der Physiker. Die Physiker ihrerseits wissen, daß sie die Antwort auf die letzten Fragen nicht haben, und folglich wenden sie sich an Christus, der die Antwort hat.
Wir schlossen uns einem mehr weltlichen Freundeskreis im College an, der zwar nicht brennend am Christentum interessiert war, aber zu dem doch geistreiche und gebildete Leute gehörten, die sich für Bücher und Kultur überhaupt interessierten. Zu diesen Freunden zählte auch Belle Hill; eine Frau, die ihren Ehemann ein oder zwei Jahre vorher verloren hatte und nun bewußt und tapfer als Lehrerin im College ihr neues Leben führte. Sie wurde uns eine gute und vertrauensvolle Freundin.

Allmählich arrangierten wir uns mit unseren neuen Lebensverhältnissen, obwohl wir nach wie vor nicht gerade glücklich darüber waren. Ich hatte einen ziemlich schwierigen Unterrichtsplan am College, und im März bekam Davy eine Stelle in der Buchhaltungsabteilung unserer Bank. Sie übernahm auch eine Gruppe in der Sonntagsschule der „Grace Church“. Auf diesen Unterricht bereitete sie sich immer sehr gründlich vor. Wir gingen regelmäßig zur Kirche, und manchmal besuchten wir auch mit unserem Pfarrer eine andere Kirche, wenn er dort eine Abendandacht hielt. Zu Hause hielten wir morgens und abends eine Hausandacht, lasen Texte aus dem „Prayerbook“ und beteten.
Eines Tages Anfang März erwähnte ich in einer Stunde über Kul-

turgeschichte, daß kein Autor – wie überhaupt kein Mensch – jemals ganz objektiv sein könne und daß man seine charakteristische Eigenschaft oft an der Wahl seiner Adjektive ablesen kann. Unter meinen Beispielen war das eines „erleuchteten Kaisers“ von China, der an seiner eigenen Religion zweifelte und Missionare anderer Religionen nach China einlud, damit sie ihren Glauben lehrten. Die Klasse reagierte mit Verwirrung. Der Kaiser, sagte ich, kann „geistig offen“ genannt werden, aber ihn „erleuchtet“ zu nennen, sei einfach falsch. Denn „erleuchtet“ zu sein, heißt doch, das Licht der geistlichen Wahrheit zu besitzen. Wenn der Kaiser aber an gar nichts glaubt, dann ist der Autor entweder unsorgfältig bei der Wahl seiner Formulierungen oder er meint, daß gerade der das Licht der Wahrheit besitzt, der an überhaupt nichts glaubt. Für den Rest der Stunde gab es eine aufgeregte Diskussion. Ein Mädchen, eine sehr gute Studentin, beharrte auf seiner Ansicht, daß der Kaiser doch irgendwie erleuchtet sei. Nach der Stunde fragte sie mich, ob sie am Abend zu mir nach Hause kommen könnte, um dort weiter darüber zu sprechen.
Sie kam. Und gemeinsam mit Davy diskutierten wir die Sache. Unausweichlich kamen wir in unserem Gespräch auf die Art der Erleuchtung, den alten apostolischen, christlichen Glauben, so wie wir ihn in Oxford erfahren hatten. Das Mädchen gehörte zu jenen „Namenschristen“ der „liberalen“ oder verwässerten Art. Jetzt war sie fasziniert von der Vorstellung eines Christentums, das zugleich auf einem hohen geistigen Niveau und herrlich und vielleicht wahr sein könnte. Ob sie wohl mit ihrem Freund wiederkommen dürfte? Natürlich durfte sie.
So war völlig ungeplant unsere christliche Gruppe entstanden. Zu dem Mädchen und ihrem Freund kamen noch ein Dutzend Studenten. In jeder Woche versammelten sie sich bei uns und waren uns willkommen. Manche blieben irgendwann einmal weg, dafür nahmen andere ihre Plätze ein. Wir hatten die Gruppe nicht gegründet. Sie war einfach entstanden, lebte und arbeitete weiter, so wie es sich gerade ergab. In unser Tagebuch schrieb ich freilich, daß wir „voller Ehrfurcht und Freude“ waren: ehrfürchtig vor dem Werk des Heiligen Geistes; freudig, daß Gott uns gebrauchte.

Es war „Der große Tanz“, um es mit den Worten des von uns so sehr geliebten Charles Williams zu sagen.
Viele dieser Studenten wurden Christen; im Laufe der Jahre sogar sehr viele. Wir lasen Werke von C. S. Lewis, von Charles Williams und Dorothy Sayers. Wir diskutierten über den apostolischen Glauben und beantworteten Hunderte von Fragen. Wir mokierten uns aber auch über die geistige Unbeweglichkeit und die rührselige Sentimentalität einiger protestantischer Kreise, wie über die mit so viel Nachdruck vertretene Ansicht, daß Alkoholtrinken in jedem Fall eine Sünde sei. Dagegen war „unser“ Christentum sonnig und fröhlich; es vertrug Humor und Freudigkeit und war doch zur selben Zeit ernsthaft und großartig. So lachten und scherzten wir, tranken zusammen Wein und bemühten uns, gleichermaßen den Verstand wie das Gemüt unserer Studenten anzusprechen. Auf diese Weise entdeckten sie allmählich einen Christus, dessen Realität hell erstrahlte und leuchtete.
Davy und ich ergänzten uns durch unsere Übereinstimmung im Geist und in der Liebe beinahe vollkommen. Zweifellos war ich es, der nachdrücklich intellektuelle Schärfe und Logik verlangte, wie ich es von C. S. Lewis gelernt hatte. Davy aber, die „eifrig Liebende“, ließ allen in besonderer Weise die Liebe Gottes spürbar werden. Wir fühlten beide, daß zu diesem Zeitpunkt diese Gruppe unsere Berufung und Aufgabe war. Wenn wir und die Studenten am Ende eines Abends im stillen Gebet niederknieten – wobei wir nur die Anfangsworte „Im Namen des Vaters und des Sohnes und des Heiligen Geistes“ und das geflüsterte „Amen“ am Ende jedes Gebetes laut sagten –, so schien das Zimmer, das dann nur vom Feuerschein erleuchtet war, mit der Heiligkeit Gottes erfüllt zu sein.
Auch Flurry, die als Tochter von Gypsy unser früherer Bordhund auf der „Graugans“ gewesen war, gehörte zu unserem Team. Sie brachte die Studenten zum Lachen, die ihren Gehorsam und ihre Intelligenz bestaunten.
An einem unserer Gruppenabende lag Flurry mitten im Zimmer, und ich erzählte eine wahre Geschichte von Flurry und Gypsy, mit der ich die schwierige Lehre vom Sündenfall und der Erbsünde er-

klären wollte. Während ich die Geschichte erzählte, richtete sich Flurry – jedesmal, wenn ich ihren Namen nannte – lauschend auf. Hier ist die Geschichte, die ich damals erzählte und am nächsten Tag aufschrieb:

Der Sündenfall

Gypsy, ein struppiger, weizenfarbener Collie, hatte sich zur Herrin über mehrere hundert Hektar Hügel- und Waldlandschaft erhoben. Dort gab es viele gute Dinge: Kaninchenspuren und Flüsse, verwinkelte, tiefe Erdhöhlen und noch sehr viel mehr, worüber sie sich freuen konnte. Sie hatte ein gemütliches Bett und bekam gutes Futter. Vielleicht nahm sie das alles als ziemlich selbstverständlich hin. Aufgaben und Pflichten hatte sie fast gar keine. Freilich wurde von ihr erwartet, daß sie ihrem Herrn diente und ihm Freude bereitete. Sie wußte, daß sie keine Hühner jagen durfte, daß sie bestimmten Befehlen folgen mußte und daß sie dann zu kommen und sich hinzulegen hatte. Aber es gab keine sinnlosen Befehle und keine häßlichen Tricks. Außerdem entsprach das Gehorchen und Dienen durchaus ihrer Hundenatur.
Eines Tages, als Gypsy auf dem Hügel hinter dem Quellhaus und der Wiese herumstrolchte, geschahen zwei Dinge gleichzeitig: Ihr Herr rief sie, und ein Kaninchen hoppelte quer über den Hügel. Gypsy machte kehrt und jagte zu ihrem Herrn, so wie sie es immer getan hatte. Doch plötzlich hielt sie an. Vielleicht mußte sie ja nicht unbedingt gehorchen? Vielleicht verstand ihr Herr auch gar nichts von Kaninchen? Und waren das nicht überhaupt ihre Hügel? Also gehörte ihr auch das Kaninchen. Sehr wahrscheinlich war es ohnehin eine Lüge, diese Behauptung, daß alles, auch sie selbst, dem Herrn gehörte. War es wirklich ganz sicher, daß ihr Futter und alle Annehmlichkeiten ihres Hundedaseins von ihm kamen? Wahrscheinlich gab es für alles irgendeine ganz natürliche Erklärung. Sie war ein freier Hund, und damit genug. Wieder kam der Befehl des Herrn, während das Kaninchen die Hügelkuppe überquerte. Da drehte sich Gypsy um und jagte hinter dem Kaninchen her. Sie hatte ihre Wahl getroffen. Nichts hatte sie daran gehindert, sich zwischen zwei Möglichkeiten frei zu entscheiden.

Stunden später kam sie nach Hause. Sie sah, daß ihr Herr auf sie wartete. Aber sie sprang nicht fröhlich zu ihm, wie sie es immer getan hatte. Es lag etwas Neues in ihrem Verhalten: das Bewußtsein von Schuld. Sie kroch wie eine Schlange zu ihm. Zweifellos bereute sie in diesem Augenblick ihr Verhalten. Aber sie hatte gleichzeitig ein neues Wissen, das Wissen um die Möglichkeit der Sünde. Und irgendwie genoß sie diese neue Erregung in ihrem Herzen und diesen neuen Geschmack auf ihrer Zunge. Dennoch war sie am nächsten und dem folgenden Tag sehr gehorsam. Aber schließlich kam wieder ein Kaninchen – und da zögerte sie nicht einmal mehr. Bald genügte einfach die Möglichkeit, daß ein Kaninchen kommen könnte, und dann brauchte sie nicht einmal mehr das Kaninchen, um jetzt ihre eigenen Wege zu gehen.

Ihr Herr liebte sie immer noch, aber er vertraute ihr nicht mehr. Deswegen wurde sie in ein Gehege gesperrt, und bei Spaziergängen kam sie an die Leine. Ihre Freiheit hatte sie verloren. Von Zeit zu Zeit freilich gab ihr Herr Gypsy immer wieder Gelegenheit, aus eigenem, freiem Willen zu gehorchen. Hätte sie sich dabei für den Gehorsam entschieden, so hätte sie noch einmal die absolute Freiheit gehabt und ihr eigenes, großes Gelände durchstreifen können. Aber sie kehrte nicht zum Gehorsam zurück. Immer, wenn sie außer Reichweite war, lief sie weg. Ihr Herr ließ sie laufen, denn er wußte, daß der Hunger sie in ihr Gehege zurücktreiben würde. Natürlich hätte er allem ein Ende setzen können: Das Gewehr, mit dem ihre Rebellion schnell beendet gewesen wäre, stand in der Ecke. Aber solange sie lebte, konnte sie nach dem Willen ihres Herrn immer noch aus eigener Wahl zum Gehorsam zurückkehren, der für sie die Freiheit bedeuten würde.

Während einer Autoreise liefen Gypsy und ihre gute, kleine Tochter Flurry an den Rand eines Waldes. Bisher war Gypsy nur auf ihren eigenen Hügeln ungehorsam gewesen. Aber jetzt, als sie zu dem Auto zurückkam, fühlte sie plötzlich die alte Erregung. Sie kehrte um und jagte davon. Streng und eindringlich rief der Herr nach ihr. Aber nur Flurry kam sofort in gewohntem Gehorsam. Gypsy lief weiter in den dunklen Wald und hörte nicht auf den Ruf ihres Herrn. Nach stundenlangem vergeblichen Suchen und Rufen

gab der Herr traurig die Verlorene auf und kehrte mit Flurry an seiner Seite heim.
Dort lebte Flurry weiter in Freiheit und doch ihrem Herrn gehorsam. Sie war glücklich, bei ihrem Herrn zu sein, und fröhlich, wenn sie ihm Freude bereitete. Sie wußte, daß in seinem Dienst absolute Freiheit bestand, und deshalb war sie glücklich in ihrer freien Entscheidung, ihm zu gehorchen. Die verlorene Gypsy dagegen durchstreifte die Wälder und Straßen als eine Ausgestoßene, wenn sie überhaupt noch lebte. Schmutzig, verfolgt, bedroht und oft hungrig irrte sie umher und konnte den Weg nach Hause nicht mehr finden. Wenn sie Junge hatte, blieb auch ihnen der Weg nach Hause versperrt, denn Gypsys kranker und falscher Wille zum Ungehorsam hatte eine Rückkehr unmöglich werden lassen. Niemals würden sie die tröstende Hand ihres Herrn kennenlernen. Dies war der Weg, für den sich Gypsy an einem bestimmten Tag entschied und den sie immer wieder wählte, bis es plötzlich keine Wahl mehr gab.

Als ich diese Geschichte vom „Pferdehof" erzählt hatte, wollten alle Studenten Flurry streicheln. Offensichtlich hatte jeder den Sinn der Parabel verstanden. Noch Jahre später sagten einige, daß sie immer an Gypsy denken müßten, wenn vom Sündenfall die Rede sei.
Etwa zu der Zeit, als unsere christliche Gruppe entstand, schrieb ich an C. S. Lewis. Ich wollte ihm sagen, daß er uns im Grunde genommen ganz neu geschaffen hatte, denn durch seine Bücher und Briefe war unsere Bekehrung möglich geworden. Vorbehaltlos beschrieb ich meine Abscheu gegen bestimmte kirchliche Würdenträger; Männer, die eigentlich dazu berufen waren, Christus zu repräsentieren, und die weder glaubten noch die Ehrlichkeit besaßen, ihr Amt aufzugeben. Außerdem erwähnte ich noch, daß ich manchmal über mein Christsein selbst am meisten staunen müßte. Lewis antwortete mir darauf:

„Ich habe mich sehr gefreut, von Dir zu hören. Trotzdem hoffe ich, daß mein Interesse an Euch beiden nicht so anmaßend ist wie das

eines Schöpfers an seinem Geschöpf (es wäre ohnehin ein Zeugen und kein Erschaffen, vgl. Philemon 10). Mein Gefühl bei Leuten, zu deren Bekehrung ich beitragen durfte, ist immer eine Mischung aus Ehrfurcht und Angst: etwa wie ein Junge, wenn er zum erstenmal mit einem Gewehr schießen darf. Das Mißverhältnis zwischen dem winzigen Finger auf dem Abzug und dem Blitz und Donner, den er verursacht, ist erschreckend. Ebenso ruft die Ernsthaftigkeit, mit der mein Gegenüber meine Worte aufnimmt, immer Zweifel in mir wach, ob ich ihn auch ernst genug genommen habe. Sieh, wenn man Dinge schreibt, wie ich sie schreibe, ist die Gefahr besonders groß, später mit den eigenen Worten verurteilt zu werden. Deshalb betrachte ich mich einfach als einen Mitpatienten in einem Krankenhaus, der einige Ratschläge geben konnte, weil er etwas früher eingeliefert wurde.
Die Halbchristen (in Priesterkleidung), von denen Du sprichst, sind eine schlimme Plage. Unser College-Pfarrer ist auch einer von dieser Sorte. Ich freue mich, daß Ihr einen besseren Pastor in Eurer Kirche habt.
Was Du mir freilich von den Augenblicken des staunenden Zweifels schreibst, in denen man denkt: ‚Wie konnte ich nur – ausgerechnet ich – jemals dazu kommen, dieses Ammenmärchen zu glauben', so erkenne ich mich darin selbst wieder. Ich glaube, solche Gedanken schaden uns nicht. Sind sie nicht genau das Gegenteil der Erkenntnis, daß die Wahrheit einfach wunderbar ist? Für unsere Väter bestand eher die gegenteilige Gefahr. Für sie war alles absolut sicher, und das ist wahrscheinlich genauso schlecht.
Gott segne Euch beide: Ihr seid immer in mein Gebet eingeschlossen. Ich hoffe, daß wir uns eines Tages wiedersehen."
Die Augenblicke des erstaunten Zweifels an dem eigenen Glauben waren, wie Lewis sagte, im Grunde eher erheiternd. Manchmal mußte ich selbst darüber lächeln. Ich wußte natürlich, daß sie hier in Virginia – dem Ort meiner „heidnischen Vergangenheit" – leichter und stärker auftreten würden als in Oxford. Tatsächlich hatte ich hier in Virginia das Gefühl, daß Gott selbst irgendwo in Oxford wohnte, in seiner heiligen Stadt, wo er die Glocken hören konnte. Diese Augenblicke des Erstaunens bedeuteten aber über-

haupt keine Gefahr für meinen Glauben. Ganz im Gegensatz zu meinen heidnischen Gedanken, die mich irgendwie beunruhigten.

Im Laufe des Jahres wurde ich immer unruhiger, was wiederum Davy beunruhigte. Als wir noch in Oxford waren, hatten wir im „Lamb and Flag" über die Notwendigkeit gesprochen, einmal in aller Ruhe allein zu sein, damit wir unseren heidnischen Traum von Liebe und Schönheit erneuern und mit unserem Christsein in Einklang bringen könnten. Dem Ort, an dem das geschehen sollte, hatten wir den Namen „Ladywood" gegeben. Konnte denn die „Strahlende Festung" im Licht Gottes bestehen? Aber unsere „Villa Trostlos" war alles andere als „Ladywood". Es gab nur wenig Muße oder gar Alleinsein. Mit Schmerzen erinnerte ich mich an die Bilder der alten heidnischen Tage: die fröhliche Kameradschaft, an unsere Liebe zum Leben und zur Schönheit, die Hingabe an unsere Liebe, an den Schoner mit Kurs auf ferne Inseln.
Aber jetzt waren wir Christen. Davy stürzte sich mit dem ihr eigenen Eifer in den Dienst für Jesus Christus. Auch ich diente ihm: durch die Morgen- und Abendgebete mit Davy, in der Kirche, mit der Studentengruppe, mit all den Diskussionen und Gesprächen über ihn, die ich in meinen Unterricht einzubauen versuchte. Ich selbst hatte ja in Oxford in unser Tagebuch geschrieben: „Es ist nicht möglich, ‚nebenbei' Christ zu sein. Das Christentum muß für uns alles oder nichts bedeuten."
Rein verstandesmäßig akzeptierte ich diese Feststellung noch immer. Aber während Davy sie mit ihrem ganzen Sein ausfüllte, so hielt ich in meinem Bekenntnis zum Christentum etwas zurück. Für Davy bedeutete es wirklich alles - sie hielt nichts zurück. Sie legte buchstäblich ihr ganzes Leben in den Dienst für Christus. Dabei stand auch für mich der Glaube an Jesus Christus ohne Frage an erster Stelle; ich hatte seine Wahrheit voll angenommen.
Und doch wollte ich – ja, was wollte ich eigentlich? Ich wollte den schönen spitzen Bug eines Schoners, der die Wellen durchschneidet und auf dem ich mit Davy – nur wir beide mit Flurry – in Glück,

Liebe und Kameradschaft die Meere durchkreuzte. Gut, es war nichts Unchristliches an diesem Wunsch, solange Gott auch dabei war und solange wir unsere Aufgaben in seinem Dienst nicht vernachlässigten.

Doch obwohl ich diesen Gedanken nicht einmal vor mir selbst zugegeben hätte: Ich wollte Gott nicht an Bord haben. Er belastete mich zu sehr. Könnte er uns nicht aus gebührender Entfernung helfend zur Seite stehen? Ich wollte nicht immer an ihn denken. Ich wollte frei sein – wie Gypsy. Ich wollte das Leben selbst, die Farbe, das Feuer und die Schönheit des Lebens. Dann und wann auch Christus, so wie ein geliebtes Gedicht, das ich lesen konnte, wenn ich es lesen wollte. Ich wollte zu Gott gehören, aber ich wollte mich ihm nicht vollständig ausliefern. Ich wollte Ferien von der Schule Christi. Irgendwie wünschte ich mir, die „Strahlende Festung" zu erhalten, aber gleichzeitig Gott nachzufolgen. Nichts lag mir ferner, als ein Heiliger zu sein. Fast keiner dieser Gedanken war mir damals richtig bewußt; es waren nur Sehnsüchte.

Dagegen bedeutete für Davy das Leben nichts anderes als Christus. Auch sie wollte keine Heilige sein. Um an so etwas überhaupt zu denken, war sie einfach zu demütig. Sie wollte Gott dienen, und das ausschließlich und ohne jeden Vorbehalt. Der Dienst für ihn war ihre Freiheit, ihre Freude. Sie liebte mich, sie liebte unsere Gemeinsamkeit, aber das, worin für sie letztlich unsere Gemeinsamkeit bestand, das war Christus und unser gemeinsamer Dienst für ihn. Ich wußte, daß Davy so dachte und fühlte.

Voller Freude diente sie Gott und unseren Nächsten. Sie arbeitete hart und lange – für meine Begriffe zu hart und zu lange – an den Vorbereitungen für ihre Sonntagsschulgruppe. Ich wäre wahrscheinlich ganz ohne Vorbereitung in die Sonntagsschule gegangen. Allein der Gedanke an sie langweilte mich schon. Davy hätte es gern gesehen, wenn ich mich manchmal mit einigen ihrer schwierigen Jungen beschäftigt hätte. Es kam nie dazu, weil ich ganz bewußt diese ihre Wünsche übersah. Ich wußte, wie sehr sie sich über ein gemeinsames Arbeiten gefreut hätte; vielleicht hätte sich auch Gott gefreut, auf jeden Fall wäre es etwas Gemeinsames gewesen. Aber ich tat es nicht. Für meine Begriffe waren der Be-

such des Gottesdienstes, unsere Arbeit mit der Gruppe und unser Beten genug. Es ist überflüssig, zu sagen, daß ich mich nicht fragte, was ich unter „genug“ verstand. Genug, wofür?
Davy las sehr viel in der Bibel, entweder um sich auf die Sonntagsschule vorzubereiten oder weil es ihr ein wirkliches Herzensanliegen war. Es ist unmöglich für einen Christen, zum anderen zu sagen: Du liebst Gott zu viel. Oder kann man sagen: Du bist heiliger, als es nötig ist. Ich konnte solche Gedanken noch nicht einmal denken. Sie wären gefährlich gewesen. Zwar hätte ich mir das alles durchaus bewußtmachen können, aber ich flüchtete mich lieber in eine Art hilflosen Protest. Ich mochte es einfach nicht, wenn sich Davy in Jesaja oder das Johannesevangelium vertiefte. Wahrscheinlich wäre ich regelrecht froh gewesen, wenn ich sie in der Sofaecke mit einem Kriminalroman von Agatha Christie gesehen hätte.
Natürlich war auch ich davon ausgegangen, daß nun alles anders sein mußte; jetzt, wo wir Christen waren. Aber gleich so anders? Vielleicht habe ich aus nichts als einer Trotzreaktion heraus um so weniger in der Bibel gelesen, je mehr sie las. Irgend jemand hat einmal einen Märtyrer ironisch als einen Menschen bezeichnet, der mit einer Heiligen lebt. Ich hätte damals über diesen Satz nur gequält lächeln können. Denn für mich war es ein Martyrium, unfähig zu sein, etwas zu sagen, ja nicht einmal zu wissen, was man sagen sollte.
Obwohl ich also notgedrungen schwieg, wußte Davy natürlich, daß nicht alles in Ordnung war. Ich nehme an, sie betete für mich. Es muß auch sehr schwer für sie gewesen sein, über etwas so Vages, nur zu Erahnendes zu sprechen. Vor unserer Zeit in Oxford hätten wir uns zur „Kursbestimmung“ zusammengesetzt, wenn einer gemerkt hätte, daß etwas nicht in Ordnung war, daß uns etwas trennte, was unsere Liebe in Gefahr brachte. Wir hätten die ganze Angelegenheit besprochen und eventuell die Frage nach dem Anspruch der Liebe gestellt: Was ist in dieser Situation am besten für unsere Liebe? Immer war der Anspruch unserer Liebe die einzige und entscheidende Basis für unser Handeln gewesen.
Aber nun war dieser Anspruch zerbrochen. Ich habe es gewußt,

und sie muß es auch gewußt haben. Unser so perfekt geplanter Anspruch war jetzt wertlos, ohne daß wir auch nur ein Wort darüber verloren hätten. Der einzige Anspruch war nun Gott. Ganz gewiß wäre es für Davy nicht erforderlich gewesen, unsere Liebe zu „kreuzigen". Was aber, wenn es für Gott erforderlich wäre? Es könnte doch sein, daß Gott dies von ihr verlangte. Und ich konnte sicherlich nicht von mir behaupten, daß ich besser als Davy wüßte, was für das Reich Gottes erforderlich ist. Tatsächlich hegte ich den ängstlichen Verdacht, daß sie sehr viel mehr darüber wußte als ich. Und doch konnte ich nicht – auf jeden Fall weigerte ich mich, es zu tun – den ganzen Weg mit ihr gehen.

Wir beteten noch zusammen. Wir gingen zur Kirche und besprachen unsere Arbeit in der Studentengruppe. Noch waren wir ein Team und liebten uns von Herzen. Aber wir sprachen nicht mehr über das, was wir fühlten. Und doch drang das Wissen darum, daß der Anspruch unserer Liebe zerbrochen war, tief in mein Bewußtsein. Irgendwie fühlte ich, daß ich den alten Anspruch hätte stellen können. Aber es war, als ob etwas, auf das ich mich verlassen hatte wie auf meinen rechten Arm, plötzlich nutzlos geworden wäre.

Ich war zutiefst verwirrt. Früher hatte ich einmal unsere Liebe mit einer feinen Armbanduhr verglichen, die von einem Staubkorn zerstört werden könnte. Aber dies war kein Staubkorn: Es war der ewige Gott. Und die Existenz dieses Herrn und Richters empfand ich nicht als angenehm. Meine intellektuelle Übergabe an den Herrn war absolut klar; so wie bei Davy. In Oxford war alles außerdem so interessant, so herrlich und aufregend gewesen. Aber nun war es ganz anders. Langweiliger. Davy lebte einfach so, wie es ihre Bekehrung von ihr erforderte, ganz gleich, wohin sie dadurch auch geführt wurde. Aber für mich war das ja gerade die Schwierigkeit: Wohin führte mich die Bekehrung? Ich war bereit, in einem Spiel „Christen gegen Atheisten" zu spielen. Ich war bereit, meine Lehnstreue unter dem Kreuz niederzulegen. Ich war bereit, meinem König in den Kampf zu folgen. Aber – Sonntagsschule? Wo war da die Herrlichkeit? Die Bibel lesen? Wenn wir in dieser Zeit auch Gedichte lesen konnten? Wo war beim Bibel-

lesen die Kampftruppe des Königs mit ihren Fahnen? Wo waren die herrlichen und heiligen Kathedralen?
So las Davy nach wie vor in der Bibel, und ich las sie nach wie vor nur sehr selten. Ich las andere Bücher, Romane, Mysterien, alles, wozu sie keine Zeit mehr hatte. Wir lasen nicht mehr dieselben Bücher wie damals im Zeichen der Gemeinsamkeit unserer Liebe. Schließlich konnte ich schlecht von ihr verlangen: „Hör auf, Jesaja zu lesen, lies lieber Margery Allingham!" Und außerdem, hätte ich dann nicht auch Jesaja lesen müssen? Unser altes Prinzip der Gemeinsamkeit zerbrach. Davys Rolle als Frau veränderte sich. Sie verwirklichte, was Paulus über Frauen im allgemeinen und Ehefrauen im besonderen sagt. Sie wollte in diesem Sinne fraulich und häuslich werden. Manchmal begann ich zu fürchten, sie könnte mir tatsächlich blindlings gehorchen. Es lag etwas sehr Demütiges und Reines in ihrer Haltung. Eine Haltung, die sie auch Christus gegenüber einnahm, eine demütige Berufung. Aber es war nicht meine alte Davy. Fast wünschte ich mir ihre alte Streitlust zurück.
Als der Frühling kam mit all seinen Blumen, seinem Blühen, seinem sanften, schmeichelnden Wehen und seinem Flieder, überfielen mich auf dem Weg zum College die Bilder der Erinnerung. Bilder vom blauen Wasser und einer Yacht im frischen Wind tauchten vor mir auf. Bilder von fernen Inseln. „Die göttliche Unruhe" des Frühlings war in mir kein bißchen göttlich. Es war eine Unruhe der Unzufriedenheit.
Als wir in jenem Frühling beim Essen auf unserer kleinen Terrasse saßen, kam das Gespräch auf Yachten, und Davy selbst dachte voller Liebe und Nostalgie daran. In der Art, wie wir darüber redeten, war die alte Sehnsucht, die alte Verlockung nach einer neuen „Graugans" nicht zu überhören. Das Gefühl von Fernweh, das unser ganzes Leben bestimmt hatte, lebte wieder auf. Aber krampfhaft umgingen wir die doch so notwendige Frage: Wie kann die alte, heidnische Freude, die Liebe der „Strahlenden Festung", die sich in einem Schoner namens „Graugans" symbolisierte – wie kann sie mit der christlichen Freude in Einklang gebracht werden?
Wenn mein Verstand es mir auch verbot, mein Gefühl ersehnte

sich zutiefst die alte Davy zurück. Davy mit ihrer Liebe zum Leben, zur Schönheit und zur Dichtung. Es war die Sehnsucht des Herzens, die ich anscheinend nicht mit meiner wohl mehr vom Verstand bestimmten Übergabe an Christus in Einklang bringen konnte. Noch weniger ließ sie sich mit Davys absoluter Hingabe – des Herzens wie des Verstandes – in Übereinstimmung bringen. Wenn wir Zeit gehabt hätten – Zeit nur für uns –, vielleicht hätten wir unseren gemeinsamen Weg finden können. Aber wir hatten keine Zeit.
Zwar hatten inzwischen die Semesterferien begonnen, aber weil ich Geld verdienen wollte, arbeitete ich in diesem Jahr ausnahmsweise auch in den Ferien. Und Davy arbeitete in der Bank.
Die Hitze in jenem Sommer war fürchterlich, dazu das tropische, feuchte Klima. Wir waren an England gewöhnt und besaßen keine Klimaanlage. Ich glaube, selbst wenn wir die Zeit dazu gehabt hätten, uns hätte einfach die Kraft gefehlt, alles miteinander zu besprechen. Im Juli begannen mir Davys Müdigkeit und ihre geschwollenen Füße Sorgen zu bereiten. Ich bestand darauf, daß sie zum Arzt ging. Er sagte, sie sei überarbeitet und sollte nur noch halbtags arbeiten. Für mich stand damit unwiderruflich fest: Sie mußte ganz aufhören zu arbeiten. Und so reichte sie ihre Kündigung ein.
Davy sagte damals nichts. Aber eine vielleicht nur ganz flüchtige Ahnung überkam sie, daß sie bald sterben würde. Zu der Zeit betete sie darum, noch ein Jahr leben zu dürfen, weil sie die Arbeit mit der Studentengruppe noch zu einem Abschluß bringen wollte. Aber von alldem wußte ich nichts.

Im August kam Jane aus England für drei Wochen zu uns. Davy hatte sie im Chor „St. Ebbe“ kennengelernt, und dann war sie sehr oft zu uns ins Studio gekommen. Kurz bevor wir England verließen, hatte sie uns noch einmal in Oxford besucht. Jetzt war sie zusammen mit ihren Eltern, die geschäftlich in New York zu tun hatten, in Amerika.
Jane war auf dem Lande aufgewachsen und liebte das ländliche Leben genauso wie wir. Sie liebte auch die Dichtung, und von da-

her fühlten wir uns sehr verbunden. Aber sie war noch sehr jung, unausgeglichen und mit sich selbst beschäftigt. Damals in Oxford hatten wir sie manchmal nett und liebenswert gefunden, ein anderes Mal hatten wir uns über ihre Launen geärgert. Aber das „nette Kind" hatte schließlich gesiegt. Dann war mir aufgefallen, wie aufnahmebereit und intensiv sie zuhörte, wenn ich Gedichte vorlas. Auch Jane liebte ganz besonders Charles Williams. Als sie dann in Oxford zu ihrem letzten Besuch kam, fühlten wir uns vertraut wie gute Freunde.
Nun freuten wir uns auf ihren Besuch. Sie würde ein Stück England sein und unser geliebtes Oxford mitbringen. Unglücklicherweise hatte Davy gerade erst gekündigt. Also mußte sie den größten Teil von Janes Aufenthalt bei uns noch arbeiten, während ich tagsüber Jane zu betreuen hatte.
So kam „das nette Kind", das jetzt eigentlich gar kein Kind mehr war, und ich kümmerte mich um sie. Jeden Morgen gingen wir zusammen ins College, und sie nahm an meinem Unterricht in englischer Literatur teil. Die Tests bestand sie sogar mit Auszeichnung. Nach dem Unterricht besichtigten wir manchmal die Stadt und sprachen über England. Zu Hause lasen wir Gedichte. Alle möglichen Gedichte. Endlos lange und immer wieder unterhielten wir uns über unser geliebtes Oxford. So vergingen die Stunden schnell und fröhlich.
Jane war Christin. Sie hatte sich beinahe zur selben Zeit wie ich bekehrt. So nannten wir sie im Scherz meine „Patenschwester". Wenn es Patentanten gibt, warum sollte es dann nicht auch Patenschwestern geben?
Obwohl wir uns durch eine Gemeinde der Low Church, nämlich „St. Ebbe" kennengelernt hatten, war sie später in die High Church gegangen. Sie war tief beeindruckt von dem hochliturgischen anglikanischen Gottesdienst mit seiner Betonung des Altars und der Sakramente, von dem ästhetischen Element, das in ihm lebte. Sehr viel mehr als Davy fühlte auch ich mich von dieser Richtung angesprochen. Davy und ich hatten aber deswegen keine Meinungsverschiedenheit. Aber nun schuf unsere Vorliebe für die hochliturgische Richtung zwischen Jane und mir eine Gemein-

samkeit, die es zwischen Davy und mir nicht gab. Wir liebten die Schönheit, das Mysterium, die Heiligkeit. Die Schönheit der Heiligkeit. Kein Alltagschristentum. Und vor allem – keine Sonntagsschule.
Möglicherweise beeindruckte Jane und mich mehr die Schönheit als die Heiligkeit. So erinnerte ich mich an „St. Mary Magdalen" in Oxford als an eine Kirche, von der eine ästhetische und romantische Anziehungskraft ausging. Davy und ich hatten die Schönheit geliebt. Vielleicht betete ich jetzt die Schönheit in der Gestalt Gottes an, während Davy Gott selbst anbetete.
Ich wage es kaum zu sagen, aber eine so ausschließliche Liebe zur Schönheit birgt durchaus ihre Gefahren. Vielleicht ist es eine Falle. Wenn das so ist, dann waren Jane und ich in diese Falle gegangen. Zur selben Zeit quälte sich Davy müde zur Arbeit, bedrängt von der heimlichen Ahnung, bald sterben zu müssen. Doch unverändert treu unterrichtete sie ihre Sonntagsschulklasse. Und Jane und ich verbrachten lange Stunden im Gespräch.
Janes Aufenthalt bei uns verlief, abgesehen von kleinen Unternehmungen, sehr ruhig. Einmal kamen der Pfarrer und seine Frau zum Tee, ein anderes Mal besuchten uns Freunde vom College. Mit meiner Kollegin Belle unternahmen wir einen Sonntagsausflug aufs Land. Wir gerieten in einen schrecklichen Sturm, der den Wagen durchschüttelte, Bäume entwurzelte und Scheunen abdeckte. Ein andermal gingen wir zum Abendmahl in der wunderschönen „Grace Church". Unmerklich, aber unübersehbar kamen Jane und ich uns immer näher. Wir lachten über Kleinigkeiten, die nur wir beide verstanden, weil sie sich unmittelbar aus unseren gemeinsamen Erlebnissen, aus unseren vielen gemeinsamen Stunden ergaben. Anfangs war Jane merkwürdig schwermütig und verschlossen gewesen. Mehr als einmal ging ich ungeduldig weg und überließ es Davy, sie zu trösten. Später war ich es dann, der ihr über das Haar strich und sie beruhigte. Der Gedanke, bald wieder nach England zurückkehren zu müssen, versetzte sie in Angst und Schwermut.
Schon in Oxford hatten Davy und ich uns sehnlichst ein Auto gewünscht; vielleicht einen schönen TC oder TD MG-Zweisitzer.

Jetzt, wenige Tage bevor Jane uns verließ, fand ich einen schwarzen TD. Mit Davy, die nun endlich nicht mehr arbeitete, unternahm ich eine kurze Probefahrt. Dann kauften wir den Wagen. „O Mann, o Mann!“ staunte Jane im reinsten Cockneyenglisch, als sie den Wagen sah.
In den drei folgenden Nächten – den letzten, die Jane bei uns war – fuhren wir drei im Mondschein durch das Land. Davy und ich entdeckten aufs neue unser altes Virginia, das Land, das wir liebten. Wir fuhren hinauf in die hohen Berge des Blueridge-Gebirges, die im Mondschein geheimnisvoll und einfach überwältigend aussahen. Als wir dort oben im Gras lagen, flog eine riesige, weiße Eule über uns. Ein anderes Mal hielten wir an der kleinen Dorfkirche „St. Stephen“, die wir gelegentlich besuchten. Wir saßen dort unter den großen Eichen des Kirchhofes und sprachen miteinander. Dann kehrten wir, überwältigt von der kühlen Schönheit der Nacht, nach Hause zurück. Davy, die zwar nicht mehr arbeitete, aber immer sehr müde und abgespannt war, ging schlafen. Jane und ich saßen dann meist noch eine Weile zusammen, redeten und lasen Gedichte. Beide waren wir traurig darüber, daß sich Janes Besuch bei uns seinem Ende näherte.
Die Fahrt in der dritten Nacht war beinahe überirdisch schön in all ihrer mondweißen Klarheit. Und es war die letzte, gemeinsame Nacht, denn am nächsten Morgen reiste Jane ab. Als wir etwa gegen ein Uhr nach Hause kamen, ging Davy sofort schlafen, während Jane und ich wieder zusammensaßen. Wir lasen „Little Gidding“ aus den „Vier Quartetten“ und unterhielten uns. Ich empfand fast eine Art Schmerz, weil sie uns verließ. Ich wünschte mir so sehr, daß wir zu dritt nach England reisen könnten und daß Jane wirklich meine Schwester wäre. Ich sagte irgend etwas, aber sie antwortete nicht. Da bemerkte ich die Tränen in ihren Augen. Ich streckte meine Hand aus und hielt ihre Hände. Vielleicht flüsterte ich: „Oh, Jane!“ Ich weiß es nicht. Vielleicht versuchte ich, meine Hand zurückzuziehen, aber sie hielt mich fester, und ich zog sie nicht zurück. Minuten vergingen, Stunden. Schweigen. Ich weiß nicht, was ich dachte. Ich weiß nicht, ob ich überhaupt etwas dachte. Die Stunden vergingen, ohne daß wir es merkten. Das

graue Licht der Morgendämmerung erschien träge vor unserem Fenster, und einige Stunden später war Jane auf dem Weg nach England.

Natürlich erzählte ich Davy von der schweigsamen Nacht – was es davon überhaupt zu erzählen gab. Daß wir uns die Hände gehalten hatten und daß ich mir gewünscht hatte, Jane möge meine Schwester sein. Ich hatte ihr immer alles erzählt, was Jane und ich gesagt oder getan hatten. Davy und ich erzählten uns noch immer alles. Aber was gab es da viel zu erzählen? Etwas war geschehen, aber was? Hatte ich mich in Jane verliebt? Dieser Gedanke war mir nie gekommen. Er beunruhigte mich auch jetzt nicht. Aber stimmte er vielleicht? Oder hatte sich Jane in mich verliebt? Auch daran hatte ich nicht gedacht. Doch jetzt hielten wir beide – Davy und ich – es für möglich. Ich war über diesen Gedanken nicht sonderlich erfreut. Jane hatte ich als Schwester gern gehabt, als eine Schwester aus England, und man kann eine starke innere Bindung an seine Schwester haben. So sah ich die Sache, und in diesen Gedanken hatte ich mich verliebt. Wochenlang dachte ich in dieser Weise, während ich mit Jane viele Briefe wechselte, die Davy natürlich alle las. Es gab hier keine Heimlichkeit.
Früher einmal, in der Zeit der „Strahlenden Festung", hatte ich geschrieben, daß es undenkbar sei, einer von uns könnte jemals einen anderen lieben. Undenkbar. Buchstäblich: undenkbar. Tatsächlich hatte ich nie daran gedacht, in Jane verliebt zu sein. Und ich dachte auch in den nächsten Wochen nicht daran. Die „Strahlende Festung", auch wenn Christus sie zerbrochen hatte, war immer noch ungeheuer stark. Welche Gefühle ich auch immer für Jane gehabt haben mochte: Davy war mein Leben. Davy war die Luft, die ich atmete. Das wußte ich ganz fest.
Trotzdem war ich in Jane verliebt. Und sie in mich. Ich bezweifelte das jetzt nicht mehr. Wir haben uns nicht einmal geküßt, aber es war dennoch so. Sie und ich waren gefangen in einem Traum von Schönheit, wobei die Dichtung das Herz, der Mittelpunkt dieses Traumes war. Elemente aus dem Mysterium der High Church vermischten sich mit im Grunde genommen heidnischen Vorstellun-

gen. Wenn sich Leute ineinander verlieben, ist oft das physische Verlangen noch nicht erwacht. Wäre es mit Jane und mir nicht auch so gewesen, hätten zweifellos die Alarmglocken geläutet. Doch was mich mit Jane verband, war doch vor allem die Gleichstimmung unseres Geistes gewesen. Wenn ich Briefe an Jane schrieb oder nachts spazierenging, sagte ich mir, daß mein Traum von Jane als Schwester Elemente der Dichtung und heidnischer Schönheit besaß, für die Davy in ihrer tiefen Gläubigkeit weder Sinn noch Zeit hatte. Es war ein merkwürdiger, feinsinniger und fast unschuldiger Vertrauensbruch. Das heißt als „unschuldig" kann man ihn nicht bezeichnen: Niemand wird ja schließlich zu einem Vergehen gezwungen; schuldig ist man also in jedem Falle.

Wichtig bei dieser ganzen Geschichte mit Jane war, daß ich sie als eine notwendige Konsequenz erkannte. Es war die Konsequenz der Tatsache, daß Gott unsere „Strahlende Festung" zerbrochen hatte, es war die Niederlage des Anspruchs unserer Liebe. Davon war ich fest überzeugt. Denn selbst dieser harmlose Vertrauensbruch wäre in den Jahren der „Strahlenden Festung" unmöglich gewesen. Natürlich wäre es auch nicht geschehen, wenn ich mich ganz Christus übergeben hätte, so wie Davy es getan hat. Es geschah, weil ich mich nur mit Vorbehalten zu Christus bekannte und weil ich die alte heidnische Freude wiederhaben wollte: beides Dinge, mit denen ich niemals zu Davy hätte kommen können. Es war die „alte Davy", die ich haben wollte, und einen Schoner im Wind. Wenn Davy – Davy mein Kamerad und meine Liebe – dasselbe gewollt hätte, die „Strahlende Festung" wäre fest und unerschütterlich geblieben. Würde ich wohl jemals mit Davy die alte heidnische Freude wieder erleben?
Doch während meine Hoffnungen und Wünsche immer wieder um dieses Thema kreisten, hatte Davy nur den einen Wunsch gehabt: daß auch ich die Freude entdecken möge, die sie im Gehorsam fand; die Freude, die vielleicht die einzig wirkliche Freude ist.

Anfang September ging diese entsetzliche Hitzeperiode zu Ende, und Davy fühlte sich wieder gut. Das Herbstsemester würde bald beginnen. Inzwischen fuhren wir mit unserem MG zu jeder Tages-

und Nachtzeit hinaus, immer von Flurry begleitet, die fröhlich in ihrer Ecke hinter dem Sitz saß. In dem Auto, das wir nun die „Forelle" nannten, erforschten wir das ganze Land und die Berge ringsum. In der Nacht hielten wir oft an der Dorfkirche „St. Stephen" und beteten dort zusammen an einem alten Steinkreuz auf dem Kirchhof. Wir liebten diese Kirche und gingen dort auch manchmal zum Gottesdienst. Die „Grace Church" wollten wir schon deswegen nicht verlassen, weil wir den Pfarrer und Preston Ambler sehr schätzten, aber uns gefiel die kleine Dorfkirche unter den großen Eichen so sehr, daß wir uns auch dort zur Gemeinde zählten.

Nicht weit von „St. Stephen", draußen im Bedford Country, entdeckten wir ein kleines, verlassenes Haus, das alt und würdevoll unter schönen Bäumen stand. Dieses Haus könnte unser „Ladywood" werden, das Haus, von dem wir damals im „Lamb and Flag" geträumt hatten. Hier könnten wir vielleicht unsere alte Vertrautheit, unsere alte Gemeinsamkeit wiederfinden. Nächstes Jahr – dann würden wir es kaufen.

Trotz dieser schönen gemeinsamen Fahrten in unserem kleinen Auto schrieb ich weiterhin an Jane und fühlte mich noch immer in diesem merkwürdigen Netz von Schönheit gefangen; noch immer quälte mich die ruhelose Sehnsucht des Herzens nach „einer Insel im Westen". Davy war mitfühlend und liebenswürdig, wenn ich über Jane sprach. Meine Gedichte „An meine Schwester" liebte Davy, glaube ich, mehr als Jane, für die sie doch bestimmt waren. Und doch reagierte Davy irgendwie wehmütig, traurig.

Dann schrieb Davy ein Gedicht über Dom Julian, etwas, was sie eigentlich noch nie getan hatte. Dom Julian lebte weit weg in seinem Kloster. Doch wir standen mit ihm im Briefwechsel, hatten nach wie vor engen Kontakt miteinander und lasen oft seine ausgezeichneten christlichen Gedichte. Dies ist Davys Gedicht an Julian:

> Geliebter Julian
> Sterbend und gut

Selbst eingesenkt
In Christi Blut

Noch lebst du hier
In Durst und Schmerz
Im Staub verzehrt
Wird auch dein Herz

Dein Angst und Pein
Licht für uns macht
Und Christus scheint
In unsre Nacht

O wie so rein
Dein Glaube ist
Bringt Rettung uns
Durch Jesus Christ

So wie Davy für mich ein Vorbild im Glauben war, so war es Julian für Davy. Und doch plagte sie sich mit ihrer vermeintlichen Unvollkommenheit im Glauben, so wie es auch Julian tat. Für mich waren sie beide heilig. Liegt denn die Vollkommenheit im Glauben nicht in geradezu unerreichbarer Ferne? Und außerdem? Was heißt hier schon „vollkommen“? Vielleicht wäre einem bußfertigen Sünder sogar ich als „heilig“ erschienen.
Eines Nachts, nachdem Davy sich wieder und wieder mit ihren Zweifeln gequält hatte, sagte sie, daß sie im Gästezimmer schlafen wolle. Aber sie schlief nicht: sie betete. Die ganze Nacht verbrachte sie im Gebet. Das Beten, besonders das Gebet nach Gottes Willen, soll durch das Wirken eines tiefen geistlichen Gesetzes Kraft freisetzen. Und wenn man etwas opfert, das man liebt, kann noch mehr geistliche Kraft freigesetzt werden.
Wie es auch immer sei: Ich bin sicher, daß Davy in jener Nacht ihr Leben opferte. Für mich – damit ich endgültig zum Glauben finde. Es war fast dasselbe Gebet wie in jenem Advent in Oxford. Jetzt, wo ich an kaum etwas anderes als an die „Insel im Westen“

dachte, wo ich nicht nach Gottes Willen fragte, da bat sie Gott demütig um einen heiligen Tausch. Von alldem wußte ich damals nichts. Es war ein Gespräch zwischen ihr und dem lebendigen Gott.

Das neue Semester begann, und unsere christliche Gruppe wurde sofort wieder aktiv; sogar mit mehr Interesse und Begeisterung als zuvor. Wir sprachen über Christus, und wir lasen immer wieder Julians unveröffentlichte Gedichte, weil die Studenten sie nicht oft genug hören konnten. Das Feuer glühte im Kamin, und wir spürten die Gegenwart Jesu, in dessen Namen wir uns versammelten. Viele Studenten kamen, um mit uns über ihre Probleme zu sprechen. Deshalb bemühten wir uns – Davy ganz besonders – immer erreichbar zu sein.

Zu der Zeit wurden wir plötzlich mit einem Problem konfrontiert, mit dem auch wir uns noch nicht bewußt auseinandergesetzt hatten: mit der Homosexualität. Ein Mädchen kam, um mit Davy allein, ein Student, um mit uns beiden zu sprechen. Sie kamen, weil wir Christen waren. Vor unserer Bekehrung hatten wir zur Homosexualität eine tolerante Haltung eingenommen. Wenn es die Menschen glücklich macht, warum nicht? Eine unserer liebsten Freundinnen war eine sehr nette, aber lesbische Frau. Doch wie dachten wir als Christen über dieses Problem? Wir wußten es nicht.

Natürlich war uns klar, was Paulus zu diesem Punkt unmißverständlich und unerbittlich gesagt hatte. Aber vielleicht meinte er nur den Sex; Homosex ohne Liebe, der im Leben die erste Stelle vor der Liebe zu Gott einnahm. Könnte es vielleicht eine christliche Liebe oder sogar Ehe zwischen homosexuellen Männern oder lesbischen Frauen geben, wenn die Homosexualität nicht zum alles beherrschenden Element in ihrem Leben wurde? Auch das wußten wir nicht. Und unser Pfarrer glaubte nicht, daß so etwas möglich wäre.

Schließlich schrieb ich deswegen an C. S. Lewis. Ich fragte ihn damals auch, ob reine Gebete, wie die von Julian und Davy, wegen ihres Verdienstes wirksamer wären. (Übrigens: Die Frage von

C. S. Lewis nach meiner Wirbelsäule bezieht sich auf meinen Unfall bei einer Bergtour in Wales.) Das antwortete Lewis auf meine Fragen:

„Ich habe weniger als Du, aber mehr als mir lieb war, mit diesem schrecklichen Problem zu tun gehabt. Deswegen will ich Deinen Brief noch mit Leuten besprechen, die ich für weise Christen halte. Dies ist also nur eine vorläufige Antwort. Zuerst will ich die Grenzen für jede weitere Diskussion in dieser Richtung abstecken: Ich bin mir sicher, daß die physische Befriedigung homosexueller Wünsche Sünde ist. Dabei ist der Homosexuelle nicht schlechter dran als irgendein anderer Mensch, der nicht heiraten konnte, wobei die Gründe dafür vollkommen unerheblich sind. Zweitens: Unsere Spekulationen darüber, was normal ist, zählen nicht. Wir müssen unsere Unwissenheit in dem Punkt hinnehmen. Den Jüngern wurde nicht gesagt, warum (im Sinne einer logischen Ursache) der Mann blind geboren war (Joh. 9,1–3), nur daß das Reich Gottes an ihm verherrlicht werden sollte.
Dieses Beispiel läßt vermuten, daß in der Homosexualität wie auch in jeder anderen Not das Wirken Gottes verherrlicht werden kann: Ich meine damit, daß jede Not eine Berufung enthält, die, wenn wir sie nur herausfinden, ‚die Not in einen herrlichen Sieg kehren wird'. Natürlich muß der erste Schritt in der Annahme des Verzichts bestehen, den wir bei einer solchen Veranlagung leisten müssen.
Der Homosexuelle muß seine sexuelle Abstinenz annehmen, wie ein armer Mann sich bestimmte, sonst erlaubte Freuden versagen muß, weil es sonst seiner Frau und seinen Kindern gegenüber ungerecht wäre. Das ist bis jetzt nur eine negative Bedingung. Wie aber sollte das Leben eines Homosexuellen positiv aussehen? Ich wünschte, ich hätte noch den Brief, den ein gläubiger Homosexueller mir einmal schrieb. Aber das war natürlich ein persönlicher, intimer Brief, den man besser sorgfältig vernichtet. Er glaubte, seinen Trieb in geistlichen Gewinn umwandeln zu können: in bestimmte Arten von Sympathie und Verstehen, in bestimmte soziale Aufgaben, die normal veranlagte Männer und

normal veranlagte Frauen nicht erfüllen könnten. Aber das ist alles schrecklich vage – und zu lange her.
Vielleicht wird jedem Homosexuellen, der demütig sein Kreuz auf sich nimmt und sich selbst unter die göttliche Führung stellt, von Gott sein Weg ganz persönlich gezeigt. Ich bin sicher, daß jeder Versuch, dieser Führung zu entkommen (z. B. durch Schein- oder vorgetäuschte Ehen mit einem Partner des gleichen Geschlechts, selbst wenn sie nicht zu geschlechtlichem Vollzug führt), ein falscher Weg ist. Eifersucht (das erfuhr ich von einem anderen Homosexuellen) ist bei ihnen viel zügelloser und zerstörerischer als bei uns. Und ich glaube auch nicht, daß kleine Zugeständnisse, wie das Tragen der Kleidung des anderen Geschlechts, richtig sind. Ich nehme an, daß es die Pflichten, die Lasten und die charakteristischen Tugenden des anderen Geschlechts sind, um die sich der Homosexuelle bemühen sollte. Ich habe die Demut erwähnt, weil Homosexuelle (bei Lesbierinnen weiß ich es nicht) sehr dazu neigen, sich normalen Menschen irgendwie überlegen zu fühlen, vor allem dann, wenn man ihnen nicht mit Verachtung begegnet. Ich wünschte, ich könnte genauere und umfassendere Informationen geben. Im Grunde kann ich nichts anderes sagen, als daß die Homosexualität wie jede andere Not vor Gott gebracht werden muß. Der Homosexuelle muß Gott darum bitten, ihn zu führen, ihm zu zeigen, wie er mit seiner Not fertigwerden kann.
Ich habe gehört, daß Du mit Deinem alten Rückenleiden wieder zu tun gehabt hast. Hoffentlich ist Dein Schweigen über diesen Punkt in Deinem Brief nicht nur ein Zeichen von Selbstlosigkeit, sondern bedeutet, daß es Dir wieder gut geht. Grüß auch Deine liebe Frau von mir. Ihr gehört beide zu den Menschen, für die ich täglich bete. Es ist eine schöne Pflicht, für Freunde zu beten. Ich habe dann immer das Gefühl, als hätte ich mich kurz mit Euch getroffen, und vielleicht ist es sogar eine Begegnung, und zwar die beste von allen. Bete für mich, daß ich geduldiger und nachsichtiger werde: Wir befinden uns mitten in einer Fakultätskrise, die mich viele Male am Tag in Zorn und Wut versetzt.
P. S. Ich hätte fast Deinen anderen Punkt vergessen. Ich nehme an, daß Gott Gebete erhört, wenn es für den Bittenden und andere

gut ist, und wahrscheinlich erhört er sie nicht, wenn es nicht gut wäre. Es kann folgende Möglichkeiten geben:

a) Die Würdigkeit des Bittenden führt nicht zu einer Erhörung seiner Gebete, denn sie könnte ihn dazu verleiten, zu meinen, sein Gebet sei eine Art Handel.
b) Die Unwürdigkeit führt nicht zu einer Erhörung, denn sie könnte ihn dazu verleiten, zu meinen, daß Gott keine Rechtschaffenheit fordere.
c) Die Würdigkeit führt zu einer Erhörung, denn sie könnte ihn von Skrupeln befreien und ihm zeigen, daß sein Weg trotz allem richtig ist.
c) Die Unwürdigkeit führt zu einer Erhörung, denn sie könnte demütige Reue erzeugen – unde hoc mihi?

Dies ist alles noch sehr vorläufig. Es geht darum, daß es wohl mit in Betracht gezogen werden kann, ob der Betende es ‚wert' ist, daß sein Gebet erhört wird; doch nicht so, daß ein direktes Verdienst oder eine Belohnung daraus abzuleiten wäre."

Am Heiligabend hatte ich für Davy eine Überraschung vorbereitet. Ich stellte ein riesiges Foto von der Kathedrale in Bourges im dunklen Wohnzimmer auf und beleuchtete es mit einer einzigen Lampe. Man hatte jetzt das Gefühl, selbst vor der Kathedrale zu stehen und sie in all ihrem aufstrebenden Glanz zu sehen. Dann legte ich das „Sanctus" aus Mozarts Requiem auf und ließ es in voller Lautstärke erklingen. Davy betrat das Zimmer mit geschlossenen Augen. Ich legte meine Arme um sie und flüsterte: „Jetzt darfst du die Augen aufmachen, Liebling." Es war ein Augenblick voller Staunen und Entzücken, auch für mich, der ich alles aufgebaut hatte. Davy hatte Tränen in den Augen. Herrlichkeit und Liebe erfüllte den Raum, und ich wußte, daß ich Davy mehr liebte als alles andere auf der Welt. Und sie wußte es auch.
Dieser Augenblick stand am Ende eines auf mancherlei Weise beunruhigenden Jahres. Dem Jahr der leider nur allzu treffend so

genannten „Villa Trostlos". Wir ließen es ohne jedes Bedauern hinter uns. War es doch das Jahr unseres „Kulturschocks", unseres so mühseligen Wiedereinlebens in Amerika nach der herrlichen Zeit in Oxford. Das Jahr, in dem sich der Anspruch unserer Liebe als nicht realisierbar erwies, in dem die „Strahlende Festung" zerbrach. Und das Jahr, in dem ich – gewissermaßen als Folge zu all dem Vorangegangenen – Janes reine und unschuldige Liebe erwiderte. Es war auch das Jahr, in dem Davy ihr Leben im heiligen Tausch und unaussprechlicher Liebe für mich opferte. An diesem Heiligen Abend erzählte sie mir davon und mich überkam Schrekken und Furcht.

Mitten im Winter zogen wir in eine neue Wohnung im Souterrain einer hübschen, riesigen Villa. Wir gaben unserem neuen Zuhause den Namen „Maulwurfsnest". Das Haus lag zwischen großen Eichen in einer weitläufigen Wiesenlandschaft. Die Wohnung selbst hatte riesige Zimmer. Wir hatten das Gefühl, eine ganze Meile zurückzulegen, wenn wir vom ersten bis in das letzte Zimmer gingen. Unser Umzug war ein schwieriges Unternehmen, denn unsere Vormieter waren noch nicht ausgezogen. So verbrachten nur unsere Möbel den Silvesterabend im „Maulwurfsnest", während wir uns erschöpft im oberen Stockwerk des Hauses niederließen. Mein Rücken war vom Tragen der Bücherkisten total ruiniert, und ich legte mich ins Bett, während Davy vergnügt mit unserem neuen Teewagen spielte, den sie sich schon immer gewünscht hatte.

Am Neujahrsmorgen erwachte ich im hellen Sonnenschein, der durch die vielen Fenster flutete. Draußen konnte ich nur das kahle Geäst der Eichen sehen, in dem sich ein halbes Dutzend Eichhörnchen fröhlich tummelte. Ich hatte das Gefühl, auf dem Lande zu sein, und fühlte mich nach Glenmerle zurückversetzt. Da hörte ich ein Geräusch und sah mich um. Herein kam Davy mit ihrem neuen Teewagen. Eifrig und fast ein bißchen verlegen servierte sie mir das herrlichste aller Frühstücke: Eier und Speck, Wurst und Schinken, heiße englische Kuchen, kalten Toast und Oxforder Traubenmarmelade. Und natürlich Tee in einer Kanne, über die eine behagliche Kaffeemütze gestülpt war. Wir küßten uns, sprachen ein Gebet und fingen an zu essen. Vergnügt sahen wir den Eichhörnchen zu und fütterten Flurry mit kleinen Häppchen. Ich erzählte Davy, daß ich mich nach Glenmerle zurückversetzt fühlte, und dann erinnerten wir uns an jenen ersten gemeinsamen Neujahrstag, als ich sie zum erstenmal nach Glenmerle brachte. Wir lachten über die alte Geschichte von Dons Unfall und konnten es kaum fassen, wie jung wir damals gewesen waren.

Einen Augenblick schwiegen wir in Erinnerungen. Zögernd rief ich: „Davy?" Sie sah mich an mit ihren hellen, schmalen, lieblichen Augen, mit den Augen, in denen die Erinnerung lebendig war, und ich sagte: „Ich liebe dich."

„Ich weiß", antwortete sie still, „und ich liebe dich."

Wir sahen uns an mit einem Blick absoluten Verstehens, der mehr als irgend etwas sonst vom Wesen unserer Liebe erkennen ließ.

Ich hielt meine Teetasse hoch und sagte: „Wenn das, was kommt, nur halb so gut ist wie das, was wir schon kennen..." – worauf Davy ihre Tasse ebenfalls erhob und meinen Satz vollendete: „...dann laß uns die Gläser erheben und auf das Wohl des restlichen Weges trinken." Und wir prosteten uns zu mit Darjeeling Tee.

Ohne daß ich es extra sagen mußte, wußte sie genau, daß ich ihr wieder ganz gehörte, daß ich voller Freude darüber war, wie eng verbunden wir uns aufs neue fühlten, ganz gleich, wohin uns der Weg auch führen würde. Und ich wußte es ebenfalls, ohne daß sie auch nur ein Wort zu sagen brauchte, daß sie irgendwie zu einem neuen Verständnis gekommen war, daß Gott in seiner umfassenden Liebe unsere Liebe zärtlich mit umarmte und wir den Weg zu ihm Hand in Hand gehen konnten. Wir verstanden ohne Worte, daß wir beides miteinander verbinden mußten – und es jetzt auch konnten: als Liebende vereint auf dem Weg zu Gott. Sie in mir und ich in ihr; Christus in uns und wir in ihm. „Wer in der Liebe ist, ist ein Kind Gottes", sagte Johannes (1. Joh. 4,7).

Vielleicht kam sie an jenem Morgen zu mir zurück und stellte dann fest, daß sie weiter auf dem Weg war, als sie gedacht hatte. Auf jeden Fall erlebten wir jetzt die Freude wieder, die ich für eine heidnische Freude gehalten hatte.

Mit Beginn dieses neuen Jahres hatten wir uns wieder gefunden, waren wieder Kameraden und Liebende, so wie wir es in Oxford, in Glenmerle und an Bord der „Graugans“ gewesen waren. Deshalb war das „Maulwurfsnest“ mit seinem Zweig englischer Heide an der Wand des großen Wohnzimmers ein glücklicher Ort für uns. Wir waren glücklich, und für Davy war es in mehrfacher Hinsicht eine sehr erfüllte Zeit.

Unsere Studentengruppe, die jede Woche kam und bei uns auf dem Teppich vor dem Kamin saß, entwickelte sich einfach prachtvoll. Davy bereitete gern alle möglichen Leckereien vor, die sie an unseren Abenden dann fröhlich lachend auf ihrem geliebten Teewagen hereinrollte. Zu allen möglichen und unmöglichen Zeiten kamen Studenten aus der Gruppe und auch Fakultätsfreunde kurz vorbei zum Tee oder um mit uns zu sprechen. Viele dieser Studenten – Bill, Joan, Sandra, Rosie, Anne – wurden unsere Freunde. Andere vertrauten uns ihre tiefsten Probleme an, besonders Davy, weil sie mit ihrer menschlichen Wärme und Freundlichkeit so vielen Ratsuchenden Hilfe schenken konnte. Die muntere, fröhliche Belle Hille besuchte uns oft, und auch mit dem Physiker Shirley Rosser führten wir lange Gespräche über den christlichen Glauben. In der Tat hatte das „Maulwurfsnest“, obwohl es sehr viel größer war, etwas von der Atmosphäre unseres Studios. Die komische, kleine Vorderveranda ersetzte die Kopfsteinpflasterstraße, und ein großes, undurchsichtiges Glasbausteinfenster, vor dem unser hölzernes Kreuz stand, war unser „Oberlicht“. Und dann natürlich das Kohlenfeuer im Kamin und Hunderte von Büchern neben einigen schönen Möbelstücken und Orientteppichen aus Glenmerle.

Abends gingen Davy und ich oft hinauf zur „Grace Church“, zu der wir einen Schlüssel hatten. Wir beteten dort vor dem weißen Altar mit den eingravierten Worten: „Heilig! Heilig! Heilig!“ Manchmal sprach ich die Worte laut, weil Klang und Inhalt der Worte so gut zusammenpaßten. Dann spielte Davy für mich auf der Orgel, und die kleine Kirche war erfüllt von dem Brausen der Toccata und Fuge, dem kleinen Orgelkonzert G-Moll oder auch dem Satz „Du bist der König der Ehren“. Diese Abende in der dunklen Kirche, wenn nur die Lichter am Hochaltar und an der Orgelkonsole brannten und die Musik den Raum erfüllte, liebte ich über alles. Und für Davy bedeuteten sie höchstes Glück. Manchmal kehrten wir noch ganz erfüllt vom Klang der Musik ins „Maulwurfsnest“ zurück, um uns dort am Klang der Dichtung zu erfreuen. Damals schrieb ich auch Gedichte, und sie beteiligte sich eifrig daran. Es waren unsere gemeinsamen Gedichte.

Vielleicht noch wichtiger als die Musik war für sie die Malerei. Sie hatte seit Oxford nicht mehr gemalt, weil sie zu müde war und zu viel zu tun hatte. Aber als ich ihr eine neue Staffelei schenkte, fing sie wieder zu malen an. Zuerst beendete sie ein Gemälde im Stile Blakes. Sie hatte es in Oxford begonnen, nachdem wir Stunden auf einer großen Blake-Ausstellung in der Tate Gallerie in London gewesen waren. Das fertige Oxford-Gemälde, das wir über den Kamin hängten, zeigte in gedämpften Farben eine nackte Frauengestalt, die ausgestreckt mit geschlossenen Augen dalag, während eine große Welle – die Welle Gottes – sich über sie erhob, bereit, jeden Augenblick auf sie herabzustürzen.

Danach begann sie ein Gemälde ganz in Blautönen und Rostrot. Es entsprach noch mehr dem Stil Blakes, ließ aber gleichzeitig einen Zipfel von ihrer Seele erkennen. Und vielleicht auch von der meinen. Vor dem Hintergrund hoher, rostroter Klippen, in denen man zwei mit blauem Licht erfüllte Höhlen oder Öffnungen sehen konnte, befanden sich sechs Figuren. In Wirklichkeit waren es aber nur zwei: Davy und ich. Die Höhlen mit dem blauen Licht waren Türen, eine sehr weit, eine eng. Vor der engen Tür lag eine hingebungsvolle weibliche Gestalt. Aus der Nähe wies ein engelähnliches Wesen auf die enge Tür, und von der liegenden Gestalt, die Davy darstellte, erhob sich ihre Seele in die Richtung der engen Tür. Der Anblick dieser gehorsamen Seele bewegte mich zutiefst.

Auf der anderen Seite des Bildes saß eine Gestalt auf einem Baumstamm. Sie hatte die Hände gefaltet und den Kopf hoch erhoben. Ein sehr herrschaftlicher Engel im Stile Blakes zeigte befehlend auf die hohe Tür. Aber meine Seele lag auf der Erde, hatte den Kopf auf Hand und Ellenbogen gestützt und diskutierte mit

dem Engel. Ich konnte nur gequält lächeln, erkannte ich mich doch nur allzu gut in dieser Gestalt.
Das Gemälde war nicht nur schön, sondern gleichzeitig voller Humor, zumindest meine steife, betende Gestalt und meine diskutierende Seele waren auf eine – für mich freilich nur bedingte – Art lustig. Die Kombination von tiefer Einsicht, Ernsthaftigkeit, Humor und Schönheit auf diesem Bild war ein getreues Abbild von Davys Wesen. Aber was es letztlich so bewegend und aufschlußreich machte, war die Ansicht Davys, daß ich zu einem hohen Ziel – der hohen Tür – berufen sei und sie selbst zu einem niedrigen. Doch wahrscheinlich führte die enge Tür zu dem königlichen Thron.
Die christliche Gruppe und unsere Freunde, die Orgel in der „Grace Church", das Malen, die Gedichte, Davy selbst erholt und voller Energie, vor allem aber unsere wiedergefundene Nähe und Gemeinsamkeit: das war unser Glück im Vorfrühling dieses Jahres.

Im März erlebten wir eine große Freude. Julian konnte aus seinem Kloster für einen kurzen Besuch zu uns kommen, und er brachte einen Hauch Oxford und Heiligkeit mit. Wir nahmen ihn mit in unsere geliebte „St. Stephen's Church" und zeigten ihm das alte Steinkreuz auf dem Kirchhof, vor dem wir manchmal nachts beteten. Jetzt knieten wir dort alle drei nieder und beteten. Wir verbrachten lange Stunden vor dem Kamin im Gespräch über seine Heimat England, über Oxford und natürlich vor allem über Christus, unseren lebendigen Herrn. Am letzten Morgen brachte ich ihn in der „Forelle" zum Zug. Trotz eines für diese Gegend seltenen „englischen Nebels" hatten wir das Autoverdeck heruntergelassen. Davy kam im Morgenrock heraus, um uns fröhlich nachzuwinken. Als wir durch die Einfahrt hinausfuhren, sahen wir uns nach ihr um, wie sie dort im Eingang des Vorhofes unter der Treppe stand.
Aus irgendeinem Grund blieb Julian und auch mir jener Abschied im Frühnebel besonders klar und lebendig im Gedächtnis. Vielleicht, weil Davy so fröhlich war, vielleicht auch, weil sie vor dem

großen Herrenhaus im grauen, wogenden Nebel so besonders zart und winzig wirkte. Julian schrieb später, daß er sich an Davy erinnert, „wie sie klein und allein in ihrem Nachtgewand auf den Stufen stand". Ich erinnere mich vor allem an ihr fröhliches Winken.

Im Mai unternahmen wir viele Fahrten mit dem MG. April und Mai – die Monate der sprossenden Judasbäume, des Hartriegels und des blühenden Flieders. Wir fuhren langsam über die Landstraßen, erfreuten uns an Blumen und Vogelgezwitscher und konnten gar nicht genug kriegen vom Duft frischgepflügter Erde. Bis hinauf in die „Blue Mountains" kamen wir, da, wo es noch Vorfrühling war. Immer wieder hielten wir nachts bei „St. Stephen", beteten an dem alten Steinkreuz und saßen dann still im Sternenschein unter den großen Eichen. Einmal fuhren wir hinaus zum „Pferdehof", auf dem Flurry geboren war. Wir standen vor dem schwarzen Walnußbaum auf der Wiese und sprachen über das Sündenbild und alles, was danach geschehen war. Manchmal gingen wir hinaus zu dem kleinen Haus, das wir „Ladywood" genannt hatten, setzten uns vor seine schöne Toreinfahrt und malten uns aus, wie wir nächstes Jahr vielleicht dort wohnen würden.

Am letzten Tag im Mai – ich erinnere mich an dieses Datum so genau, weil es auch der letzte Tag im Mai gewesen war, als wir uns so dramatisch auf dem Zerstörer und dem Motorboot im weiten Pazifik getroffen hatten – an dem letzten Maitag dieses Jahres also fuhren wir hinaus in die „Blue Mountains" und am Abend auf Seitenstraßen wieder zurück nach Hause. Die Sonne war schon untergegangen, aber die Berge leuchteten in einem unbeschreiblich schönen Blau wie durchsichtiger Saphir. In uns war ein Gefühl von Frieden und Ruhe. Das blaue Licht der Berge erlosch, und es wurde dunkel. Ich konnte die Straße gerade noch im Zwielicht erkennen. Als wir an einem Wald vorbeifuhren, hörte ich einen leisen Pfeifton, hielt an und stellte den Motor ab. Was wir hörten, war der Ruf des seltenen Ziegenmelkers, der sein klares Lied flötete, während ein anderer aus der Ferne antwortete. Wir saßen dort lange und hielten uns an den Händen, während über uns die Sterne aufgingen. Das war unser Virginia, so wie wir es liebten.

Schließlich fuhren wir über „St. Stephen“ zurück ins „Maulwurfsnest“.

Doch war der Mai ein Monat des Friedens und der Schönheit gewesen, so wurde der Juni zum entscheidenden Wendepunkt unseres Lebens. Es begann mit einem Telefonanruf des Dekans von Wabash, einem schönen College im Norden, an dem Lew und Mary Ann arbeiteten. Ich kannte den Dekan und mochte ihn sehr gern. Er fragte, ob ich im nächsten Jahr in die dortige englische Fakultät eintreten wollte. Ob ich herüberkommen und es mit ihm besprechen könnte? Gut, dann würden sie mich erwarten. In der nächsten Woche sprachen und beteten Davy und ich intensiv um die richtige Entscheidung. Wabash hatte ein sehr viel höheres wissenschaftliches Niveau als mein College, und die Bezahlung war besser. Außerdem schätzten wir den Dekan sehr, und – nicht zuletzt – Lew und Mary Ann waren dort. Dagegen stand: unser geliebtes Virginia, die Arbeit mit unserer Studentengruppe, unser hiesiger, netter Dekan John Turner. Vor allem wegen der Gruppe, die wir als unsere besondere Aufgabe betrachteten, fiel uns die Entscheidung schwer. Aber alles hat seine Zeit. Jetzt war für uns vielleicht die Zeit gekommen, daß wir weiterziehen sollten, um mit Lew und Mary Ann zusammenzuarbeiten.
Das Semester hatte gerade begonnen, und ich sollte nach Norden reisen. Da erkrankte Davy an einer Virusinfektion. Sie war nicht sehr krank, aber sie hätte nicht mitfahren können. So fuhr ich allein und ließ sie zurück, nachdem sie mir versprochen hatte, sofort zu Dr. Craddock zu gehen.
Wir beschlossen, daß ich die Stelle in Wabash annehmen sollte. Also kündigte ich im Lynchburg College. Die Studenten in unserer Gruppe erklärten uns klipp und klar, daß wir sie im Stich ließen. Dazu kam zu allem Überfluß auch noch das offensichtliche Bedauern meiner Kollegen und der Collegeleitung über unsere Abreise. Traurig sahen wir auf unser „Maulwurfsnest“, auf die „Grace Church“ und „St. Stephen“. Es war ein schmerzlicher Entschluß.
Davy erholte sich allmählich von ihrer Infektion, aber sie fühlte

sich noch sehr matt. Dr. Craddock schickte sie deswegen in die sechzig Meilen entfernte Universitätsklinik nach Charlottesville, wo sie gründlich untersucht werden sollte. „Vielleicht", erklärte er mir, „vielleicht werden wir eine Wundermedizin brauchen bei dieser merkwürdigen Krankheit." Davy meinte zwar, es sei nicht nötig, aber sie ging doch hin. Wir unterhielten uns jeden Abend fröhlich am Telefon, und sie behauptete, sich schon wesentlich besser zu fühlen. Trotzdem verabredete ich mich mit einem der Ärzte, weil ich wissen wollte, ob und was die Tests ergeben hatten.

Es war Juli und sehr heiß, als ich mit Flurry in unserem MG hinfuhr. Ehe ich zu Davy ging, wollte ich erst mit dem Arzt sprechen. Und da erfuhr ich die Wahrheit. Ohne lange Vorrede erklärte er mir: „Sie ist todkrank. Ich würde sagen, ihre Chance steht eins zu zehn. Vielleicht lebt sie noch sechs Monate." Er beschönigte nichts, aber kann man eine solche Wahrheit überhaupt beschönigen?

In diesem Augenblick hatte sich die Welt für mich grundlegend und für immer verändert. Ruhig fragte ich den Arzt – so ruhig, daß er vielleicht denken konnte, seine Feststellung würde mir nichts bedeuten – nach Davys Krankheit. Er sagte, es sei ihre Leber. Der Zeitpunkt, zu dem noch eine Heilung möglich gewesen wäre, sei bereits überschritten. Sie wüßten selbst nicht, warum. Davy würde im Koma sterben oder innerlich verbluten.

Es sei schon jetzt gesagt, daß sie starb, obwohl Dr. Craddock verzweifelt um ihr Leben kämpfte. Und sogar nach der Obduktion konnte niemand genau sagen, warum sie sterben mußte. Die Ärzte vermuteten einen subklinischen, vielleicht auch tropischen Virus, der sich in ihrem Körper eingenistet hatte, möglicherweise schon zur Zeit unserer Inselreisen, vielleicht auch erst im Juni dieses Jahres, vielleicht aber auch im Jahr vorher. Das ist alles, was man darüber herausgefunden hat.

Es sei weiter gesagt, daß ich im Lynchburg College anfragte, ob sie mich wieder anstellen würden. Und obwohl sie die Stelle schon neu besetzt hatten, konnte ich wieder dort arbeiten. Gleichzeitig gab ich meine neue Stellung im Wabash College auf. Sie wiederholten zwar das Angebot in den nächsten Jahren, aber ich ging niemals dorthin, aus Dankbarkeit gegenüber dem Lynchburg College.

Als ich das kühle Büro des Arztes verließ, mußte ich einen Flur entlanggehen, der mir weiß, steril und endlos lang vorkam. Am Ende dieses schrecklichen Flurs lag Davy. Der Klang meiner Schritte erschreckte mich, und gleichzeitig bewegte mich die bange Frage: Was soll ich ihr sagen? Irgendwie war ich fest entschlossen, ihr Kraft zu geben, sie durch das, was vor ihr lag, hindurchzutragen. Ich mußte stark sein, wenn ich es ihr erzählte. Aber im Moment war ich alles andere als stark. Würde ich wenigstens äußerlich ruhig und gefaßt bleiben? Ich mußte es einfach. Aber zumindest einen Tag brauchte ich, um stark erscheinen zu können. Morgen also würde ich es ihr sagen und ihr hindurchhelfen durch die Stunde des Wissens.
Mit einem fröhlichen Gruß trat ich bei ihr ein. Ich sagte, daß die Tests noch nicht alle ausgewertet seien, und dann plauderten wir über die wenigen Neuigkeiten von zu Hause. Ich wollte ihr noch sagen, wie sehr sie mir gefehlt hat, aber ich konnte es nicht. Schließlich verabschiedete ich mich mit einem freundlichen „Auf Wiedersehn bis morgen!“ Aber sie wußte es –, sie wußte, daß etwas Dunkles in meinen Augen war. Wir konnten voreinander nichts verbergen.
Dann ging ich hinunter zu dem MG. Flurry freute sich, mich zu sehen, wurde aber ruhig, als ich meine Hand auf ihren Kopf legte. Ich fuhr aus der Stadt, immer noch ohne Tränen, und betete: „Dein Wille geschehe“, wieder und wieder –, es war alles, was ich beten konnte. Mir fiel plötzlich ein, wie sie mir gestanden hatte, daß sie ihr Leben für mich hingeben wollte. Als ich draußen auf dem freien Lande war, kamen die Tränen, aber der Wind wehte sie fort.

Kapitel 7

Der tödliche Schnee

Am Sonntag, dem Tag vor den verhängnisvollen Worten des Arztes, las Julian in seinem Kloster in Neuengland eine Messe für Davy und mich. Er wußte nichts von Davys Krankheit, nicht einmal von ihrem Klinikaufenthalt, aber irgendwie schien er zu ahnen, daß wir Hilfe brauchten. Eine Ahnung aus der Ewigkeit.
Der Montag, als ich auf dem qualvoll langen Klinikflur entlangging, als ich allein durch die Landschaft Virginias nach Hause fuhr, dieser Montag war wohl der schlimmste Tag meines Lebens. Es sollten noch viele schwere Tage kommen, aber wir durchlebten und durchlitten sie gemeinsam als Liebende. Heute ging ich voller Schmerz allein den Flur entlang, denn ich hatte es ihr nicht erzählt. Die Welt hatte sich von einer Minute zur anderen völlig verändert.

Als ich das „Maulwurfsnest“ erreichte, fing ich an zu handeln. Telegramme und Telefongespräche gingen an Freunde, besonders an christliche Freunde, unter ihnen auch C. S. Lewis und Maurice Wood, unser Pfarrer in „St. Ebbe“. Ebenso an Shirley und Belle, Preston und Pfarrer Jeffrey. Ich sprach mit Dekan John Turner und anderen College-Angestellten, und ich sprach mit Dr. Craddock. Es waren nicht die christlichen Freunde, die mich drängten, Davy nichts von ihrem nahen Tod zu sagen. Sie sagten alle, jetzt und auch später, daß sie es wissen müßte. C. S. Lewis versprach mir, für sie zu beten; forderte mich aber gleichzeitig auf, es ihr zu sagen. Und Julian, der ebenso inständig betete, schrieb: „Sie sollte es wissen, wenn sie ihrem Golgatha entgegengeht.“ Er fügte hinzu: „Arme Jean, so demütig, so gut, so voller Eifer und Liebe, so voller Glauben. Gott möge sie in seiner Hand halten.“
Verzweifelt bemühte ich mich an jenem Montag, mich vor allem darauf zu rüsten, was vor mir lag. Ich machte „Klar Schiff“, indem

ich alles aus meinem Leben hinauswarf, was für Davy oder meine Arbeit im College nicht wichtig war. Lange stand ich vor Davys Gemälden und sah sie – unter dem Eindruck meiner neuen Erkenntnis – mit völlig anderen Augen. Welche dunklen Ahnungen hatten mich bewegt, als ich damals in Glenmerle das erste Gedicht für Davy schrieb? „In immer froher Maienzeit... Dann schwindet auch dies Bild, tödlich vom Schnee verhüllt."
Allmählich, aber so sicher und unumstößlich wie bisher nichts in meinem Leben, wurde mir klar, welchen Weg ich jetzt gehen mußte: In den vor uns liegenden Monaten würde ich alles für sie tun und alles für sie sein. Ich wollte sie mit meiner Liebe durch diese Zeit tragen, über alles Leiden hinwegheben. Nichts, aber auch gar nichts auf dieser Welt, würde mich daran hindern können. Wild entschlossen fuhr ich nach „St. Stephen", um an dem alten Steinkreuz zu beten, wo wir so oft zusammen gekniet hatten. Ich betete zu Gott, uns beiden Kraft zu geben.

Dann war ich bereit, es ihr zu sagen. Als ich im hellen Licht der Morgensonne nach Charlottesville fuhr, dachte ich daran, daß sie im vergangenen Herbst ihr Leben für mich geopfert hatte. War dies jetzt das Ergebnis? Schmerzvoll erinnerte ich mich an ihre Todesahnung im Juli des vergangenen Jahres, als sie gebetet hatte, Gott möge ihr ein weiteres Jahr schenken, damit sie ihre Arbeit zu einem guten Abschluß bringen kann. Jetzt war es wieder Juli – genau ein Jahr also –, und ich war auf dem Weg, um ihr zu sagen, daß sie sterben mußte.
Jedes Gesundwerden ist nichts als ein Verzögern des Todes, dem doch keiner von uns entgehen kann. Gott hatte uns geschenkt, wofür sie gebetet hatte: ein weiteres Jahr. War es recht von mir, um noch mehr zu bitten? War es recht von mir, um ihr Leben zu bitten, wenn sie es doch Gott zum Opfer gegeben hatte? Wie sollte ich vor Gott treten? Was sollte ich dem lebendigen Gott sagen, der die Welt geschaffen und bis zum Tode am Kreuz an ihr gelitten hatte?
Ich dachte an die „Graugans", und daß wir nie wieder auf den Meeren dieser Welt segeln würden. Ich dachte an unsere Liebe zur

Dichtung, meine eigenen Gedichte und an all die anderen Dinge, die uns lieb waren, an unsere Inseln im Westen. Dann packte ich alles zusammen zu einem großen Paket. Und dieses Paket brachte ich dem Herrn zum Opfer: Nimm alles, was ich jemals geträumt habe, alles, wonach ich mich jemals sehnen könnte, auch den Tod, nach dem ich mich sicherlich sehnen werde. Ich biete es dir alles an, Christus, für sie, für ihr Bestes, Tod oder Leben.

Das war meine Opfergabe. Ich bat Gott, alles zu nehmen; alles, was war oder jemals sein würde. Und das nicht für ihre Heilung – denn wäre ihre Heilung das Beste für sie? –, sondern für ihr Bestes, was immer das auch sein würde. Später betete ich, sie solle wieder gesund werden, aber nur, wenn es gut für sie wäre. Vielleicht war das damals die reinste Liebestat meines Lebens. Alle diese Gedanken bestürmten und bewegten mich während der Fahrt nach Charlottesville. Und dann sah ich im Westen über den „Blue Mountains" einen Regenbogen, nur für einen schimmernden Augenblick. Zufall oder Versprechen?

Im Wagen lag ein Strauß gelber Rosen für Davy. Ich weiß nicht, warum ich gerade Rosen ausgesucht hatte; außer, daß sie schön waren und ich keinen Flieder bekommen konnte. Die Fliederzeit war nun wohl für immer vorbei. Aber die Rosen hatten ihre eigene Schönheit; und dies war unsere Zeit der Rosen. Von jetzt an sollten immer gelbe Rosen bei ihr sein.

Als die Schwester das Zimmer verließ, setzte ich mich neben Davy und nahm ihre Hand. Zögernd sagte ich: „Davy..." Sie sah mich an und lächelte. „Liebling", begann ich noch einmal, „diese – Krankheit – wird vielleicht unsere Trennung bedeuten – für eine Weile." Ihr Händedruck wurde plötzlich fester, gespannter, aber sie lächelte noch immer. „Die Ärzte sagen, daß man da nichts machen kann. Aber viele Menschen beten für dich. C. S. Lewis und Maurice. Peter und Bee, Lew und Mary Ann, Thad, Julian. Du bist in Gottes Hand, Liebling." Ich wollte es nicht, aber in meinen Augen standen die Tränen. Ich lächelte sie an.

Auch sie lächelte mich durch einen Tränenschleier an und antwortete mit leiser Stimme: „Laß alles so kommen", ihre Stimme

schwankte, und sie schluchzte leise auf, „ – wie Gott es will“, beendete sie mit festerer Stimme den Satz.
„Gestern, als du hier warst, dachte ich – dachte ich, nun, daß es etwas Schlimmes sein würde. Deine Augen waren so unglücklich...“
Ich stand auf, beugte mich über Davy und legte meine Arme um sie. „Ich liebe dich“, sagte ich. „Was auch immer kommen mag, ich liebe dich für immer.“ Ich küßte ihr die Tränen von den Wangen, und wir hielten uns eine Weile fest umschlungen. Auch mein Gesicht war voller Tränen.
Ich erzählte ihr nun genau, was der Arzt gesagt hatte. Und alles, was in der Zwischenzeit passiert war; bis hin zu meinem Opferpaket und dem Regenbogen. Sie würde in all die Gebete eingehüllt sein, sagte ich. Und in der Tat, sie war es schon. Dann sagte ich, daß Christus sie heilen würde, wenn es Gottes Wille wäre. Darum müßten wir und auch sie beständig beten. – Ich erzählte ihr von Julians Messe am Sonntag, und sie war sehr bewegt. Dann gab ich ihr meinen liebsten Besitz: ein kleines Goldkreuz, das sie mir in Oxford geschenkt hatte. Ich legte es ihr um den Hals.
Wir schöpften neue Hoffnung, die aus der Liebe kam, und wurden fröhlich. Davy stand auf und ging zum Fenster hinüber, um Flurry und den Wagen sehen zu können. Als sie rief, sprang Flurry aus dem Wagen und lief ganz aufgeregt hin und her. Schließlich versuchte sie sogar an der Wand des Krankenhauses hochzuklettern. Davy lachte und rief Flurry zu, sie solle zum Auto zurückgehen. Flurry folgte gehorsam.

Von diesem Tage an verloren wir nie ganz die Hoffnung. Wir zweifelten natürlich nicht an dem medizinischen Befund. Aber gab es nicht so viele unerklärliche, wunderbare Heilungen? So betete ich, wie auch viele andere, für Davy. Aber ich betete immer dafür, Gott möge das tun, was für sie das Beste sei.
Davys Schwester kam. Weinend und lachend zugleich. Viele Freunde reisten nach Charlottesville, um Davy zu besuchen. Wenn sie das Krankenhaus wieder verließen, waren sie bewegt und gestärkt durch ihren Mut und ihre Liebe.

Als die Untersuchungen im Krankenhaus abgeschlossen waren, holten wir sie nach Hause. Shirley Rosser hatte in seinem großen Wagen ein Bett für sie gebaut. Auf dem Hinweg bot er mir alle seine Ersparnisse an, falls ich sie gebrauchen sollte. Die Rückfahrt wurde für uns alle drei eine fröhliche Fahrt nach Hause.
Sie war sehr glücklich, zu Hause im kühlen und ruhigen „Maulwurfsnest“ zu sein. Alle unsere Bücher umgaben sie, und vor allen Dingen waren wir ständig beieinander. Ich hatte ihr großes Bett ins Wohnzimmer gebracht, und den ganzen August über residierte sie dort wie eine Königin. Ich kochte für sie, rieb ihr den Rücken ein und gab ihr die notwendigen Spritzen. Außerdem besorgte ich eine Putzfrau. Ich jagte auch die Mücken, die uns in diesem Sommer besonders plagten. Und natürlich konnte eine einzige Mücke Davys kostbaren Schlaf stören. So jagte ich sie jeden Abend mit einer Laterne. Schlaf und Essen bedeuteten für Davy vielleicht das Leben, und so gab ich mir unendliche Mühe, ihre salzlose Diät so schmackhaft wie möglich zu kochen.
Im „Maulwurfsnest“ und auch später, als sie wieder im Krankenhaus war, besuchten sie unendlich viele Freunde und Bekannte. Ich kann nicht einmal einen Bruchteil all der Leute aufzählen und schon gar nicht die Freundlichkeiten, die man ihr erwies. Wir erhielten viele – häufig anonyme – Geldgeschenke. Einmal war es ein Briefumschlag mit 50 Dollar gesammelter Münzen, den wir im Briefkasten fanden, und manchmal waren es auch größere Summen. Später standen die Studenten Schlange, um für sie Blut zu spenden, zwanzig oder dreißig Liter. Ich war sehr traurig darüber, daß ich nicht ihre Blutgruppe hatte. Zum Ausgleich spendete ich mein Blut für andere.
Erstaunlich und kennzeichnend an diesem Besucherstrom im „Maulwurfsnest“ und auch später war für mich freilich etwas ganz anderes: Alle kamen voller Liebe, um sie aufzumuntern, und gingen dann selbst aufgemuntert und gestärkt wieder weg. Einer der Studenten malte später ein Bild von Davy, wie sie lächelnd im Licht stand und einen Studenten aus dem Dunkel zu einem Baum – dem Kreuz – führte.
Während wir mit so viel Mut, Hoffnung und Liebe, wie wir nur

aufbringen konnten, dem entgegensahen, was auf uns zukam, beteten Davy und ich in jenem Monat die alten schönen Gebete aus dem „Common Prayer Book“. Einmal kam der Pfarrer, um uns das heilige Abendmahl zu geben. Dr. Craddock hatte gesagt, daß ich sie mit nach draußen auf die weiten Rasenflächen des Herrenhauses nehmen könnte. Also lieh ich mir eine bequeme Liege für sie, und wir saßen jeden Nachmittag draußen im Schatten einer riesigen Eiche. Dort unter dem Baum erinnerte uns alles an Glenmerle, nur daß Flurry neben uns lag und nicht Laddie. Wir lasen in jenem Monat viel zusammen. Ein Buch, das uns damals besonders beschäftigte, war Thomas Mertons „Verheißungen der Stille“.

Und natürlich lasen wir die alten geliebten Gedichte, die einen Teil unseres Lebens ausmachten. Außerdem schien uns jetzt die rechte Zeit für unser Tagebuch gekommen zu sein. Draußen unter den Eichen lasen wir es und fingen mit den glücklichen Tagen in Glenmerle an: „Als wir im Mai so glücklich waren“ und unsere Liebe so jung. So lebte Glenmerle in uns wieder auf; Glenmerle und das Wandern am Lilienteich, der Club und das Feuer, der Flug im Morgengrauen und das Treiben im Kanu unter dem Sternenhimmel. Und dann unsere „Strahlende Festung“. Manchmal freilich leisteten wir uns einen „Vorgriff“ auf spätere Tage und blätterten weiter, weil wir vom Schoner und von Oxford lesen wollten. Wir empfanden unser Leben als Ganzheit und waren uns seiner Einmaligkeit bewußt.

Davy hatte keine Schmerzen. Zu meinem großen Kummer und meiner gelegentlichen Verzweiflung hatte sie nicht viel Appetit auf die salzlose Diät, ungeachtet all meiner Bemühungen. Damals begann sich Flüssigkeit in ihrem Unterleib zu sammeln und zu stauen. Nichts konnte diesen Vorgang aufhalten. Das wußten wir. Und wir wußten auch, daß ihr schließlich nur durch Punktieren geholfen werden könnte. Aber je langsamer sich die Flüssigkeit ansammelte, um so hoffnungsvoller konnten wir sein. Und tatsächlich mußte sie erst Anfang September für ein paar Tage zum Punktieren in das Krankenhaus. Der Arzt erlaubte mir, sie in dem MG dort hinzubringen, wenn ich nur langsam fahren würde. Und so fuhren wir im Kriechgang mit unserem kleinen Auto in die Klinik. Unsere Bücher im „Maulwurfsnest" ließen wir geöffnet liegen, damit Davy ohne Verzögerung weiterlesen konnte, wenn sie wieder zurückkam.

Aber sie kam nicht zurück. Wochenlang hieß es, sie käme in der nächsten Woche nach Hause; aber sie kam nie mehr nach Hause. Vielleicht war es am besten so, daß wir jenen August im „Maulwurfsnest" erleben durften ohne das belastende Wissen, daß es der letzte sein würde.
Vom September bis Ende November fühlte sie sich noch einigermaßen gut. Die Parole der Ärzte in diesen Monaten lautete: „Sie hält sich ganz gut." Die meiste Zeit bekam sie Cortison, eine Medizin, die einen ziemlich euphorischen Effekt bei ihr auslöste. Sie litt auch sehr unter der Hitze. Ich machte mir deswegen große Sorgen, denn ich erinnerte mich an den vergangenen Sommer, als sie sich erst in den kühleren Monaten wieder besser fühlte. Ausgerechnet in diesem Jahr aber dauerte die Hitzeperiode bis in den Oktober. Der Hurrikan Hazel traf Lynchburg nicht direkt, aber er beendete die Hitzewelle mit einem großen Sturm. Gewaltige Äste wurden heruntergerissen und die Stromversorgung des Krankenhauses für einen Augenblick unterbrochen. Aber Davy war fröhlich und beruhigte Patienten, die Angst hatten.
Während dieser Monate im Krankenhaus besuchte ich Davy an jedem Tag, meistens sogar zweimal. Daneben unterrichtete ich noch meine Klassen, aber das war auch alles. Alles, was nichts mit Davy zu tun hatte, war für mich unwichtig geworden. Außer daß ich mir zu Hause ihre Gemälde ansah. Jeden Morgen beobachtete ich die Morgendämmerung, die wir beide so sehr liebten, und ich wußte genau, daß auch sie dieses allmorgendliche Erleben nie versäumte. Das Bewußtsein, die aufgehende Sonne gemeinsam anzusehen, verband uns miteinander.
Im September lieferte der Postbote einen alten Schuhkarton bei mir ab. Er enthielt Julians kostbarsten Besitz, sein zartzerbrechliches, mittelalterliches Kruzifix. Geschnitzt in Holz, stellte es nicht nur den Gekreuzigten dar, sondern auch Gott Vater in einer

Wolke und eine Taube, daneben Maria mit dem Schwert in ihrem Herzen. Dieses Kreuz hatte Davy jetzt immer bei sich. Julian selbst konnte nicht kommen, obwohl wir beide, er und ich, seinen Prior eindringlich darum baten. Trotzdem fühlten wir uns Julian, der stundenlang für uns betete, durch den Glauben ganz besonders nah. Sein Kruzifix, seine Briefe und noch mehr seine Gedichte ließen ihn bei uns sein. Ganz besonders eines seiner Gedichte hat uns in dieser Zeit begleitet. Davy hatte es an der Wand befestigt und las es sehr oft:

Wenn alles ist verlorn, gedankt sei Gott!
Wenn ich es schwinden seh, vergehen seh,
verblassen seh im Tod,
gedankt sei Gott, daß er für mich noch lebt.
Wenn er für mich nicht lebt, so bin ich ganz verlorn,
verloren und verweht im Wind,
im blassen Abendrot.
Ade! Gott sei mit dir am Abend in der Not.
Wenn alles ist verlorn, gedankt sei ihm,
denn ich bin klein, doch er bleibt Gott.

Davy begann Abschied zu nehmen: vom Wind, von den Wolken und vom Himmel. Und sie dankte Gott. Dabei war sie menschlich, herzzerreißend menschlich; sie wollte nicht sterben.
Gehorsam erfüllte sie alles, was ihr die Ärzte und Schwestern verordneten: alles, nur daß sie nicht im Bett blieb, wenn jemand sie brauchte. Immer wieder wurde sie in der Nacht entdeckt, wenn sie aufgestanden war und bei einem anderen Patienten saß, den sie beruhigte, dem sie die Hand hielt und für den sie betete. Der Arzt bat mich, ihr klarzumachen, daß sie im Bett bleiben müsse. Davy sah mich schuldbewußt an, lächelte und versprach es – bis sie wieder ein Schluchzen oder einen Schrei in der Nacht hörte. Später erhielt ich viele Briefe von allen möglichen Leuten, die mit ihr im Krankenhaus gelegen hatten und die nun schrieben, wie sehr Davy ihnen geholfen und sie gestärkt hatte. In einem Brief hieß es, sie sei wie ein Engel Gottes gewesen.

Die Krankenschwestern und das Klinikpersonal liebten sie. Mit meiner Hilfe bastelte Davy für eine der farbigen Angestellten einen großen Orden „Für treue Dienste". Viele der Krankenschwestern beteten auch für sie. Besonders Schwester Johanna, die „Heilige Johanna", wie wir sie nannten, mochte Davy besonders gern, denn sie war jung, flink und tapfer. Davy verlor während der ganzen Zeit nicht ihre Fröhlichkeit und ihren Sinn für Humor. Oft brachte sie die Leute zum Lachen, mit denen sie zusammen war. Jemand schenkte ihr ein schlappohriges Wesen, das sie immer „Paulus, mein Hund oder Kaninchen" nannte. Sie stellte ihm ihre Besucher vor und sprach mit ihm über sie. Es ist bestimmt keine Übertreibung, wenn ich sage, daß sie für Schwestern, Ärzte und Angestellte, ebenso wie für unsere Freunde, eine Quelle der Kraft war in ihrer fröhlichen, tapferen und liebevollen Art. Die Liebe strahlte aus ihr. Und Liebe zeugt nicht nur Liebe, sie vermittelt auch Kraft.

Noch etwas möchte ich hier ausdrücklich erwähnen: In all den Monaten, die Davy hier behandelt wurde, nahm das Krankenhaus – das Virginia Baptist Hospital – nicht einen Pfennig; nicht einmal meine gelegentlichen Mahlzeiten mußte ich bezahlen. Sie sagten, daß Davy mehr für sie getan hätte, für ihre Schwestern und andere Patienten, als sie jemals für sie hätten tun können. Auch Dr. Craddock, in meinen Augen ein sehr fähiger Arzt und überzeugter Christ, der sie mit seinem Partner all die Monate hindurch täglich besuchte, lehnte jede Bezahlung ab. Ich selbst hatte weder die Ärzte noch das Krankenhaus um Hilfe gebeten und eine solche Hilfe auch niemals erwartet. Vielmehr hatte ich Vorbereitungen getroffen, um mir Geld zu leihen. Doch Güte und Liebe sind offensichtlich ebenso real vorhanden wie ihr schreckliches Gegenteil. Liebe ist die letzte Realität. Wer das nicht versteht, sei er Schriftsteller oder Gelehrter, ist ein Mensch, dessen Wissen nicht vollkommen ist.

Davy kämpfte darum, Gottes Willen zu tun. Sie kämpfte darum, ihren eigenen Willen mit dem Willen Gottes in Übereinstimmung zu bringen: das zu wollen, was er wollte. Wir beteten oft das Gebet aus einem Roman von Charles Williams: „Herr, tu es – oder tu es nicht.“ Sie war eine junge Frau und wollte leben, und sie fürchtete den Tod. Aber sie war Gott ergeben. Ihr Wahlspruch, den sie immer wiederholte, lautete: „Es wird alles sehr gut sein.“ Und: „Was auch kommen mag, es wird gut sein.“ Sie arbeitete an ihren Richtlinien für ein christliches Leben, deren erste lautete: „Du sollst den Herrn, deinen Gott lieben. Wenn du ihn noch nicht lieben kannst, dann mußt du ihm mit deinem ganzen Verstand, deiner Seele und deinem Herzen vertrauen.“ Eine andere Maxime war: „Du sollst nichts tun, was der Liebe widerspricht.“

War Davy eine Quelle der Kraft für die anderen, so durfte ich ein wenig Kraftquelle für sie sein. Ihre wirkliche Kraftquelle war natürlich ihr gekreuzigter Herr. Und doch, menschlich, stützte sie sich auf mich. Vielleicht war es auch ein Zeichen ihrer übergroßen Höflichkeit: Auf jeden Fall wollte oder konnte sie ihre menschliche Sehnsucht nach Leben und ihre menschliche Furcht vor dem Tod nicht vor mir verbergen. Daß einer des anderen Last trage, ist nicht nur eine Redewendung oder bezieht sich auf physische Lasten. Davys Last war nicht der Tod an sich, sondern die Furcht vor dem Tod. Ich bat sie, mir diese Last zu geben, so wie man einem Träger einen Koffer übergibt. Eine reale wirkliche Handlung. Und ich nahm diese Last auf mich, ebenfalls als reale Handlung. Dann übernahm ich ihre Furcht mit meinem ganzen Herzen, meinem Verstand und meiner Vorstellungskraft, fühlte sie und trug sie zusammen mit meiner eigenen Furcht, die genauso real, aber anders war. Und ihre Last wurde leichter.

Hinter ihrem Zimmer lag eine Veranda. Jeden Tag fuhr ich sie im Rollstuhl hinaus auf diese Veranda. Unten hatte ich den Wagen geparkt, so daß Davy ihn sehen und Flurry begrüßen konnte. Wenn ich sie aus ihrem Zimmer den Flur entlangrollte, grüßte Davy jeden Vorübergehenden und rief fröhlich: „Dies ist der schönste Augenblick des Tages.“ Und jeder lächelte. Dort draußen auf der Veranda unterhielten wir uns und lasen Gedichte; wir küßten uns und hielten uns an den Händen. Wieviel Glück erlebten wir dort, sogar im unmittelbaren Schatten des Todes! Gewöhnlich nahm sie die gelben Rosen auch mit hinaus. Manchmal brachte uns eine Schwester Tee, oder ich hatte eine Thermosfla-

sche mit „richtigem Tee“ von zu Hause mitgebracht. Wenn ein Brief von Julian oder einem anderen Freund angekommen war, lasen wir ihn dort zusammen, und manchmal sprachen wir auch über die Morgendämmerung, die wir beide beobachtet hatten.
An einem milden Oktoberabend fuhr ich sie wieder auf die Veranda. Ich hatte ihr einige frische, gelbe Rosen mitgebracht und erzählte ihr im Scherz, ich sei nach Glenmerle gefahren, um ihr diese Rosen zu holen. Davy kicherte und tat so, als würde sie es glauben. Wir sprachen über die Zeit in Glenmerle und hatten dabei das Gefühl, als wäre das alles erst gestern gewesen.
Auf einmal sagte Davy mit leiser Stimme: „Vielleicht dürfen wir uns in Glenmerle wiedertreffen, wenn...“
Behutsam legte ich meinen Arm um sie und entgegnete: „In einem himmlischen Glenmerle. Wenn ich mir irgendeiner Sache absolut sicher bin, dann der, daß der Himmel ein Nachhausekommen bedeutet. Und für uns heißt dieses Zuhause Glenmerle.“
Davy sah mich an und meinte ganz ruhig: „Es wird nicht mehr lange dauern.“ Nachdem ich sie an jenem Abend verlassen hatte – mit den Autoscheinwerfern blinkte, wie ich es immer tat, worauf sie mit dem Blinken ihrer Nachttischlampe antwortete –, fuhr ich nach Hause und schrieb das Gedicht:

Allerheiligen Abend

Wenn ich wehmütig wilde Hoffnung wäge
und Furcht vor dem Verlust mich leise streift,
im Wind die Stimme der Geliebten träge
durch Maienlüfte schwebt und mich ergreift.

Gesang der Schönheit klingt, obwohl er weiß,
daß sich der Augenblick des Schmerzes naht,
der uns aus Lachen und aus Tränen leis
zum Kreuzweg führt, unwiderruflich und doch zart.

Oh, Rosengarten, wo in blauer Nacht
in heilgem, freudevollem Schweigen ohne Zeit

die Wahrheit und die Schönheit uns erwacht,
und Sterne strahlen hell in Ewigkeit.

Geheimes Wissen schwingt von dir zu mir:
der Schönheit Singen lebt im Tod auch hier.

Dieses Gedicht brachte ich ihr am nächsten Tag mit. Wie gewöhnlich pfiff ich unser Erkennungszeichen unter ihrem Fenster, und sie pfiff den zweiten Teil zurück. Dieses Mal fügte ich hinzu: „Du bist der König der Ehren.“ Dann las ich ihr draußen auf der Veranda das Gedicht vor. Tränen liefen über ihre Wangen; aber es waren Tränen der Freude, und sie lächelte mich unter Tränen an. Auch an diesem Abend schrieb ich ein Gedicht für sie. Davy war auch davon tief bewegt. Beide Gedichte heftete sie an die Wand neben ihrem Bett, zusammen mit Julians Gedicht. Diese drei Gedichte bringen zum Ausdruck, was und wie wir damals fühlten und erlebten.

Sterbend

Durch Gottes Allmacht
  Kommst du zur Klarheit
  – Ihm nahe gebracht –
  Schaust du die Wahrheit
Furchtlos denn er wacht

Sorglos im Mitleid
  Eifrig im Lieben
  – Auf dieser Hochzeit –
  Scheint hell die Schönheit
In heil’ger Schlichtheit.

So wie T. S. Eliot in den „Vier Quartetten“ sagt, bedeutet Christ zu sein: „Ein Zustand voller Einfachheit, der nicht weniger kostet als alles.“ Ohne Davy hätte ich diese Zeilen vielleicht nie ganz verstanden, aber in ihnen war exakt die Haltung formuliert, die sie erreicht hatte.

Im November erreichte uns ein besorgter Brief von C. S. Lewis, dem ich aus Zeitmangel seit dem Brief im Juli nicht mehr geschrieben hatte. Ich nahm mir jetzt Zeit, diesen Brief zu beantworten:

„Es ist lange her, seit Du mir geschrieben und von der ernsten Krankheit Deiner Frau berichtet hast. Du wolltest, daß ich für sie bete, und natürlich habe ich gebetet; nicht nur am Tage, sondern auch in der Nacht. Ich erwache nie, ohne daß ich Euch beide im Gebet vor Gott bringe. Manchmal habe ich mit sophistischen Argumenten versucht, mir einzureden, daß Dein Schweigen irgendwie ein gutes Zeichen sein könnte... Aber wie könnte es das? Wenn Du es ertragen kannst, so schreib mir. Wenn sie dahin gegangen ist, wo wir keine Angst mehr um sie zu haben brauchen, dann muß ich Angst um Dich haben. Ich mag Euch beide so gern. Nie habe ich zwei junge Menschen lieber gehabt. Und gernhaben bedeutet auch Angst haben. Was auch immer geschehen ist, und in welchem Zustand Du Dich befindest (ich male mir das Schrecklichste aus), gelten Euch alle meine Segenswünsche."

An einem Dezembertag – für die Veranda war es ein wenig zu kühl – rollte ich sie in eine Art Sonnenzimmer mit vielen Fenstern. Wir sprachen über Hawaii, seine blaue See und die Wolken im Passat, darüber, wie sie ins Wasser gesprungen war, weil sie meine Uniformmütze auffischen wollte. Davy lachte und war fröhlich wie immer. Trotzdem schien sie mir ein wenig abgelenkt und verwirrt.

Als ich am nächsten Tag kam und das Erkennungszeichen unter ihrem Fenster pfiff, bekam ich keine Antwort. Natürlich konnte gerade der Arzt bei ihr sein. Aber als ich ihr Zimmer betrat, sah ich Gitter vor ihrem Bett, damit sie nicht herausfallen konnte. Die Schwester sagte mir, daß Davy im Koma läge. Wir versuchten, sie anzusprechen, aber sie gab keine Antwort. Sie lächelte wie ein Engel, öffnete ihre Augen aber nicht. Immer wieder bat ich sie: „Mach die Augen auf, Liebling." Sie lächelte wieder, aber das war alles. Verwirrt und aufgeregt rief ich: „Deine Augen sind noch zu. Ich kann dich doch überhaupt nicht sehen, wenn deine Augen zu sind, oder?“ Sie lächelte schwach, aber sonst war durch nichts zu erkennen, ob sie mich verstanden hatte. Ein oder zwei Stunden lang saß ich neben ihr und hielt ihre Hand. Dann mußte ich gehen.

Als ich sie an jenem Abend noch einmal besuchte, war sie noch tiefer ins Koma gefallen. Der Arzt kam und sprach sie an, aber sie gab keine Antwort. Er erklärte mir, daß sie wahrscheinlich nie mehr aus diesem Koma erwachen würde. Wie sehr hatten wir beide darum gebetet, daß sie nicht im Koma sterben möge; daß sie, wenn es soweit ist, mit klaren Augen und vollem Bewußtsein sterben dürfte. Aber nun sah es so aus, als würde dieser Wunsch nicht in Erfüllung gehen. Vielleicht war es besser so. Ich nahm die Gitter von ihrem Bett, damit ich ihre Hand halten konnte. Als ich mich über sie beugte, um sie zu küssen, fiel mir aus irgendeinem Grund eine Zeile aus einem meiner frühen Gedichte an sie ein. „Und wenn es dunkelt..., will mich noch ein Aprilkuß streifen.“

Dunkelheit für sie und bohrende Sorge für mich. Ich küßte noch einmal ihre Wange, und plötzlich sagte sie mit leiser, weit entfernter Stimme: „Oh, Liebster...“ Ich sprach sie wieder an, aber sie schwieg. So saß ich nur da und hielt ihre Hand. Nach ein paar Minuten wiederholte sie noch einmal mit dieser leisen Stimme: „Oh, Liebster...“ Jetzt kamen Schwestern herein, um ihr eine Spritze zu geben. Immer, wenn sie den Einstich spürte, sagte sie, – als wäre sie es, die jemandem weh tut: „Oh, es tut mir so leid.“ Dann, nach ein paar Minuten des Schweigens hörte ich es wieder: „Oh, Liebster...“ Ich wußte, daß sie es zu mir sagte. Wo immer sie auch war, welches ferne Land sie auch durchschritt, sie erreichte mich noch. Endlose Stunden vergingen; aber jede halbe oder ganze Minute ihre warme, ferne, leise Stimme. Vielleicht klingt es banal, doch ich glaube, mein Herz zerbrach in jener Nacht und nur eine unermeßliche Liebe trug mich durch diese Not.

Am nächsten Tag fingen sie mit intravenöser Ernährung an. Davy reagierte auf die Bemühungen der Ärzte und Schwestern auch nicht mit dem allerkleinsten Zeichen. Dann bemerkte ich, daß ich sie erreichen konnte. Wenn ich von Laddie oder Glenmerle sprach, bewegte sie die Lippen. Ich erzählte die Geschichte, wie

Laddie sich an dem Schweineschwanz festhielt, und sie kicherte – zur großen Verwunderung einer Schwester, die gerade hereinkam. Ich bat die Schwester, mir für Davy etwas zu essen zu bringen. Die Schwester meinte zwar, daß es zwecklos sei, aber sie brachte etwas. Ich bat Davy, den Mund aufzumachen, und sie tat es. So fütterte ich sie, als ob sie ein Baby wäre. Die Schwester versuchte es auch, aber Davy reagierte nur auf meine Stimme. Danach vergaß das Krankenhaus die Besuchszeiten, und ich vergaß meinen Unterricht. Zu allen Mahlzeiten saß ich an ihrem Bett.

Allmählich redete ich sie aus dem Koma heraus. Vielleicht wäre sie auch von allein herausgekommen. Aber seit jener ersten Mahlzeit sprach ich mit ihr, und sie hörte mich. Ich summte die Humoreske, und sie bewegte glücklich die Lippen. Sie lachte fröhlich, wenn ich von lustigen Dingen sprach, an die wir uns beide erinnerten, und sie bewegte sich glücklich, wenn ich ihr etwas Liebes sagte. Ich pfiff leise das Erkennungssignal, und sie spitzte die Lippen, als wollte sie mir antworten. Sie versuchte sogar zu sprechen. Als ich „Schätzchen“ zu ihr sagte, formulierte sie mühsam und leise: „Schätz...“. Am nächsten Tag konnte sie „Schätzchen“ sagen. Schließlich pfiff ich unser Alarmsignal, und ihre Augenlider flatterten einen Augenblick. Allmählich wachte sie aus dem Koma auf.

Es mag merkwürdig klingen, aber dies waren die glücklichsten Tage seit der schrecklichen Nachricht vor einigen Monaten. In dieser kurzen Zeit war das Bewußtsein des Todes von ihr genommen. Und ich war erfüllt von einer verzweifelten Hoffnung, daß Gott mich irgendwie zu seinem Werkzeug machen könnte, sie zu retten, seine Kraft durch mich in sie hineinzugeben. Wir erlebten ein neues Glück. Ich war so voller Liebe zu ihr, wie ein Mensch es nur sein kann, und sie ebenso. Wir sprachen von Glenmerle, weil es unserem Bewußtsein durch das Lesen des Tagebuchs so überaus nahe gerückt war. In unseren Gedanken und Erinnerungen wanderten wir tagelang zusammen im Frühling durch Glenmerle. Wir gingen jetzt, mitten im Winter, hinunter zum alten Lilienteich und in den Obstgarten. Wir waren jung und verliebt. Entgegen allen Voraussagen erwachte sie vollkommen aus dem

Koma. Sie tauchte daraus auf mit einer Erinnerung ans Glücklichsein. Doch zurück kam auch das Bewußtsein des lauernden Todes. Dennoch fühlten wir eine Art Hoffnung. Hatte sie nicht – was alle für unmöglich hielten – das Koma überwunden? Immer und immer wieder erinnerte ich sie daran, daß sie mir die Angst vor dem Sterben übergeben hatte und daß ich sie trug. Ich trug sie für uns beide.
Weihnachten war ein guter Tag. Sie fühlte sich besser und hatte sogar ein wenig Appetit. Die Ärzte waren so freundlich und luden mich ein, dort zu bleiben. Man brachte mir sogar ein Tablett mit einem Weihnachtsmenü. Wegen der Hoffnung, die in uns lebte, wurde es zu einem fröhlichen, kleinen Festmahl.
Mein Weihnachtsgeschenk für Davy war ein Gedicht. Es war ein Gedicht, das ich schon vor langer Zeit begonnen hatte. Damals freilich war alles ganz anders gewesen, und ich hatte von einer imaginären Person gesprochen. Doch schon da hatte sie es gern gemocht. Jetzt hatte ich es ganz umgeschrieben, und es war ein Lied über uns geworden; gleichzeitig ein Gebet und ein Ausdruck unserer Hoffnung, und – es war mein Geschenk für sie.
Als wir die Mahlzeit beendet hatten, sagte ich: „Davy, hier ist mein Weihnachtsgeschenk für dich.“ Und ich las es ihr fröhlich vor:

Lied zweier Liebender

In England an dem weiten Meer
(ein Traum, mein Liebling, von weit her
  kommt morgen oder heut.)

Dort steht in Dorset an dem Strand
ein graues Haus im weiten Land,
  es ist so groß und leer.

In diesem alten, grauen Haus
geht froh die Liebe ein und aus,
  und drinnen wohnt das Glück.

Zwei Weiden und eine Buche schön
im Sonnenlicht auf dem Hügel stehn
und im Sternenschein bei Nacht.

Die Liebenden wandern am Wasser dahin,
das Haar verweht und froh der Sinn,
und die Lippen feucht von Gischt.

Sie wandern dahin und merken es kaum,
sie liegen im Gras unterm Buchenbaum
und singen vor Liebe und Glück.

Sie kehren zurück zur Dämmerzeit,
für sie war der Weg wunderbar und weit,
und die Blumen leuchten hell.

Bei der Kirche machen sie eine Rast
und knien dort nieder, befreit von der Last,
und ihr Dankgebet steigt empor.

Und manchmal machen sie einen Besuch
in der fernen Stadt oder kaufen ein Buch,
und Theaterspiel beglückt sie sehr.

Und dir, o Oxford, du lieblicher Ort
der träumenden Türme, dir gilt unser Wort,
und im Frühling besonders der Dank.

Und im Winter, wenn mild die Dämmerung sinkt,
der Schritt durch einsame Straßen klingt,
doch niemals verlorn und allein.

Zurück in dem grauen Haus am Meer
brennt das Feuer warm, und die Dichtung lockt sehr,
solange die Nacht noch währt.

In England, ihrem geliebten Land,
gehen die Liebenden Hand in Hand,
so glücklich und fröhlich und frei.

Die eine der Liebenden, das bist du,
und ich bin der andre, sieh nur zu.
Und dieser Traum ist mein Gebet.

Es war ein fröhliches Weihnachtslied und viel zu glücklich, als daß es etwas anderes als Hoffnung zuließ. Sie hörte zu mit Tränen in den Augen; Tränen und Lächeln – wohl nie in ihrem Leben hat ihr ein Weihnachtsgeschenk mehr bedeutet als dieses Lied. Aber das war noch nicht unser ganzes Weihnachtsfest. Unter irgendeinem Vorwand ging ich hinaus und holte – natürlich mit der Genehmigung des Krankenhauses – das andere Geschenk: Flurry. Es ist schwer zu sagen, wer ausgelassener war. Beide, Hund und Herrin, jauchzten vor Freude. Davy umarmte Flurry, und Flurry leckte laut japsend ihre Hand. Eine Sekunde später sprang sie auf das hohe Bett, von dem ich sie freilich schnell wieder vertrieb.
Es war ein wunderschönes Weihnachtsfest. Als ich in jener Nacht mit unserem glücklichen Collie nach Hause fuhr, kreisten meine Gedanken unentwegt um die Liebe. Um die Liebe, die den Tod überwindet: die Liebe Gottes und unsere eigene Liebe, die nach all den Jahren triumphierte. Was wir vor anderthalb Jahrzehnten beschlossen hatten – den Frühlingszauber unserer so jungen Liebe zu bewahren –, es war uns gelungen. Wenn auch das letzte Jahr ein Wanken, fast ein Vergessen bedeutet hatte, jetzt war die Liebe rein wie Feuer. In unserem Leben hatte sich erfüllt, wofür wir uns damals entschieden: keinen Geschäftserfolg oder akademische Ehren, sondern eine große Liebe. Und wenn Gott es so wollte, würde uns diese Liebe vielleicht retten.
Aber es sollte nicht sein. Nach diesen wenigen guten Tagen verschlechterte sich ihr Befinden zusehends. Sie hatte nun auch Schmerzen, und wir wußten, daß sie bald sterben würde. Einmal sagte sie voller Sehnsucht und vom Schmerz gequält: „Bitte, laß

mich nach Hause gehen.“ Aber nach qualvollen Tagen ließ der Schmerz nach, obwohl es ihr nicht wirklich besser ging. Erst nach ihrem Tode erfuhr ich, daß sie zu dem Pfarrer gesagt hatte: „Es wird noch eine Woche dauern, kaum länger.“ In derselben Nacht notierte ich in unserem Tagebuch einen kurzen Satz über meine Zeit mit ihr: „Sie war so lieb, so süß, und wollte gern geküßt werden.“

Einen oder zwei Abende später sprach sie ein Thema an, das ihr offensichtlich sehr am Herzen lag. „Du mußt mir versprechen, mir nicht zu folgen, nicht durch deine eigene Hand zu sterben.“ Sie dachte natürlich an unsere Entscheidung, zusammen zu sterben; genauso wie ich daran gedacht hatte. Auch mich ließ der Gedanke an unseren Entschluß nicht los, mit der „Graugans“ aufs Meer hinauszufahren und sie zu versenken. Sogar jetzt konnten wir es noch tun.

Aber ich versprach ihr, alle derartigen Gedanken aufzugeben. „Vielleicht wird Gott dich auch zu sich nehmen“, überlegte sie. „Vielleicht wird er dich im selben Augenblick nehmen, das wäre schön.“

„Ich werde darum beten“, sagte ich. „Aber auch wenn er mich erst später zu sich nimmt, wird mir diese Zeit sehr kurz vorkommen.“

Etwa Mitte Januar war ich wie immer bei ihr. Wir beteten zusammen und unterhielten uns ein wenig. Ich las ihr etwas von C. S. Lewis und George MacDonald vor. Da bat sie mich, das „Lied der zwei Liebenden“ vorzulesen. Nach der letzten Verszeile sagte sie: „Oh, ich liebe es!“ Wir schwiegen eine Weile. Ich saß dort und hielt das Gedicht in der Hand, und sie sah mich an. Hell und wunderschön leuchteten ihre Augen in ihrem von der Krankheit veränderten Gesicht. Sie lächelte ein wenig und flüsterte: „Mein Goldstück!“ Ihre Augen schlossen sich, und wir erinnerten uns an jenen Flug im Morgengrauen, als die Fliederblüten um uns wehten.

Plötzlich wurde sie müde, und ich fragte, ob ich lieber gehen und sie schlafen lassen sollte. Das wäre schön, antwortete sie mir. Dann fügte sie schläfrig hinzu: „Wenn du morgen kommst, bring etwas ‚richtigen Tee' mit." Ich hielt sie einen Augenblick in meinen Armen, warm und schlaftrunken wie sie war, küßte sie, und sie kuschelte sich an mich. Dann streichelte ich ihre Augen, ihr Haar, bis sie eingeschlafen war und ging leise hinaus. Wie gewöhnlich blinkte ich mit den Scheinwerfern, obwohl ich ja wußte, daß sie schlief.

Um drei Uhr morgens klingelte das Telefon. Ich glaube, mir war alles klar, noch ehe ich die Augen geöffnet hatte. Es war das Krankenhaus. Davy lag im Sterben. Ihr Puls verlangsamte sich. Es würde keine Besserung mehr geben. Ich fragte, wie lange es noch dauern könnte. Sie meinten, mehrere Stunden. Es war also soweit. Ich nahm mir die Zeit, um mich zu waschen und zu rasieren. Natürlich fragte auch ich mich, ob ich nicht in diesen Minuten besser bei ihr sein sollte. Aber ich mußte einfach, wenn ich zu ihr kam und mit dem Unabwendbaren konfrontiert wurde, sauber gewaschen und rasiert sein.

Es war eine bitterkalte Winternacht. Das Verdeck des MG war heruntergeklappt, aber ich ließ es so und raste mit Flurry durch die verlassenen Straßen zum Krankenhaus. Jetzt hätte Gott eine Gelegenheit, die Steuerung des Wagens zu übernehmen und mich durch einen Unfall sterben zu lassen. Ich fühlte die ungeheure Versuchung, gegen eine Wand zu fahren; aber ich hatte Davy mein Versprechen gegeben. Noch ehe ich im Zimmer war, sagte Davy der Schwester, daß ich gekommen sei. Die Schwester dachte, ihr Verstand sei schon verwirrt. Aber dann betrat ich das Zimmer, Davy hatte unser Erkennungssignal gehört. Die Schwester ließ uns allein. Einmal steckte die „heilige Johanna" ihren Kopf zur Tür herein und sah liebevoll zum Bett herüber. Ich nickte ihr zu, und sie ging wieder weg.

Davy war absolut klar und bei vollem Bewußtsein. Flüchtig mußte ich daran denken, daß Gott unser Gebet, sie nicht im Koma sterben zu lassen, erhört hatte. Sie litt keine Schmerzen, aber alle Lebensvorgänge verlangsamten sich bis zum endgültigen Stillstand. Nachdem wir uns begrüßt und ich sie geküßt hatte, sagte sie, daß sie durstig sei. Ich holte die Karaffe und das Glas, das neben den gelben Rosen stand. Und ich gab ihr „eine Tasse Wasser in der

Nacht" – unser altes Symbol für Höflichkeit. Dann betete ich eins der Gebete, die wir immer gebetet hatten:
„Erleuchte unsere Dunkelheit, wir bitten dich, o Herr. Durch deine große Gnade bewahre uns vor allem Übel und vor Gefahr in dieser Nacht, um die Liebe deines einzigen Sohnes, unseres Heilands, Jesu Christi willen. Amen."

Dann betete Davy. Sie betete laut für das Krankenhaus, nannte alle Ärzte und Schwestern, unter ihnen auch die „heilige Johanna", mit ihren Namen und bat Gott im Namen Jesu um seinen Segen. Ich streichelte ihre Hand und betrachtete ihr Gesicht. Ich sprach noch ein Gebet; und zum Schluß sagte ich: „Davy – ich liebe dich in Ewigkeit", sie antwortete schwach und leise: „Oh, mein Liebster!"

Lange saß ich schweigend an ihrem Bett und streichelte nur behutsam und zärtlich ihre Hand. Da sagte sie mit fester Stimme: „Gott, nimm mich an." Jetzt also wußte sie mit Sicherheit, daß sie starb. Mühsam und stockend brachte ich heraus: „Gehe in der Liebe, mein Liebling. Gehe in Gnaden."

Sie murmelte: „Amen." Und dann plötzlich: „Danke, mein Liebster."

Ich küßte sie so zart wie nur möglich, um ihr das Atmen nicht noch schwerer zu machen.

Dann schwiegen wir. Ihre Lippen waren leicht geöffnet und ihre Augen halb geschlossen. Dann und wann tauchte ich einen Schwamm ins Wasser und befeuchtete ihre Lippen. Es kam keine Antwort. Ich wußte mit tränenloser Klarheit, daß sie mich nun verließ.

Die „heilige Johanna" kam leise herein und gab mir Davys Ehering, den man ihr abgenommen hatte, als ihre Finger so dünn geworden waren. Leise verließ sie das Zimmer. Ich sah den Ring mit seinen zehn winzigen Diamanten an. Zehn Monate hatten wir uns gekannt, bevor wir uns heimlich in jenem Gewitter vermählten. Dann steckte ich den Ring auf Davys dritten Finger und sagte mit leiser Stimme: „Mit diesem Ring vermähle ich dich... für alle Ewigkeit." Ich weiß nicht, ob sie es hörte. Vielleicht war es nur

Einbildung, aber es kam mir so vor, als hielten ihre Finger mich ein ganz klein wenig fester.
Die Zeit verging, ohne daß sich irgend etwas änderte. Jedesmal, wenn sie atmete, war es wie ein schwaches Stöhnen. Der Himmel fing an, im Osten ein wenig heller zu werden. Ich dachte, sie wäre bewußtlos.
Plötzlich umfaßten ihre Finger meine Hand fester. Ich hörte sie mit schwacher, aber klarer Stimme sagen: „Oh, Liebling, sieh..."
Kein Wort mehr; nicht, was sie sah. Ich wußte, daß sie es zumindest versucht hätte, mir alles zu erklären, wenn ich sie darum gebeten hätte. Aber ich tat es nicht. Ich weiß nicht, warum ich darauf verzichtete.
War dieses „Sieh" ein Hinweis auf etwas, was man plötzlich versteht oder auf etwas, das man erblickt – aber was? Ihre Stimme war so schwach, daß mir nicht klar wurde, was sie meinte. Ich wünschte mir sehr, es zu wissen; und trotzdem fragte ich nicht. Niemals werde ich erfahren, was sie mir sagen wollte, denn das blieben ihre letzten Worte: „Oh, Liebling, sieh..."
Die Zeit verging. Der Himmel wurde hell. Ich war mir jetzt ziemlich sicher, daß sie bewußtlos war. Immer noch hielt ich ihre Hand, die linke Hand mit dem Ring. Es kam mir nicht in den Sinn, sie dadurch am Leben festzuhalten. Aber ich wollte bei ihr sein. Von Zeit zu Zeit flüsterte ich mit leiser Stimme: „Ich bin hier, Davy; ich bin bei dir." Aber es kam keine Antwort.
Dann bewegte sie sich. Weder ihre halbgeöffneten Lippen noch ihre Augen oder die Hand, die ich hielt, hatten sich irgendwie verändert. Aber sie hob ganz langsam die andere Hand und den Arm. Ich konnte mir nicht denken, was sie wollte. Die Hand bewegte sich langsam. Sie tastete nach meinem Gesicht. Sie berührte meine Brauen, mein Haar, dann nacheinander beide Augen. Dann meinen Mund. Ihre Finger bewegten sich von einem Mundwinkel zum anderen, wie wir es immer getan hatten. Und ich küßte ihre Fingerspitzen mit kleinen Küssen, wie wir es immer getan hatten. Langsam fiel ihr Arm zurück. Jenseits von Sehen und Sprechen hatte sie mir mit ihrer letzten schwindenden Kraft auf Wiedersehen gesagt.

Wir hatten uns gerade ineinander verliebt, da schrieb sie mir in einem ihrer ersten Briefe von der „sanften, merkwürdigen Sehnsucht, nur eben Dein Gesicht zu berühren". Und mein Gesicht zu berühren, in der altgewohnten Weise, war ihre letzte Handlung in dieser Welt.

Die Morgendämmerung, die wir so geliebt hatten, zeigte am Himmel ihr erstes Licht. Es war die herrlichste Morgendämmerung seit Wochen. Je heller das Licht wurde, um so schwächer war Davy geworden. Wurde sie hinaufgenommen in das Licht? Ihr Atmen wurde immer langsamer. Ich legte mein Gesicht ganz nahe an das ihre – und dann war nichts mehr. Im selben Augenblick, in dem sie starb, wußte ich, daß sie tot war. Ein kleines Tröpfchen rann aus ihrem Mund. Ich wischte es weg und schloß ihren Mund, ihre Augen.

Sie konnte es nicht mehr zu mir sagen; da sagte, flüsterte ich es ihr zu: „Es wird alles sehr gut sein, Liebling." Dann küßte ich sie leicht und stand auf.

Plötzlich war in mir ein absolutes Wissen, daß Davy noch da war. Nicht, daß ich mir einbildete, ihr Körper könnte noch leben; ich wußte, daß er nicht mehr lebte. Aber jenseits von Glauben und Vertrauen wußte ich mit überwältigender Sicherheit, daß sie selbst – ihre Seele – noch da war.

Die Tür öffnete sich, und die Stationsschwester kam herein. Meine Lippen formulierten: „Sie ist heimgegangen"; aber es war kein Ton zu hören. Die Schwester fühlte einen Augenblick ihren Puls, nickte und ging fort.

Ich fing an, Davys Sachen zu packen. Die Schwestern wollten mir helfen, aber hierbei wollte ich mir nicht helfen lassen. Irgendein Angestellter brachte den Koffer hinunter zum Auto. Dr. Craddock trat in das Zimmer und versuchte, mir etwas Tröstliches zu sagen. Ich versicherte ihm, daß nach meiner Meinung kein Arzt besser für das Leben eines Patienten hätte kämpfen können. Nur für einen Augenblick verlor ich jetzt die Fassung und wurde von einem schrecklichen Schluchzen fast in Stücke zerrissen. Dr. Craddock ließ mich allein. Ich sah Davy ein letztes Mal an, wie sie dort lag. Sie sah aus, als würde sie schlafen. So hatte ich sie immer besonders geliebt, warm, entspannt und schlafend. Ich küßte ihre noch warmen Lippen. Dann nahm ich eine der gelben Rosen und fuhr mit Flurry in den hellen Morgen.

Am nächsten Tag wurde mir ein kleiner, sehr leichter Kasten übergeben, er enthielt ihre Asche. Spät in der Nacht ging ich mit dem Kasten zu unserem Auto. Das Verdeck war noch heruntergeklappt. Ich ließ es so, denn so hatten wir es im Mai auch gehabt. In der dunklen, fast sternenlosen Nacht fuhr ich nach „St. Stephen" hinaus. Einmal, vor langer Zeit, hatten wir uns über Brownings Gedicht „Die letzte gemeinsame Fahrt" gestritten. Damals hatte ich sie schließlich davon überzeugt, daß es ein Ausflug zu Pferde sei und nicht eine Fahrt in der Kutsche. Ich mußte lächeln bei dieser Erinnerung: Sie liebte den Wagen. Nun erlebten wir unsere letzte gemeinsame Fahrt, und es war tatsächlich eine Kutsche, oder jedenfalls ein Auto. Als wir in die Straße nach „St. Stephen" einbogen, sagte ich leicht: „Du hast gewonnen, Liebling."
An der Kirche lenkte ich den Wagen unter die Eichen. Nur ein oder zwei Sterne schienen trübe durch das kahle Geäst. Ich stieg aus. Auf dem Sitz lag noch etwas. Es war die gelbe Rose. Ich nahm sie mit und ging hinaus auf den Kirchhof. Den Kasten fest im Arm, kniete ich eine Weile neben dem alten Steinkreuz und betete. Etwas Kaltes berührte meinen Nacken: Es waren Schneeflocken, die sacht herabfielen. Ich stand auf. Es war kalt – mitten im Winter. Langsam öffnete ich den Kasten und begann – wie ein Sämann – die Asche zu verstreuen. Als ich es getan hatte, fielen die Schneeflocken dicht herab. Ich legte die Rose auf das alte Kreuz und sagte laut: „Gehe hin in Frieden." Dann verließ ich St. Stephen. Ihre Asche wurde bedeckt von einer Decke aus Schnee. Dem tödlichen Schnee.

Kapitel 8

Der Weg des Schmerzes

Tode

Die Liebste starb im Morgengrauen und trieb
als Seele einsam auf dem Meer dahin.
In sternenkühler Einsamkeit ich bin
der Sämann ihrer Asche, die mir blieb,
wo Maienmondlicht über Bäumen stand
und wir am Steinkreuz knieten Hand in Hand.

An die Stelle der wilden Entschlossenheit, alles für Davy zu tun und zu sein, die ich ein halbes Jahr lang wie ein Schwert getragen hatte, setzte ich nun nach ihrem Tod trotz meiner Müdigkeit einen nicht weniger entschlossenen Willen, mich diesem Verlust in seiner ganzen Schwere zu stellen, den Kelch des Schmerzes bis zur Neige auszutrinken. Dadurch lernte ich etwas von der Beschaffenheit des Verlustes und des Schmerzes.

Zunächst galt es, das Naheliegende zu tun. Davy und ich hatten es auf unsere Art getan: in der nächtlichen Fahrt nach „St. Stephen" – unserer letzten gemeinsamen Fahrt – und dem Säen der Asche, wie ich es in meinem Gedicht sagte. Doch ich wollte allein mit dem Schmerz fertigwerden; ich wollte es nicht vor anderen zeigen. Mir war klar, daß ich dem trauernden Pfarrer einen schlichten Trauergottesdienst in der „Grace Church" nicht absagen konnte, ebensowenig den beiden Pfarrern in „St. Stephen". Davy und ich aber hatten unseren Gottesdienst allein draußen in der Nacht gefeiert.

Am nächsten Tag unterrichtete ich wieder meine Klassen. Ich hatte etwa 60 Briefe geschrieben, an deren Ende immer Davys Wahlspruch stand: „Es wird alles sehr gut sein." Entschieden hatte ich darum gebeten, auf Kondolenzbesuche zu verzichten, und es gab sicherlich einige Leute, die mich für gefühllos hielten. So wie Davy es gewollt hatte, bestellte ich in ihrem Namen Traktatständer für beide Kirchen. Ich ordnete ihre Dinge in großer Eile – schmerzvoller Eile – und gab Freunden, was sie mir aufgetragen hatte. Außerdem begann ich, ein anderes Versprechen einzulösen: alle ihre unzähligen Randbemerkungen aus der zerlesenen, alten Bibel ihres Vaters in unsere neue Bibel zu übertragen.

Unsere Studentengruppe traf sich wieder Woche für Woche im „Maulwurfsnest". Ich las einen Brief von Bill, einem der Jungen aus der Gruppe, in dem er beschreibt, wie die Nachricht vom Tode Davys auf ihn wirkte. Vollkommen fassungslos und wie ein Blinder sei er in die College Bibliothek gelaufen und habe immer nur denken können: „Sie existiert nicht mehr auf dieser Welt. Ich kann nie wieder an einem regnerischen Nachmittag zu ihr gehen, mit ihr Tee trinken und reden. Unaufhörlich stellte ich mir die Frage: ‚Warum mußte sie sterben? Sie war so jung und so gut – warum?'" In der Bibliothek sah er zwei Mädchen aus der Gruppe, und sie lächelten ihn an. Er konnte nicht begreifen, wie sie jetzt lächeln konnten. Da merkte er, daß auch er selbst lächelte. Und plötzlich verstand er, was ihr Lächeln bedeutete: „Davy lebt." Bills Brief schließt mit den Worten: „In diesem Wissen lächelten wir uns an. Ich glaube, Davy lächelte auch über uns an jenem Tag."

Auch ich konnte lächeln. Und mit einer Art Verwunderung merkte ich, daß der Himmel immer noch blau war und ein Steak immer noch gut schmeckte. Wie konnte so etwas weitergehen, wenn doch die Welt zum Stillstand gekommen war? Wie konnte alles um mich herum, wie konnte ich in dieser Leere weiterleben? Andererseits: Wie konnte ein kleiner Mensch eine so unendliche Leere hinterlassen? Alles und jedes erschien mir leer. Ich konnte meine Klassen lächelnd unterrichten und sogar ruhig ein Gedicht über den Tod vorlesen; aber irgendwie blieb dabei ein Teil meines Bewußtseins, mein ganz subjektives Empfinden und Fühlen ausgeklammert, vollkommen unberührt. Als ich freilich nach jenem ersten Unterrichtstag nach der Nacht in „St. Stephen" beim Verlassen der Klasse unseren MG sah, so klein, verloren und einsam, konnte ich meine Fassung nicht mehr bewahren. Aber ich bemerkte, daß der MG am nächsten Tag nicht wieder die gleichen Gefühle auslöste. Es gab Tausende anderer Dinge und Erinnerungen, die alle einmal in dieser unabänderlichen, kalten Leere gesehen werden mußten.

Zu dieser Leere – sie würde ich als Verlust bezeichnen – und zu dem Schmerz – Verlust und Schmerz sind nicht dasselbe – kam der ständige Wunsch, ihr alles erzählen zu wollen. Wir hatten immer über alles gesprochen. Das war doch gerade unsere Gemeinsamkeit gewesen, jetzt konnte ich ihr nichts mehr erzählen. Es erging mir wie dem Raucher, der beim endgültigen Verzicht aufs Rauchen verzweifelt denkt: Wenn ich doch nur eine Zigarette haben könnte, dann wäre alles viel leichter! Genauso dachte auch ich manchmal, ich könnte den Verlust und den Schmerz viel besser ertragen, wenn ich nur mit ihr darüber sprechen könnte.

Also sprach ich mit Davy. Ich schrieb ihr an meinen einsamen Abenden und erzählte ihr alles. Ein Brief ist eine durchaus reale Form der Unterhaltung. Während des Schreibens hat man immer das Bild des Adressaten vor Augen. Ich hätte nicht einfach laut im leeren Raum zu ihr sprechen können. Inzwischen könnte ich ihr auch nicht mehr schreiben. Aber damals konnte ich in den Briefen wirklich zu ihr sprechen. Keinen dieser Briefe habe ich aufbewahrt, und ich habe sie auch nicht wieder gelesen, doch ich konnte sie schreiben.

Ich träumte von ihr; nicht so häufig, wie ich es mir wünschte, aber doch ab und an. Als ich das erstemal von ihr träumte, war sie vierzehn Tage tot. Ich träumte, sie lag im Krankenhaus, aber mir war klar, daß es auf der anderen Seite der Berge einen Arzt gab, der sie heilen konnte. Also trug ich sie auf meinen Armen über die Bergpässe. Es war dunkel und regnete, aber das machte mir überhaupt nichts aus. Sie war leicht in meinen Armen, und wir waren beide fröhlich. Das war alles. Ein glücklicher Traum, in dem ich Davy warm und lebendig gespürt hatte. Natürlich weinte ich, als ich erwachte. Wie gern hätte ich weitergeträumt! Aber es vergingen drei oder vier Wochen. – Alle diese Träume waren voller Freude oder einer Mischung aus Freude und Schmerz. Voller Liebe, Zärtlichkeit und Gemeinsamkeit. In einem Traum war sie gesund. Wir unternahmen gerade eine fröhliche Autotour, als plötzlich ihre Krankheit zurückkehrte. In verzweifelter Liebe hielten wir einander fest. Freude und Schmerz. In einem anderen Traum passierte nichts, als daß wir Hand in Hand über den großen Rasen in Glenmerle liefen.

In einem Brief an Davy dachte ich über das Wesen von Verlust und Schmerz nach. Der Tod jedes Wesens – sogar der Tod eines Hundes oder einer Katze – hinterläßt eine Leere. Ein großer Baum wird gefällt, und es bleibt eine leere Stelle, da wo er gestanden hat. Je mehr man den Toten geliebt hat und mit ihm vertraut war, um so größer erscheint einem die Leere. Schmerz dagegen ist eine Art von Liebe: die Sehnsucht nach dem lieben Gesicht, der warmen Hand. Die Erinnerung an die Realität der Geliebten weckt diese Sehnsucht. Für einen Augenblick ist sie da, und die Leere schwindet. Es ist also nicht der Schmerz, der einen von der Geliebten trennt, sondern die Leere; sie ist der Verlust. Irgendwann einmal kann man diese lebendige Erinnerung, wie sie aus dem Schmerz kommt, nicht länger heraufbeschwören, und dann versiegen die Tränen. Aber solange sie andauert, wirkt sie wie ein Schutzschild gegen die Leere. Danach dann hat die schreckliche Leere des Verlustes einer neuen Welt Platz gemacht, in der das geliebte Wesen nicht länger diese dominierende Stellung einnimmt.

Nur – dieses Verblassen lag für mich noch in weiter Ferne. In meinem ersten Brief an Davy schrieb ich von der Schneedecke bei „St. Stephen“ und fügte sentimental hinzu: „Möge sie dich warm halten, Liebling!“. Vierzehn Tage nach ihrem Tod schrieb ich: „Ich kann es nicht glauben, daß du vor zwei Wochen noch gelebt hast. Mir erscheint es unendlich viel länger. Es ist mir einfach unfaßlich, daß du tot sein sollst. Irgendwie muß ich da durch. Werden wir später darüber lachen, du und ich?“

Obwohl ich die Tränen nicht unterdrücken konnte, sang ich manchmal unser Oxfordlied von der schönen Dame. „Sie ging vorbei im Abendrot, ich werd' sie lieben bis zum Tod.“ Wenn ich allein war, ließ ich den Tränen ihren Lauf und versuchte nicht, sie zurückzuhalten. Und tatsächlich gab es ein Jahr lang keinen Tag,

an dem ich nicht weinte. Freilich hatte ich nicht das Gefühl, daß die Tränen mich von ihr trennten; getrennt von ihr fühlte ich mich manchmal nur durch die tränenlose Leere.
Doch meist waren wir auf irgendeine Art vereint. In einem ganz und gar nicht mystischen Sinne lebte sie, war sie gegenwärtig und lebendig in mir, und auch unsere Liebe lebte weiter. Es war noch nicht die endgültige Trennung.
Am Tage nach ihrem Tod schrieb ich an C. S. Lewis. Ich erzählte ihm, wie sie starb und daß ich ihre Asche bei „St. Stephen" verstreuen wollte, wie sie und ich es geplant hatten. Manchmal hatten wir auch gedacht, eine Handvoll dieser Asche bei der kleinen Kirche in Binsey in der Nähe von Oxford zu verstreuen. Ob er – Lewis – es tun würde? Als ich keine Antwort auf meinen Brief bekam, dachte ich, daß er vielleicht nicht in Oxford wäre.
Deshalb vertraute ich das winzige Päckchen unserem Freund Edmund Dews an, mit dem wir ja auch zuerst in Binsey gewesen waren. Edmund schrieb mir, daß Davys „vergeblicher und schmerzvoller Kampf ihn ohne Trost in der Ferne lasse". Und dann berichtete er von seinem Schmerz über ihren Tod. Den Brief schloß er mit den Worten: „Und ich ergreife deine Hand!" Jetzt ging Edmund an einem milden und dunstigen Wintertag über die Wiesen nach Binsey und verstreute die Asche mit den Worten „Gehe hin im Frieden", so wie ich ihn gebeten hatte.
Lewis aber war in Oxford und wartete darauf, daß ich ihm die Asche schickte. Sein Brief war offensichtlich verlorengegangen. Jetzt hörte er von Edmund. In meinem Brief an Lewis hatte ich den Augenblick beschrieben, als ich ganz sicher wußte, daß Davy – obwohl eben gestorben – noch da war und mir der seltsam tröstende Gedanke kam, daß jetzt nichts mehr unsere Liebe beeinträchtigen konnte. Das Manuskript war nun zu dem großen Drukker gegangen.
Nun schrieb ich Lewis noch einmal, und er antwortete mir darauf aus dem „Magdalene College" in Cambridge:

„Vor zwei Tagen hörte ich von Deinem Freund, und heute bekam ich Deinen Brief vom 5. Februar. Ich bin äußerst betrübt darüber, daß meine Antwort auf Deinen vorigen Brief Dich nie erreicht hat, vor allem deswegen, weil Du ja nun nicht wissen konntest, ob ich die sehr ehrenvolle Aufgabe übernommen hätte, Davys Asche hier zu verstreuen. Ich hätte es einerseits – für Euch – gern getan und auf der anderen Seite auch nicht; denn geistlich gesehen bin ich zu allen zeremoniellen Handlungen zu ungeschickt und unfähig (falls Du das verstehen kannst). Ich hätte mir aber gewünscht, auf diese Art und Weise an Deinem Leiden ein winziges Stück Anteil zu haben.

Alles, was Du mir in Deinem vorigen Brief geschrieben hast, und alles, was Du mir in diesem schreibst, bewegt mich zutiefst. Ich sehe es als ein hohes Vorrecht an, solch einen wunderbaren Tod haben zu dürfen; ein Geschehen, wodurch das irdische Leben zur Vollendung gebracht wurde und nicht, wie so oft, ein Ereignis, das nur ein Ende setzt. Es beruhigt mich, daß Du, um Deine eigene Verfassung zu beschreiben, das einfache, deutliche, doch heute so seltene Wort ‚traurig' gebrauchst. Nicht mehr und nicht weniger als dies: traurig. Es läßt eine reine Wunde vermuten, die zwar viele Tränen kostet, aber doch ‚gut und rein' ist. Und ich bin sicher, daß es nie die Traurigkeit ist – im übrigen eine angemessene, aufrichtige, natürliche Antwort auf einen Verlust –, die den Menschen Schaden zufügt, indem sie ihn in Empörung, Schrecken, Zweifel und Selbstmitleid versinken läßt.

Ich kann es sehr gut nachempfinden (und ich versuchte auch, etwas darüber in meinem letzten Brief zu sagen), was Du über den ‚seltsamen, tröstlichen Gedanken' berichtest, daß ‚jetzt nichts mehr unsere Liebe beeinträchtigen kann'. Ich frage mich manchmal, ob nicht im Grunde der Tod die leichteste und am wenigsten schmerzvolle Art und Weise ist, wie Menschen das Glück ihrer jugendlichen Liebe verlieren können. Verlieren wird man dieses Glück auf die eine oder andere Weise wohl immer: Jede natürliche Liebe muß gekreuzigt werden, bevor sie zur Auferstehung gelangen kann, und die glücklichen alten Ehepaare haben nahezu alle einen schmerzlichen Tod, aber eben auch eine Wiedergeburt hinter sich. Der weitaus größte Teil der Ehepaare erlebt diese Wie-

dergeburt nicht. Dein Manuskript ist nun sicher zu dem großen Drucker gegangen, wie Du es so gut sagst.
Es ist bemerkenswert (ich habe es selbst auch schon erlebt), jenes Gefühl, daß ein geliebter aber toter Mensch noch da ist. Und nicht nur das, sondern darüber hinaus auch noch aktiv ist, jedenfalls habe ich es so gefühlt. Er kann auf diese Weise manchmal mehr für einen tun als vorher. Mir kommt es so vor, als würde Gott den Verstorbenen eine Art Geschenk bei ihrer Ankunft in seinem Reich machen, indem er die Geliebten, die sie zurückgelassen haben, besonders segnet.
Bitte achte auf Deine Gesundheit. Du mußt physisch sehr müde sein, viel mehr als Dir wahrscheinlich bewußt ist. Vor allem liefere Dich nicht dem Gefühl aus, daß solche Dinge jetzt keinen Sinn mehr haben. Du mußt, wie sie es wünschte, ein gutes Instrument Gottes bleiben, und Dein Körper ist ein Teil dieses Instruments.
Ich werde beunruhigt sein bei allen Briefen, jetzt, wo der eine (und ausgerechnet dieser Brief) verlorenging. Wenn dieser Brief Dich erreicht, schreibe mir bitte gleich zu meiner Beruhigung eine kurze Bestätigung.
Ich bete immer für Dich. Bete Du auch für mich.
Unter der Allmacht..."
Es war mir nie in den Sinn gekommen, eine richtige Antwort auf den Tod gefunden zu haben; einfach dadurch, daß ich unendlich traurig war. Aber was hatte Lewis in seinem Brief so radikal behauptet? Daß der Tod „die leichteste und am wenigsten schmerzliche Art" sein könnte, wie man seine Liebe verliert? Die leichteste! Und dennoch: „Liebe muß immer gekreuzigt werden." Diese Behauptung enthielt so etwas wie Trost, obwohl ich weit davon entfernt war, ihn anzunehmen. Und doch dachte ich darüber nach. Könnten wir als Christen die Wiedergeburt der Liebe, von der er sprach, nicht schon zu Lebzeiten erfahren? Lewis sprach von Tod und Wiedergeburt. Ja, aber was bedeutete das Sterben für einen selbst? Sehen wir Davy und mich an, wie wir uns ganz und gar unserer Liebe ergeben hatten. Und in dem Krankenhaus: Niemals hätten sich zwei Menschen mehr lieben können. Konnte es sein, daß der in der Ferne lauernde Tod die Wiedergeburt her-

vorgebracht hatte? Was wäre geschehen, wenn ich nichts von ihrem nahen Tode gewußt hätte?
In meinem Verlust und Schmerz wurde C. S. Lewis mein Freund und Begleiter, an dessen Hand ich durch die dunkle und verlassene Nacht ging. Andere Freunde begegneten mir mit Liebe, die mich wie ein mildes Feuer wärmte. Aber Lewis war der Freund, den ich brauchte; der Freund, der mit mir das Wesen des Verlustes in seiner ganzen Tiefe auslotete. Ich erzählte ihm von meinen Überlegungen, wenn ich über den Schmerz nachdachte, und er gab mir nicht nur Liebe, sondern Weisheit, Verständnis und – wenn nötig – wies er mich mit Strenge zurecht.

Was mich in meinem Schmerz mit am stärksten beeindruckte, war das seltsame Geschehen, das ein oder zwei Tage nach ihrem Tod anfing. Es war, als kehrten all die unterschiedlichen Davys, die ich gekannt hatte, zu mir zurück. In dem Jahr ihres Sterbens war sie die gläubige Davy aus Oxford und der Zeit danach gewesen. Das galt sogar für die glücklichen Stunden, als wir unter den Eichen saßen und die Zeit in Glenmerle wieder auflebte.
Aber jetzt waren alle ihre Gesichter gleichzeitig gegenwärtig: das junge Mädchen aus Glenmerle, der fröhliche Kamerad auf den Inseln, der Steuermann auf dem Schoner. Sie waren vergangen und nur einmal wieder zum Leben gekommen in den kurzen Tagen neuerwachter Liebe, als sie langsam aus dem Koma aufgetaucht war. Die Ganzheit ihrer Person. Ich glaube, eine solche Einheit kann man nur durch den Tod erlangen.
Als ich Lewis dieses erstaunliche Phänomen beschrieb, gebrauchte ich ein Bild. Es ist – so schrieb ich ihm – als lese man einen Roman (z. B. „David Copperfield“), der sich über viele Jahre erstreckt. In dem Buch lernt man den kleinen Jungen David kennen, wie er zu seiner Tante Betsey Trotwood läuft, den heranwachsenden David, der sich in Dora verliebt, den reifen David mit Agnes. Während man Kapitel für Kapitel liest und zugleich sein eigenes Leben Woche für Woche lebt, ist David die Person, die einem in den einzelnen Stadien seines Lebens begegnet. Aber wenn man dann das ganze Buch gelesen hat, sind alle die Davids

– der kleine Junge, der Heranwachsende und der reife Mann – gleichzeitig gegenwärtig, und sie sind in der Tat eine einzige Person. Der ganze David. Was die Zeit angeht, in der das Buch handelt, so betrachtet man als Leser das Geschehen von einem Standpunkt außerhalb dieser Handlung. Genauso wie Gott – außerhalb aller Zeitkategorien – die Ganzheit der Geschichte sieht: wie sie war, wie sie ist und wie sie sein wird. Und so wie ich jetzt nach ihrem Tod die ganze Davy auf einmal sah, so hatte ich eine himmlische oder ewige Sicht ihres ganzen Wesens, wie ich es erst in Gottes ewigem Reich wieder treffen würde.
Über diese meine Einsicht in das Wesen des schmerzlichen Verlustes schrieb ich Lewis gleichzeitig mit einigen ironischen Bemerkungen über die Vergänglichkeit meines einst so hoch gerühmten Glückes. Früher hatten meine Freunde mich immer als Glückspilz angesehen: wegen meines ausgezeichneten Studienabschlusses (weil ich Glück gehabt hatte, die richtigen Fragen zu bekommen) und wegen meiner glücklichen Ehe (weil ich Glück gehabt hatte, das richtige Mädchen zu finden). Aber seit ich Christ war, lief für mich einiges nicht mehr so glücklich, bis hin zu Davys Tod. Ich schickte ihm ein Foto von Davy aus dem Krankenhaus und wollte außerdem etliche Dinge aus Cambridge erfahren.

Lewis antwortete:
„Ich war sehr froh, Deinen Brief vom 14. Februar zu erhalten. Diesmal hatten wir Glück mit der Post. Der Brief war nicht zugeklebt und kam mit offenem Umschlag, aber sonst unbeschädigt an. – Daß sich Dein Glück objektiv oder auch nur subjektiv seit Deiner Bekehrung gewendet hat, ist eine alte Geschichte: Lies dazu Jeremia 44,15–18. Ich habe bei einem modernen geistlichen Autor (seinen Namen weiß ich nicht mehr) gelesen, daß man mit dieser Erfahrung rechnen muß. Du erinnerst Dich, daß der Herr der Heiligen Theresa erschien und zu ihr in einer schrecklichen Notlage sagte: ‚So ergeht es allen, die mich lieben.‘ (Ich will Dir ihre Antwort nicht vorenthalten. Theresa sagte: ‚Dann ist es nicht erstaunlich, Herr, daß dich so wenige lieben.‘)
Was Du über die ganze Jean sagst, die seit dem Augenblick wahr-

nehmbar war, als die in unserer Zeit von einem Augenblick zum anderen lebende Jean starb, ist sehr treffend und wichtig.
Und der Vergleich mit dem Roman, den man Seite für Seite liest und dann ganz kennt, paßt sehr gut. Ich sehe keinen Grund, warum wir dies nicht mit dem ‚arrabon' oder Vorgeschmack auf die Enthüllung der ganzheitlichen Personalität aller im Himmel, wie Paulus es nennt, vergleichen sollten. Vielen Dank auch für das Foto, obwohl es mir nicht sehr ähnlich zu sein scheint (aber Du siehst es natürlich mit anderen Augen).
Kennst Du Coventry Patmores ‚Engel im Hause' und ‚Sieg der Liebe'? (Das zweite Gedicht ist noch wichtiger, aber das erste muß als Vorspiel auch unbedingt gelesen werden.) Beide Gedichte behandeln in ausgezeichneter Weise einige Deiner augenblicklichen Erfahrungen. Was die Briefe betrifft, so sagt man, daß die Post auf dem Seeweg zwar langsamer, dafür aber sicherer und zuverlässiger ist als Luftpost. Meinst Du das auch? – Ja, ich habe einen neu eingerichteten Lehrstuhl für englische Literatur des Mittelalters und der Renaissance in Cambridge übernommen. Die Atmosphäre hier ist etwas christlicher, sehr viel freundlicher und angenehmer, dabei weniger hartgesotten als in Oxford.
Ein Katholik erzählte mir, daß sie generell die Feuerbestattung ablehnen. Obwohl es sich nicht logisch erklären läßt, neigen weniger gebildete Leute dazu, die Feuerbestattung mit dem Unglauben an die Auferstehung des Fleisches in Zusammenhang zu bringen. Aber sie erlauben es, wenn es einen besonderen Grund gibt, z. B. eine Epidemie. Ich selbst meine nicht, daß es irgendwie von Bedeutung ist. Gott segne Dich. Laß bitte in Zukunft die Anrede ‚Herr' vor meinem Namen weg."
Also nannte ich ihn von da an Lewis, bis er mir später erlaubte, ihn Jack zu nennen.

Nach der so überaus engen Gemeinschaft mit Davy all die Jahre hindurch, waren ihr Tod, die Leere und der Schmerz das Ungeheuerlichste, das ich jemals erlebt hatte. Schon zur Zeit unserer „Strahlenden Festung" wurden wir von dem Gedanken der Trennung durch den Tod verfolgt. Wenn wir einander so nahe waren,

wie sollte einer den Tod des anderen überleben und ertragen können? So hatten wir den „letzten langen Sturzflug" – das gemeinsame Sterben – geplant und damit die Festung vervollständigt. Aber Gott hatte die „Strahlende Festung" zerbrochen, und ich sollte das mir unerträglich Scheinende ertragen.
Doch wenn ich es schon ertragen mußte, so wollte ich es auch bewußt ertragen; die ganze Bedeutung herausfinden, das ganze Leid schmecken. Eine kompromißlose Entschlossenheit trieb mich, alle Tiefen auszuloten, und die ganze Davy, die ich liebte, zu erkennen. Ich wollte verstehen, warum sie gelebt hatte, warum sie so früh gestorben war, und ich wollte von dem Schmerz lernen, was ich lernen mußte. Es war eine Art Treueakt ihr gegenüber. Auf keinen Fall wollte ich vor dem Schmerz davonlaufen. Und ich wollte nicht versuchen, mich an ihm festzuhalten, falls er vorübergehen sollte. Etwas, das ich mir zu diesem Zeitpunkt überhaupt nicht vorstellen konnte.
Auf der Suche nach diesen Einsichten plante ich eine Studie unserer gemeinsamen Jahre; eine Studie, die ich später „Die Erhellung der Vergangenheit" nennen sollte. Ich schrieb deswegen an viele Menschen mit der Bitte, mir Davys Briefe an sie zur Verfügung zu stellen. Inzwischen hatte ich auch alle ihre Randbemerkungen aus ihrer alten Bibel übertragen und dabei viel über sie gelernt. So gab es viele Dinge für mich zu erledigen, auch wenn ich so manches Mal die Arbeit unterbrechen mußte, weil ich vor Tränen nichts mehr sah.
Im März – also etwa zehn Wochen nach ihrem Tod – dachte ich oft daran, daß sie ihr Leben für mich geopfert hatte; auch daran, wie ich mein Leben für sie Gott angeboten hatte, als ich nach Charlottesville fuhr, um ihr die schreckliche Wahrheit zu sagen, und an den Regenbogen, der genau danach über den Blue Mountains stand. Bei diesem Sich-Aufgeben in der reinen Unterwerfung unter Gottes Willen und in der selbstlosen Liebe zu Davy war ich für mein Empfinden Gott besonders nahe gekommen, wie vielleicht vorher noch nie. Und dann der Regenbogen! Seit Noah ist es schwer, einen Regenbogen nicht als Zeichen der Hoffnung zu verstehen. Noch dazu in solch einem Augenblick. Aber sie war

gestorben. Bedeutete der Regenbogen dann, daß der Tod das für sie Beste war? Oder war er bedeutungslos?
Ich schrieb Lewis davon. Ich schickte ihm auch einen Brief, den ich gefunden hatte. Davy hatte ihn an Lewis geschrieben, aber nie abgeschickt, vermutlich, weil ich an ihn in derselben Angelegenheit – es ging um das Problem der Homosexualität – geschrieben hatte. Ich sprach auch davon, meine Dissertation vielleicht zu veröffentlichen, weil Davy es gern gesehen hätte.
Lewis antwortete mit einem bemerkenswerten Kommentar über das Zeichen des Regenbogens. In seinem Brief hieß es:

„Es war eine merkwürdige Erfahrung, heute morgen einen Brief von Jean zu bekommen. Ich schicke ihn Dir zurück. Du wirst sehen, daß er sich mit einem Problem befaßt, über das Du mir auch geschrieben hast, wahrscheinlich zu fast derselben Zeit. Das ist wohl auch der Grund dafür, daß sie ihn nicht abgeschickt hat.
Ich kann mich jetzt nicht mehr daran erinnern, was ich in meinem verlorengegangenen Brief über ‚Zeichen' geschrieben habe. Grundsätzlich meine ich aber dazu: Wenn wir einmal einen allwissenden und vorausschauenden Gott akzeptiert haben, müssen wir unsere übliche Unterscheidung zwischen dem Bedeutungsvollen und dem Zufälligen entweder ganz aufgeben oder sie zumindest viel differenzierter sehen. Wenn ein ganz natürliches Ereignis für mich zu einem Zeichen der Hoffnung, des Glaubens und der Liebe oder des Strebens nach Tugend wird, nehmen wir dann an, daß sich dieses Ergebnis für Gott rein zufällig ergeben hat oder daß es ihm gleichgültig ist? Offensichtlich nicht. Was wir eine zufällige Auswirkung nennen, ist von ihm schon in Ewigkeit geplant gewesen. Wir können auch nicht annehmen, daß Gott sagt (wie es ein Künstler über sein Werk sagen könnte): ‚Ich muß zugeben, daß dieser Effekt, obwohl er sich als ziemlich gut herausgestellt hat, nicht ein Teil meines ursprünglichen Planes war.' Gehen wir nun von diesen Voraussetzungen aus, dann begegnet uns der ganze Schöpfungsakt und auch unsere eigene Schöpfung (die ja ein fortlaufender Prozeß ist) in jedem Ereignis und zu jedem Zeitpunkt als die bewußte Tat eines Wesens, das mit Menschen zu tun hat

und genau weiß, was es tut. So hätte ich auch nichts daran auszusetzen, wenn jemand zu mir sagte: ‚Was Du für Gottes Gnade hältst, ist in Wirklichkeit nichts anderes als das gute Funktionieren deiner Verdauung.‘ Liegt meine Verdauung denn außerhalb von Gottes Handeln? Er schuf und schenkte mir meinen Dickdarm ebenso wie meinen Schutzengel.
Was Deine Veröffentlichung angeht, kann ich Dir keinen Rat geben. Aber ich meine, Du solltest dabei normale, akademische Überlegungen zugrunde legen. Nimm es mir nicht übel, wenn ich sage, daß der Satz ‚Weil Jean es gern gesehen hätte‘ auch seine Gefahren birgt. Die wirkliche Frage ist doch, was sie jetzt will: Und Du kannst sicher sein, daß ihr Wille jetzt eins ist mit Gottes Willen. Eine zwingende Aussage im Konjunktiv Plusquamperfekt ist oft eine Falle. Die Gefahr liegt darin, daß Du Deine Liebe zu ihr (allmählich, wenn die Jahre vergehen) mit Deiner Liebe zu einem Abschnitt Deiner eigenen Vergangenheit verwechselst. Dann nämlich kämst Du in Versuchung, die Vergangenheit in einer Weise festzuhalten, in der sie nicht festgehalten werden kann. Der natürliche Rhythmus heißt: Tod – Verwesung – Auferstehung, und er schließt die pathetische, schreckliche Praktik der Mumifizierung aus. Im Augenblick mußt Du traurig sein. Aber Du darfst Dich nicht in falsch verstandener Pflichterfüllung an der Traurigkeit festhalten, falls – oder noch besser, wenn die Traurigkeit vergeht. Denn die Natur wird niemals einen psychologischen Zustand für immer erhalten. Es ist sehr gut, den Schmerz geduldig zu durchleiden. Zumindest kenne ich nichts, was der Schmerz uns besser lehrte, als dieses geduldige Leiden. Aber wie Du weißt, ist es eine christliche Pflicht für jeden, so glücklich zu sein, wie er kann. Doch das weißt Du ja alles schon.
Alles Liebe...“

Was Lewis über das Aufgeben der Unterscheidung zwischen dem Bedeutungsvollen und dem Zufälligen sagte, traf mich zutiefst. Wenn er recht hatte – und vom Verstand her hatte er recht –, dann war nichts, überhaupt gar nichts ohne Bedeutung. Alles in der Welt hatte seine Bedeutung. Die Bedeutung des Regenbogens konnte dann – trotz Davys Tod – aus meiner Sicht nur sein, daß ihr Tod in irgendeiner für mich bis jetzt unbekannten Weise das für sie Beste gewesen war. Doch zur Zeit des Regenbogens konnte ich diese Bedeutung noch nicht erkennen, sondern für mich bedeutete es so etwas wie eine unbestimmte Zusicherung. Zeichen müssen mit Vorsicht gelesen und interpretiert werden. Die Geschichte des Christentums ist voll von Ereignissen, bei denen Menschen die Zeichen Gottes mißdeutet haben.

Ich greife an dieser Stelle der chronologischen Erzählung etwa ein Jahr voraus. Da verstand ich nämlich den Willen Gottes falsch, was nicht ohne Bedeutung für meine Verbindung zu Gott in dieser ganzen Zeit des Verlustes und Schmerzes war. Damals machte ich mir Gedanken um meine Zukunft und betete um Klarheit. Sollte ich bei meiner „Zeltmacherei" am College bleiben, in Wabash „Zelte aufschlagen" oder, um im Bild zu bleiben, „Segel setzen", indem ich alle alten Verbindungen abbrach und zurück zur „Graugans" ging? Ich wollte, daß Gott es mir sagte. An einem ruhigen, friedlichen Abend auf dem Lande, als die Sonne hinter den Wolken unterging und sich der Himmel golden färbte, betete ich um diese Führung und bat Gott, mir durch irgendein Zeichen zu sagen, was ich tun sollte. In demselben Augenblick traf mich ein plötzlicher, scharfer Windstoß, eine starke Bö wie aus dem Nichts. Und ebenso plötzlich war sie wieder verschwunden.

Mir fiel ein, was Lewis über das Bedeutungsvolle und das Zufällige gesagt hatte. Bedeutete dieser Windstoß Gottes Versprechen, mich zu leiten? Ich verstand es jedenfalls so. Sicherlich hätte man dieses Zeichen auf verschiedene Weise interpretieren können. Aber ich nahm es einfach als ein Versprechen für Gottes Führung.

Doch Gott führte mich nicht. Er schien mir in weiter Ferne. Ohne Davy war die Welt immer noch leer, und nun schien sich auch Gott von mir zurückzuziehen. Mein Gefühl der Verlassenheit wuchs. Gott konnte nicht so liebevoll sein, wie man von ihm dachte. Oder war er vielleicht ganz anders? Am Morgen nach einer schlaflosen Nacht war ich überwältigt von dem Gefühl, der Kosmos sei leer, ohne Gott und auch ohne Davy.

„Nun gut", sagte ich zu mir selbst. „Jetzt mache ich endgültig Schluß mit Gott. Ich werde diesen verfluchten Unsinn nicht länger glauben. Lügen, alles Lügen. Man hat mich zum Narren gehalten."
Ich sprang auf und rannte hinaus aufs Land. Dies war das Ende!
Nur – plötzlich merkte ich, daß ich Gott nicht zurückweisen konnte. Ich konnte es einfach nicht. Ich kann es nicht erklären. Man entdeckt z. B., daß man einen Felsblock nicht bewegen kann, auch wenn man es mit seiner ganzen Kraft versucht. Ich entdeckte – ohne jedes Gefühl von Liebe oder Glauben –, daß ich das Christentum nicht ablehnen konnte. Warum, das weiß ich nicht. Ich konnte es nicht. Das war alles.
Ich schrieb an Lewis über die Windbö und die Wirkungen, die sie bei mir ausgelöst hatte. Ich sagte ihm auch, daß mir ziemlich unvermittelt ein Unrecht eingefallen sei, das ich in der Vergangenheit jemandem angetan hatte; außerdem, was ich jetzt tun wollte, um es wieder gut zu machen. Und ich schrieb ihm, daß ich plante, nach England zu kommen.
Lewis antwortete:
„Ich bin sehr froh darüber, daß Du begangenes Unrecht wiedergutgemacht hast, und noch mehr, daß Du wieder nach England kommen willst. Wir haben uns viel zu erzählen, und vielleicht werden wir beide wieder in Hochstimmung geraten. Im Augenblick ist es das Wichtigste, daß Du die Unmöglichkeit (im wahrsten Sinne des Wortes) erfahren hast, Christus abzulehnen. Natürlich muß es uns oft so vorkommen, als spiele er Katz und Maus mit uns. Für ein Kind sieht es manchmal so aus, als leite der Erwachsene es einen falschen Weg; ebenso erscheint dem Hund der Befehl des Herrn häufig falsch. Kind und Hund mißdeuten die Zeichen. Ihre Unwissenheit und ihre Wünsche versperren die richtige Sicht. Man ist sich der Bedeutung des Zeichens so sicher! Und die Gefahr ist, daß man das Geschehen, das ER mit dem ‚Wind' meinte, ignoriert, weil es nicht so ist, wie man es sich wünschte. Aus eben diesem Grunde wurde ER selbst abgelehnt, weil ER nicht so war wie der Messias, den sich die Juden vorstellten. Aber ich fürchte, ich wiederhole mich. Ich freue mich sehr auf unser Treffen. Gott segne Dich."

Abgesehen davon, daß ich etwas über „Zeichen“ lernte, erfuhr ich durch dieses kurze Abirren in die Verzweiflung – was sich übrigens nie wiederholen sollte –, wie sicher ich in die Armee des Königs gehörte. Ich durfte mich nicht zurückziehen. Aber wenn das jetzt so war, so war es auch so in jenem ersten Frühling, von dem ich nun weiter berichten will, als ich noch nicht daran dachte, den Glauben, der auch Davys Glaube war, aufzugeben.
Ende März, Anfang April – ein Vierteljahr seit ich Davy zuletzt gesehen hatte – war ich schließlich bereit, mit der Bewältigung des schmerzlichen Verlustes zu beginnen; mit der „Erhellung der Vergangenheit“, wie ich es nannte. Der Anfang war einfach eine Studie über unsere gemeinsamen Jahre. Die anderen Aufgaben, die ich mir selbst gestellt hatte, waren erledigt. Ich hatte Hunderte von Briefen, die Davy in all den Jahren geschrieben hatte, gesammelt und chronologisch geordnet, dazu die Tagebücher und unsere persönlichen Aufzeichnungen. Mitheranziehen wollte ich noch ihre Gemälde und unser Fotoalbum. Aber ich hatte noch mehr Hilfsmittel. In der Zwischenzeit hatte ich Schallplatten herausgesucht und gekauft, die wir gern hörten oder die einfach typisch für bestimmte Ereignisse in unserem Leben waren und meine Erinnerungen an sie wachriefen. Zu meinen Hilfsmitteln zählten sogar kleine Parfümfläschchen, die Davy zu bestimmten Zeiten benutzt hatte, vor allem ihr Englisch-Lavendel. Natürlich waren da noch ihre Lieblingsgedichte und einige der wichtigsten Bücher, die wir – so wie „Peter Ibbetson“ – ganz besonders geliebt hatten.
So setzte ich mich jeden Tag nach dem Unterricht in das große Wohnzimmer im „Maulwurfsnest“, hängte die entsprechenden Gemälde an die Wand, legte Schallplatten auf und versetzte mich zurück in die Vergangenheit. Unsere Tagebücher und Aufzeichnungen bildeten den roten Faden: Die meisten Jahre waren sehr sorgfältig und vollständig wiedergegeben. Meine Lektüre unterbrach ich nur ab und zu, um einen ihrer Briefe zu lesen, ein Gedicht laut zu sprechen, um Musik zu hören, eins ihrer Gemälde oder ein Foto anzusehen. Zwischendurch notierte ich mir dann alles, was mir bei der Betrachtung der Vergangenheit eingefallen war. Am Abend schrieb ich dann meinen Brief an Davy. Ich

schrieb ihr immer noch so, als wäre sie am Leben. Ich hoffte sogar – hoffte ganz inständig –, daß sie es irgendwie erfuhr, was ich ihr sagen wollte.

So reiste ich durch die Vergangenheit mit der Geschwindigkeit von einem oder zwei Monaten am Tag. Schneller ging es einfach nicht, auch schon deswegen, weil das Ganze mich emotional sehr anstrengte. Wie ich geahnt hatte, verging kein Tag, keine Stunde ohne Tränen. Aber ich erlebte auch Freude und Humor. Oft mußte ich laut lachen, und nur einen Augenblick später brach ich in Tränen aus.

Ziemlich am Anfang dieser Arbeit hatte ich das Gefühl, daß Davy tatsächlich wußte, was ich tat und es billigte. Und was mich noch viel stärker beeinflußte, war das sichere Gefühl, daß auch sie mich vermißte, wie und wo sie auch immer sein mochte. Dafür gibt es keinerlei Beweise, außer meiner eigenen wachsenden Überzeugung, daß es so war. Natürlich konnte es daran liegen, daß ich Davy als so lebendig und gegenwärtig empfand und daß meine Liebe zu ihr dieses Denken hervorrief. Ich hörte weder ihre Stimme, noch erschien sie mir (so sehr ich es mir auch gewünscht hätte); und doch bin ich davon überzeugt, daß sie tatsächlich von meiner „Erhellung der Vergangenheit“ wußte und ihr zustimmte; daß sie sich genauso nach mir sehnte, wie ich mich nach ihr.

Diese Überzeugung sprach aus jedem meiner Briefe an sie, in denen ich ihr schrieb, wie ich unsere Vergangenheit in einem ganz neuen Lichte sah und verstand. Ich erkannte, wo wir Fehler gemacht und wo wir in einer Ahnung Gottes, den wir erst sehr viel später entdeckten, schon richtige Entscheidungen getroffen hatten.

Bei dieser „Erhellung der Vergangenheit“ hätte mich etwas durchaus schockieren können – wenn Davy nicht schon etwa ein Jahr vor ihrem Tode immer stärker das akzeptiert hätte, was Paulus über die Beziehung von Mann und Frau in der Ehe sagt. Und danach soll der Mann das Haupt der Frau sein, wie Christus das Haupt der Gemeinde ist. – Doch obwohl wir das heftigst bestritten hatten – außer vielleicht Davy während ihres letzten Jahres –, wurde mir jetzt bewußt, daß ich tatsächlich so etwas wie eine Füh-

rerrolle gehabt hatte. Und ich merkte: Davy hatte sie akzeptiert, ja sogar gewünscht, ohne daß es einem von uns bewußt gewesen wäre. Liebevoll und sanft hatte ich meine Führungsrolle gespielt, ohne den geringsten Befehlston; aber ich hatte sie gespielt. Dabei hatten wir von Anfang an jede Art von männlichem Autoritätsanspruch verabscheut. Außerdem verteidigte Davy ebenso angriffslustig wie intelligent die Position der ach so populären Feministinnen. Dennoch war ich der Führende gewesen – eine für mich geradezu überwältigende Einsicht.
Ich kannte meine Frau so gut, hatte mich so bemüht, mit ihren Augen zu sehen! Deswegen konnte ich auch nicht glauben, daß sich meine „Führungsrolle" einfach nur so ergeben hatte. Mußte ich nicht fragen, ob – entgegen allen feministischen Aussagen – diese Ordnung nicht doch ein Teil der Schöpfungsordnung war, die sich nur auf Kosten der Liebe verleugnen ließ?

Die „Erhellung der Vergangenheit" war eine ganz unglaubliche Erfahrung. Was ich damit meine, kann ich vielleicht so deutlich machen: Man sitzt in einem dunklen Raum, dessen Wände mit einem Wandgemälde – der Vergangenheit – ausgefüllt sind, und man hält einen winzigen, hellen Scheinwerfer in der Hand. Wenn das Scheinwerferlicht auf das Wandgemälde fällt, so leuchtet eine Szene in lebendigen Farben auf. Stück für Stück kriecht der Scheinwerfer über die Wände und folgt dem Ablauf der Jahre.
Monat für Monat, Jahr für Jahr unserer Vergangenheit wurde so für mich lebendig. Ich erinnerte mich nicht nur an das, was aufgeschrieben war, sondern an hundert andere Dinge. Erstaunlich war für mich vor allem, daß ich selbst wieder so dachte, wie ich damals gedacht hatte. Ich war wieder ein Heide und konnte es kaum glauben und mir vorstellen, daß ich ein Christ werden sollte. Das geschriebene Wort, die Musik, die Parfümfläschchen, die Bilder – das alles versetzte mich tatsächlich in einen ganz bestimmten Zeitabschnitt unseres Lebens zurück. Ich war nicht nur ein außenstehender Beobachter, sondern Davy und ich lebten dort wieder.
Ohne Übertreibung war dies eine der erstaunlichsten Erfahrungen meines Lebens. Auch nicht im entferntesten hätte ich geahnt, daß

man die Vergangenheit mit so außergewöhnlicher Helligkeit und Wirklichkeit wieder zum Leben erwecken kann.

Die „Erhellung der Vergangenheit" hatte sich nicht nur gelohnt, weil ich viel dabei lernte, sondern weil sie trotz vieler Tränen auch Freude bereitete. An anderer Stelle habe ich schon beschrieben, wie verlassen und einsam ich mich fühlte, als ich am Tag nach der Nacht bei „St. Stephen" zu dem Wagen ging. Ich habe aber auch gesagt, daß der Anblick unseres Autos nie wieder derartige Gefühle in mir auslöste. Natürlich konnte ich häufig die Tränen nicht unterdrücken, wenn ich ihre Kleider und ihre alte Bibel durchsah. Jetzt lernte ich etwas über das Wesen des Schmerzes.

Als ich Tag für Tag durch die Vergangenheit ging, wurden unzählige vergessene oder halb vergessene Erinnerungen an Davy in mir wach, farbig und gegenwärtig wie das Leben selbst. Für einen Augenblick steht diese eine besondere Davy – fröhlich oder ausgelassen, fragend, wagemutig oder liebevoll – vor mir; warm, wirklich und lebendig. Ich begegne ihr voller Liebe und Freude. Nur einen Augenblick später dann das schreckliche Bewußtsein, daß diese Davy tot ist. Unaufhaltsam steigen Tränen auf.

Am folgenden Tag, wenn ich dies in den Aufzeichnungen nachlese, steht sie nicht mehr vor mir, und es fließen keine Tränen. Jede Erinnerung ruft wohl nur einmal warme, lebendige Wirklichkeit hervor, dann stirbt sie ihren eigenen kleinen Tod, und die Tränen folgen. An einem Tag z. B. lebten wir wieder mit Gypsy und ihrem Jungen in dem Bauernhaus „Pferdehof" in Virginia. An der Ostküste war der Schoner im Bau. An diesem besonderen Tag, in diesem besonderen Monat, sah ich aus dem Küchenfenster, und da ging Davy mit einem kleinen Korb am Zaun entlang. Sie wollte die Eier aus dem Hühnerstall holen. Ich ging ihr in dem milden Frühlingswetter entgegen. Sie lächelte mich an. Ich nehme sie in die Arme, drücke sie an mich und küsse sie: Ihr Haar ist sonnig und warm und süß. Seit Jahren habe ich nicht an diesen Augenblick gedacht. Jetzt halte ich sie für einen lieblichen Augenblick lebendig und warm in meinem Arm; rieche und fühle ihr Haar. Dann folgt der kleine Tod mit seinen Tränen. Ich werde die Erinnerung daran immer lieben, aber ich werde nie wieder fähig sein,

diese Davy lebendig vor mir zu sehen. Dafür werden morgen vielleicht Erinnerungen an die „Graugans“ lebendig werden.
Einige Leute laufen vor dem Schmerz davon, gehen auf Weltreise oder ziehen in eine andere Stadt. Aber ich glaube, man kann dem Schmerz nicht entfliehen. Ungebeten tauchen die Erinnerungen auf, vielleicht noch nach Jahren. Es ist besser, den Erinnerungen bewußt und direkt zu begegnen. Auf jeden Fall bin ich bei der „Erhellung der Vergangenheit“ so vorgegangen, und mir hat es sehr geholfen.
Nach einer Reise, auf der wir alte Freunde besuchten, die wir mehr als zehn Jahre nicht gesehen hatten, sprachen Davy und ich über eine merkwürdige Beobachtung. Wenn man jemanden, den man jahrelang nicht gesehen hat, zum erstenmal wiedertrifft, dann denkt man vielleicht im ersten Augenblick: Wer ist dieser Fremde, der so fett, so zynisch, so „ich weiß nicht wie“ geworden ist? Aber trotz aller Veränderungen entdeckt man nach einigen Minuten den Menschen, den man kannte. Die Einmaligkeit der Person bleibt bestehen. Immer. Und diese unverwechselbare Personalität eines jeden Menschen nannten wir die Seele.
Während ich nun die Jahre wieder durchlebte, entdeckte ich diese Personalität Davys ganz neu. Ich sah ihre Seele, den tiefsten Kern ihres Seins. An anderer Stelle habe ich schon mal berichtet, wie kurz nach ihrem Tode für mich all die Davys auflebten, und ich schließlich Davy in ihrer Ganzheit entdeckte. Jetzt wurde dieser Vorgang durch die „Erhellung der Vergangenheit“ vervollständigt. Man sagt, die vierte Dimension sei die Zeit oder die Dauer: Man sieht einen Menschen oder einen Gegenstand nicht nur für einen Augenblick. Und ich sah Davy in all ihren Jahren. – Ich hatte sogar ihre Baby- und Kinderbilder sowie ihre ersten Mal- und Schreibversuche. Für mich war sie da in ihrem ganzen Wesen, wie ich sie niemals verlieren würde; und ich kannte ihre Seele, wie es nur ein Liebender kann.
Man sagt, daß man beides, Himmel und Hölle, erst rückschauend erkennen und beurteilen könne. Durch die enge Beziehung der Liebe hatte ich im Krankenhaus den Christus in ihr gesehen, ihre Gemeinschaft mit ihm. Ich frage mich, ob sie ihn auch in mir gese-

hen hat? Jedenfalls erkannte ich jetzt bei der „Erhellung der Vergangenheit“ den Christus in ihr, sogar da, wo ich sie die „Gefährtin verlorener heidnischer Jahre“ genannt hatte. Der Schmerz über die tausend Tode Davys hatte sich gelohnt; nicht nur, weil die Freude den Schmerz aufwog, sondern weil ich ihre Seele fand. Ich erkannte sie – zumindest teilweise, wie auch Christus sie kennen mußte.

Als der milde, das Herz bewegende Frühling, der April und unser geliebter Mai herankamen, ging ich oft hinaus in die erwachende Natur. Überhaupt verbrachte ich viele Stunden auf dem Lande, wobei ich besonders gern zu dem verlassenen Haus ging, das wir „Ladywood“ genannt hatten. In meiner Phantasie war Davy im Wind – vielleicht war sie es wirklich? – und die leichte Berührung des Windes auf meinem Gesicht schien ihre Liebkosung zu sein. Draußen in der freien Natur weinte ich nie.
Wenn ich die Landstraßen entlangging oder in der Toreinfahrt von „Ladywood“ saß, dachte ich, wie reich und erfüllt unsere kurzen gemeinsamen Jahre gewesen waren: voller Liebe, Freude und Schönheit. Obwohl wir niemals unsere Silberhochzeit erleben sollten, so schien es mir doch, als hätten wir mehr Abenteuer, Fröhlichkeit und Lust des Lebens gekannt, als viele, die ihre goldene Hochzeit erreichen. Außerdem blieben wir miteinander verbunden. Sie lebte in mir und ich in ihr bis in alle Ewigkeit in Liebe verbunden. Obwohl der Schmerz mich noch lange begleiten sollte, fand ich so doch meine Ruhe.

An einem Nachmittag legte ich mich in „Ladywood“ ins Gras, schlief ein und träumte von Davy. Im Traum erlebte ich noch einmal einen Sommernachmittag in England, als wir mit einem Doppeldeckerbus zu einem nahegelegenen Dorf fuhren. Dann waren wir einer plötzlichen Eingebung gefolgt, aus dem Bus ausgestiegen und zu Fuß gegangen. Dieser Traum enthielt so viel Vergangenes, Gegenwärtiges, aber auch Zukünftiges, daß ich ein Gedicht darüber schrieb:

Sommer

Erinnerst du dich, Liebste, an den Bus,
an Englands Wiesen und des Himmels Blau?
Der schläfrig, süße Sommertag schickt einen Gruß
für mich und meine Frau.

Und wie in wortlos, ein'gem Stilleschweigen
der Augen Blicke uns beredt
Gedanken ohne Worte deutlich zeigen,
des Sommers Süße weht.

Der Bus hält an, ein Blick, wir steigen aus
und wandern durch die schöne Heide
und trinken Sommerheiligkeit daraus,
vereint in Christus beide.

In Einsamkeit erklingt ein Lerchenlied.
„Sieh, dort der Baum, wie schön und weit!"
Der Wolkengruß, der still vorüberzieht,
wird uns zur Ewigkeit.

Da wach ich auf, und es war nur ein Traum –
doch Himmel, Heide, Herrlichkeit
und jener Kuß, dort unterm Wiesenbaum
sind für mich Wirklichkeit.

Doch war es nur ein Traum? Und mein Traum nur?
Allein erinnere ich mich?
Oder fühlst du erinnernd eine Spur
meines Wartens auf dich?

Kapitel 9

Die harte Gnade

Der Mai in „Ladywood“ war ein Monat des Nachdenkens, des Suchens nach der Bedeutung der Dinge. Im „Maulwurfsnest“ ging die „Erhellung der Vergangenheit“ weiter mit vielen Tränen, die den Tod der aufeinanderfolgenden, kurzen Realitäten aus der Vergangenheit markierten. Vor vier Monaten war Davy gestorben. Vier Monate, seit ich sie zum letzten Mal lebendig gesehen hatte; so lange waren wir vorher niemals getrennt gewesen. Aber die endgültige Trennung lag noch vor mir, obwohl ich mir dieser Notwendigkeit noch nicht bewußt war. Davy lebte noch bei mir. Sie lebte nicht nur in meinen Briefen, sondern, so glaubte ich es fast, auch im Wind. Trotz meines Schmerzes war ich merkwürdig glücklich in jenem Mai. Wenn ich vor „Ladywood“ saß, all die Vögel sangen und die Blue Mountains am fernen Horizont in ihrer ganzen Schönheit zu erkennen waren.

Damals bewegten mich vor allem zwei Gedanken. Da war zunächst der Gedanke um Zeit und Ewigkeit. Darüber nachgedacht hatte ich schon in Glenmerle, aber durch die „Erhellung der Vergangenheit“ war er wieder mehr in den Vordergrund gerückt. Der andere Gedanke, der damit eng verbunden war, beschäftigte sich mit Gottes ewiger Gnade. Ein Brief von C. S. Lewis Anfang Mai hatte alle diese Überlegungen ausgelöst.

In einem jener goldenen Sommer, als unsere Liebe jung war, hatten Davy und ich einmal auf einer Steinmauer in der Nähe von Glenmerle gesessen und über Zeit gesprochen: Zeit, um auf Steinmauern zu sitzen, Zeit, um Schönheit zu sehen, Zeit, um einfach nur die Welt zu betrachten.

Im Club meines Vaters vor dem Kamin sprachen wir dann von „Augenblicken, die Ewigkeit ausmachen“. Damit meinten wir, was man „zeitlose Augenblicke“ nennt; Augenblicke ohne den Druck der unaufhaltsam weitergehenden Zeit, Augenblicke, die in Wirklichkeit Augenblicke voller Zeit genannt werden könnten. Genauso aber auch Augenblicke ohne Zeit. Und es war uns bewußt geworden, daß wir den Druck der Zeit lediglich im Hinblick auf einen sich nähernden, unentrinnbaren Endpunkt erfahren; also die Glocke, die läutet, die Ferien, die zu Ende gehen, die Zeit in Oxford, die abläuft.

Damals begannen wir von der „Graugans“ zu träumen als einer Möglichkeit, diesem Druck der Zeit zu entkommen, wenn ihr auch tatsächlich niemand ganz entkommen kann. Das Leben selbst hat seinen unausweichlichen Endpunkt, den Tod. Sokrates weigerte sich, seinen Tod für ein paar Stunden aufzuschieben. Vielleicht weil er wußte, daß diese wenigen Stunden unter dem Druck der Zeit nur wenig wert gewesen wären. Wenn wir von dem Jetzt sprechen, scheinen wir etwas Zeitloses zu meinen, etwas ohne Dauer. Das Bewußtsein der Dauer, des Endpunktes hebt das Jetzt auf.

Unmittelbar nach Davys Tod hatte ich das erstaunliche Phänomen erfahren, daß die verschiedenen Davys aus all den Jahren zu mir zurückkehrten und damit die einzige Davy ausmachten. Wir leben in der von Gott geschaffenen Zeit. Wenn es wirklich so ist, daß Gott die Ewigkeit ist und die Zeit etwas von ihm Geschaffenes, dann mußte Davy jetzt außerhalb der Zeit und in der Ewigkeit sein. Ich dagegen lebte in der Zeit. Schließlich rief mich die College-Glocke an jedem Morgen um acht Uhr. Und doch hatte ich von Davy her einen Blick in die Ewigkeit bekommen. Was bedeutete das? Daß die Schranken zwischen Zeit und Ewigkeit nicht so unüberwindlich sind, wie man annimmt? Könnte man noch tiefer in die Ewigkeit blicken? Oder wenigstens in die Zusammenhänge zwischen Zeit und Ewigkeit?

Wenn ich über Davy nachdachte, wie sie mir jetzt in ihrer Ganzheit erschien und die ich so viel umfassender kannte und liebte, so begann ich die Ewigkeit zu ahnen, auch wenn es mir unmittelbar nicht bewußt wurde. Ich konnte mich an unseren Hund Laddie in Glenmerle erinnern; zuerst als ein widerspenstiges Hundebaby und später als einen fröhlichen, kräftigen Wolf, eben als an einen Hund. Oder an England: das England unserer Zeit in Oxford, aber zugleich auch das England von Drake und Churchill. Oder an

Athen: alles, was es war und noch ist, obwohl es unter den Jahrhunderten begraben liegt. Vielleicht gibt es außer unserem historischen Athen ein ewiges Athen. Hatten Davy und ich im Krankenhaus nicht davon gesprochen, daß wir uns in einem ewigen Glenmerle wiedertreffen würden?

Lenkte das Entdecken der „ganzen" Davy meine Aufmerksamkeit auf die Ewigkeit, so lenkte die „Erhellung der Vergangenheit" meinen Verstand auf die Zeit; vielmehr auf die Vergänglichkeit der Zeit. Ich sah mit ungeheurer Klarheit, daß wir immer von der Zeit gedrängt worden waren. Alle unsere Träume von Glenmerle hatten sich erfüllt: der Schoner „Graugans", die entfernten Inseln von Hawaii im dunkelblauen, wogenden Pazifik, die Turmspitzen von Oxford. Aber alles war – jedenfalls kam es mir so vor – irgendwie unvollständig, zeitlich begrenzt, vorübereilend gewesen. Wir wollten das Wesen der Dinge kennen, schmecken, darin versinken, ganz besitzen. Aber dafür war nie genug Zeit; etwas entging uns immer.

Als wir mit Edmund und Lore in Frankreich waren, fuhren wir an einem lieblichen Frühlingstag durch Paris. Wir waren auf der Rückreise und wollten Paris nicht besichtigen, wir wollten nur durchfahren. Aber als wir mit heruntergelassenem Verdeck in die Stadt kamen, die herrlichen Gebäude sahen, die sich majestätisch gegen den Himmel abhoben, die Parks voller fröhlicher Liebespaare, die glitzernde Seine und das in warmem Sonnenlicht leuchtende Notre Dame – da erlebten wir Paris.

In unserem geliebten Oxford waren Davy und ich drei Jahre lang; in Paris war ich noch nicht einmal drei Stunden lang. Und doch frage ich mich, ob Paris nicht eine vollständigere oder ewigere Erfahrung für mich bedeutet als Oxford. Wir beeilten uns damals nicht, um Paris zu besichtigen. Es war für uns wie „die Dame fein..., die im Abendrot" vorüberging: ein zeitloser Eindruck. Natürlich erlebten wir auch in Oxford Augenblicke, die frei waren vom Druck des zeitlich Begrenzten. Aber dort fühlten wir trotz dieser Eindrücke, etwa der Glocken und Turmspitzen, von C. S. Lewis und unserer Schar von Freunden, daß noch mehr dahinter war, ein tieferer Sinn, den wir nicht erkannten, weil wir nicht ge-

nug Zeit dazu hatten. Wir hatten nicht das Gefühl, diesen Sinn nicht erkennen zu können, sondern nur, nicht genügend Zeit dafür zu haben.
Damals sagten wir: Wir werden zurückkommen und es herausfinden. Wir werden zu den Inseln zurückkehren und ihr Wesen begreifen. Wir werden mit der endgültigen „Graugans" auf einem blauen und zeitlosen Ozean segeln. Aber wir hatten nicht genug Zeit, um zurückzukehren, der Weg führte uns in eine ganz andere Richtung. Aber selbst wenn wir zurückgegangen wären, hätten wir wieder nicht genug Zeit gehabt; denn der Endpunkt vor uns wäre geblieben. Immer.

In jenem Mai erkannte ich es ganz deutlich: Wir waren immer nur von der Zeit getriebene, ruhelos Umherwandernde gewesen. Außer vielleicht in Glenmerle. Glenmerle hatte es immer gegeben, würde es immer geben. Deshalb ist es auch als Symbol für uns so wichtig. Natürlich existierte es nicht wirklich „außerhalb" der Zeit: Es verging und wurde ja auch zerstört durch unseren barbarischen Fortschritt zu immer größeren, kränkeren Städten. Doch das geistige Glenmerle, seine Idee, bleibt in alle Ewigkeit bestehen.
Die Zeitlosigkeit der Zukunft oder der Vergangenheit ist eine Illusion. Wir träumten von der „Graugans" an dem Teich von Glenmerle, träumten von einem Schoner, der in die ruhige Lagune einer weit entfernten Insel segelte, und dieser Traum war bezaubernd, denn das Bild war ohne Zeit und Wirklichkeit. In Wirklichkeit mußte das Logbuch geschrieben, das Essen beschafft und das Topsegel geflickt werden. Der Ferienaufenthalt in England ist voller zeitloser Bilder: die Augenblicke in Wells oder in der Kathedrale von Coventry, die langen Gespräche mit Peter oder Jane, die friedlichen Stunden auf dem Lande. In Wirklichkeit muß man Züge erreichen, Hemden waschen, schlafen und rechtzeitig Zimmer buchen. Der Zukunftstraum bezaubert uns wegen seiner Zeitlosigkeit. Darum glaube ich, daß alles, was wir den Zauber „der guten alten Zeit" nennen, auch nur eine Illusion der Zeitlosigkeit ist.
In der Realität des Jetzt tickt die Uhr unaufhörlich. Wenn man die

Reklame der Armbanduhren betrachtet – immer exaktere, immer auffallendere Anzeigen der vergehenden Sekunden – könnte man meinen, daß der moderne Mensch die Zeit vergöttert, daß sie so etwas wie ein Fetisch für ihn ist. Dabei wären wir besser beraten, den ganzen Kram in den Eriesee zu werfen, der ohnehin schon mit Unrat jeder Art vollgestopft war.
Und doch, trotz allem, tickt die Uhr nicht immer. Manchmal hält für uns die Uhr an, und dann sind wir am glücklichsten. In diesen „Nicht-Zeiten" finden wir den „Ruhepol der sich drehenden Welt". Vielleicht sind alle unsere schönsten Augenblicke zeitlos. Ganz bestimmt war es so für Davy und mich: an dem Tag, als wir auf der Mauer saßen und uns über die Zeit unterhielten; an langsam vergehenden Sommertagen auf Glenmerle; auf der Yacht, die ohne Wind mit einem halben Knoten Geschwindigkeit über das ruhige Wasser glitt, und niemand sich darum kümmerte, ob sie irgendwo ankam; beim Träumen am Ufer des Cherwell, wenn die Lerchen sangen.
Ich denke, wir suchten intuitiv das Zeitlose. Zeitlose Augenblicke – jenen „Ruhepol". Dabei ist es vollkommen unwichtig, ob der Augenblick lang oder kurz ist, denn die Zeit steht still. Als ich an Deck der „Möwe" stieg und durch die Luke auf Davy sah, die sich in dem Licht der Kabinenlampe über ihre Seemuscheln beugte, mag das tatsächlich zehn Sekunden oder zehn Minuten gedauert haben. Für mich war die Zeit stehengeblieben.
Während meiner „Erhellung der Vergangenheit" stieß ich auch auf den schönsten zeitlosen Augenblick unserer gemeinsamen Jahre: die Nacht des Seeglühens auf der „Graugans". Wir haben niemals gewußt und uns auch nicht darum gekümmert, ob dieses zutiefst beeindruckende Naturschauspiel eine oder drei Stunden gedauert hatte. Ein Vorgeschmack von Ewigkeit.

Keats, glaube ich, spürte, daß der Mensch das Zeitlose braucht. Seine griechische Urne ist ein „Ziehkind des Schweigens und stillstehender Zeit", und „entrückt dem Denken uns/ so wie der Ewigkeit". Er tröstet den jungen Liebenden auf der Vase mit den Worten: „Du liebst sie immer, immer ist sie hold." Es ist sicher das

Ewige, nach dem sich Keats sehnt. Und ich sehe dieselbe Sehnsucht in Shelley und manch einem anderen Dichter.
Wenn wir tatsächlich alle eine Art Hunger nach Ewigkeit fühlen, dann dürften wir uns nicht länger von einer Gesellschaft gefangenhalten lassen, die unsere Sehnsucht bei jeder Zeitumdrehung frustriert. Die Hälfte unserer Erfindungen sind auf Zeitersparnis ausgerichtet: die Waschmaschine, der schnelle Wagen, der Düsenflug – aber wofür? Noch nie vorher wurden die Menschen von der Zeit mehr gequält: durch Wecker, durch Summzeichen, durch Zeituhren, durch genaue Schemata, durch den Beginn des Programms. Keine andere Epoche der Vergangenheit wurde so von der Zeit beherrscht.
Aber warum eigentlich nicht? Zeit ist unsere natürliche Umgebung. Wir leben in der Zeit, so wie wir in der Luft leben. Und wir lieben die Luft. Wer hätte nicht schon gierig und genußvoll frische, reine Landluft eingesogen, nur so zum Spaß? Zeit verdirbt unsere glücklichsten Augenblicke. Ihretwegen entspricht nichts unseren Erwartungen. Aber das empfinden nur wir Menschen, denn Tiere besitzen offensichtlich kein Zeitbewußtsein. Sie leben unbekümmert, ohne jedes Gefühl für Zeit. Warum nur haben wir dieses Gefühl?
In einem seiner Briefe fragte mich C. S. Lewis, wie es käme, daß ich als ein Produkt eines materialistischen Universums mich darin nicht zu Hause fühlte. „Tadeln die Fische das Meer dafür, daß sie naß werden? Oder wenn sie es täten, würde diese Tatsache allein nicht stark dafür sprechen, daß sie nicht immer reine Wasserlebewesen sind oder sein werden?" Welche Vermutung liegt dann nahe, wenn wir so über die ablaufende Zeit klagen, während wir doch an dem scheinbar zeitlosen Augenblick solche Freude haben?
Es ist die Vermutung, daß wir nicht immer rein zeitliche Geschöpfe gewesen sind oder sein werden; daß wir vielmehr für die Ewigkeit geschaffen wurden. Nicht nur, daß wir von der Zeit gequält werden, wir sind anscheinend auch unfähig, uns an sie zu gewöhnen. Wir sind immer erstaunt über die Zeit: wie schnell sie vergeht, wie langsam sie vergeht, wieviel schon vergangen ist. Wo,

so klagen wir, ist die Zeit geblieben? Wir haben uns ihr nicht angepaßt. Wir haben sie nicht in unser Leben einbezogen. Dann aber ist es klar, daß es Ewigkeit gibt und daß sie unser wahres Zuhause ist.
So jedenfalls schien es mir zu sein. Es fiel mir auf, daß Davy und ich uns immer nach Zeitlosigkeit, nach Ewigkeit gesehnt hatten. Und diese Sehnsucht, verbunden mit all meinen Erfahrungen und Einsichten nach Davys Tod schärften mein Bewußtsein für den Himmel. Goldene Straßen und obligatorische Harfenstunden mögen nicht besonders attraktiv sein – aber Zeitlosigkeit? Und der Mensch in seiner Gesamtheit? Der Himmel ist in der Tat ein Zuhause.

In jenem Frühling versuchte ich etwas Unmögliches: Ich versuchte, die Ewigkeit zu beschreiben. Doch um Nicht-Zeitliches auszudrücken, konnte ich nur zeitliche Termini gebrauchen. Uns fehlen Worte für die Ewigkeit. Es lohnt sich vielleicht, darauf zu achten, wie viele Wörter – kursiv gedruckt – Zeit ausdrücken und deshalb eigentlich völlig ungeeignet sind.

Folgendes schrieb ich: Es ist ein himmlischer *Nachmittag*. Davy und ich hatten *gerade* ein *zeitloses* Essen genossen. (Ich nehme an, daß Gott solch eine gute Erfindung wie den Geschmack nicht abschaffen will.) *Dann* sage ich zu ihr, daß ich hinuntergehen *werde,* um unter der Buche zu sitzen und *für eine Weile* das Tal zu betrachten. Aber ich *werde bald* zurücksein. Ich betrachte das Tal einige *Stunden* oder *Jahre* lang; die Worte sind hier ohne Bedeutung, wo das *Immerwährende* alles bestimmt. Auf jeden Fall betrachte ich es genauso *lange,* wie ich möchte. *Dann* stehe ich auf und gehe zurück, aber ich treffe jemanden, C. S. Lewis vielleicht. Wir sitzen auf einer Bank, trinken ein Dunkelbier und unterhalten uns eine *Stunde* oder *mehrere Stunden lang, bis* wir alles gesagt haben.
Dann kehre ich glücklich zu Davy zurück. Sie hat *inzwischen* auf der himmlischen Orgel gespielt, einer Orgel, auf der man vielleicht jeden Ton eines Liedes *zur gleichen Zeit* hören kann. Das Lied

wird dennoch *ohne Zeit* gespielt, so daß man die eine Hälfte, die *schon* verklungen ist, und die andere Hälfte, die *noch* folgt, *gleichzeitig* hören kann. Sie hat ein paar *Minuten* auf der Orgel gespielt, und als ich hereinkomme, dreht sie sich *gerade* herum, um mich zu begrüßen. Ob ich *eine Stunde* oder *hundert Jahre* weg war, ob sie *zehn* oder *dreißig Minuten* gespielt hat, ist bedeutungslos, denn wir haben beide nicht *gewartet* und konnten auch gar nicht auf den anderen *warten.* Denn es gibt einfach keine *Zeit,* keine *Stunden,* keine *Minuten,* kein Gefühl für die *abgelaufene Zeit.* Das *Ticken* der Uhr hat *aufgehört.* Es ist Ewigkeit.

Natürlich wird es so nicht sein. Wie es sein wird, liegt völlig außerhalb unseres Vorstellungsvermögens. Und doch wird es ein Zuhause sein. Das können wir mit Sicherheit sagen. Ich bin so sicher, daß die Zeitlosigkeit kommen wird, wie ich mir sicher bin, daß die Zeit das schlimmste aller Übel aus Pandoras Büchse war.
Obwohl ich inzwischen schon viele Jahre ohne Davy in der Zeitlichkeit leben muß, habe ich das sichere Gefühl, daß wir gemeinsam vor Gottes Herrlichkeit treten werden. Auf diesen Gedanken weist das folgende Gedicht hin, das nach einem anderen Tod Ausschau hält.

Torweg

Ich fliehe von Ketten befreit,
schön ist der Weg und weit,
Heide und Wind und du.

Liebste, du bist bereit,
ewig von Last befreit,
geh ich auf dich zu.

Schönheit nur weit und breit
Liebe und Ewigkeit,
Heide und Wind und du.

Christus in Herrlichkeit!
Für mich kommt Freudenzeit,
geh ich auf dich zu.

Das Bewußtsein, daß Davy ewig lebt, und die Erkenntnis, daß unsere schönsten Augenblicke zeitlos gewesen waren und die Zeit dem Menschen wesensmäßig fremd ist, hatten mir einen tiefen Einblick in die Ewigkeit gewährt. Mir war aber auch klargeworden, daß die Vergangenheit uns zeitloser erscheint, als sie es in Wirklichkeit ist. Sollten sich nun Himmel und Hölle tatsächlich erst aus der Rückschau erkennen lassen, nachdem sie unser ganzes Leben so oder so prägten, könnte dann die Ewigkeit nicht auch schon jetzt unser Leben bestimmen, ohne daß wir es wissen?
Ende Mai schrieb ich diese Gedanken in meiner ziemlich kleinen Handschrift an C. S. Lewis. Ich erzählte ihm auch von unserer Übereinstimmung und meinem Versuch, wie eine Frau (bzw. Davys Versuch, wie ein Mann) zu denken und zu fühlen.
Hier seine Antwort auf meine Gedanken über Zeit und Ewigkeit:

„Ich habe Deinen Brief vom 20. Mai erhalten. Meine eigene Handschrift ist jetzt so schlecht, daß es mir nicht ansteht, die Deine zu tadeln. Aber könntest Du vielleicht ein bißchen größer schreiben? Ich werde sonst ein Mikroskop gebrauchen müssen.
Was Du über die Zeit sagst, ist genau das, was ich schon lange gedacht habe. Die Zeit ist für sehr einfache Ereignisse unzureichend und wird teilweise sogar von ihnen übertroffen. Wann z. B. hören wir eine Melodie? Vor der letzten Note ist das Lied unvollständig, aber sobald diese ausklingt, ist das Lied auch schon vorbei. Ich bin mir ziemlich sicher, ewiges Leben bedeutet nichts, daß diese zeitliche Kette aufeinanderfolgender Augenblicke endlos verlängert wird (als ob durch Verlängerung das erreicht werden könnte, was so offensichtlich nie gelungen ist). Ewiges Leben bedeutet vielmehr, aus jener Kette und vielleicht sogar aus der Materie auszusteigen und ein anderes, neues Niveau zu erlangen. Lies von Hügels ‚Ewiges Leben' und Boethius' ‚Consolationes'. (Die schöne

englische Version aus dem 16. Jahrhundert steht auf der rechten Seite der Loeb-Ausgabe.)

Was die Art der Verbindung zwischen Ehegatten in der Ewigkeit anbetrifft, so halte ich es mit Paulus, daß ‚wer an der Hure hanget, der ist ein Leib mit ihr' (1. Korinther 6,16). Wenn die niedrigste, verdorbenste Form der sexuellen Gemeinschaft schon mystische ‚Einheit' ist (nebenbei bemerkt, was für ein starkes Argument gegen ‚gelegentlichen Geschlechtsverkehr'!), so muß in der rechtlich und gesetzlich gültigen Ehe diese Einheit um so mehr zu finden sein. Nach meiner Meinung wird also die Einheit zwischen den auferstehenden Ehegatten so eng sein wie die Einheit zwischen der Seele und ihrem eigenen auferstandenen Körper. Aber (und dies ist, wie Du siehst, der Haken) der auferstandene Körper ist gleichzeitig auch der Körper, der gestorben ist. (‚Wenn wir diesen Tod gemeinsam haben, werden wir auch diese Auferstehung gemeinsam haben.') Und so muß Deine Liebe zu Jean in diesem Sinne getötet werden, und ‚Gott muß es tun', wie Du in einem Deiner Briefe selbst sagst.

Du hättest ‚Paradiso' lesen sollen. Beachte den Augenblick, in dem Beatrice ihre Augen von Dante abwendet und sie ‚auf die ewige Quelle' richtet. Und Dante nimmt das hin. Aber natürlich findest Du dies alles auch in dem Bibelvers: ‚Trachtet am ersten nach dem Reich Gottes..., so wird euch solches alles zufallen' (Matthäus 6,33). Unendlicher Trost im zweiten Teil, unerbittlicher Anspruch im ersten. Hoffnungslos, wenn wir es tatsächlich durch unser eigenes Bemühen und Tun erreichen müßten. Aber ‚Gott muß es tun'. Wir dagegen müssen das ‚Nimm mich an ohne Bedingungen' verwirklichen. Danach sollst Du in der Erfüllung Deiner täglichen Pflicht und in Deinem Glauben wachsen, so wie der Same heimlich wächst...

Was Du über Euer enges Miteinander sagst, scheint mir mit Sicherheit keine Verirrung zu sein. In einem bestimmten Sinne (wie genau, weiß ich auch nicht) ist es wahrscheinlich richtig. In seiner endgültigen Form könnte ein Element der Selbsttäuschung liegen, aber ich bin mir da nicht ganz sicher. Als ich es las, fiel mir ein, daß mein Arzt mich einmal tadelte, als ich versuchte, ihm einen

Schmerz ganz genau zu beschreiben. Er sagte: ‚Alles, was du mir über das besondere Gefühl und die Einmaligkeit deines Schmerzes erzählst, ist für mich als Arzt im allgemeinen nutzlos und unzuverlässig. Sag mir lieber, wo und wie lange du schon Beschwerden hast. Wenn ich mehr wissen will, werde ich schon fragen.'
Möglicherweise ist all das, was Deinen Verlust von dem anderer Liebender zu unterscheiden scheint, weniger wichtig, als es Dir vorkommt. Eine im Grunde sehr natürliche Sache. Diese Sonette, die vor etwa zehn Jahren geschrieben wurden, treffen nicht ganz Deine Situation, aber sie bringen einiges vielleicht ein wenig besser zum Ausdruck, als ich es hier tun konnte. Ich bin in großer Sorge wegen der Trunksucht meines lieben Bruders. Bete für ihn und mich. Gott segne Dich!
(P. S.: Schick mir die Sonette bitte irgendwann zurück. Aber es eilt nicht.)"

Die „Fünf Sonette", die er mir geschickt hatte, erschienen später auch unter dieser Überschrift in seinem Gedichtband. Sie trafen mich in ihrer Aussage wirklich sehr, und ich würde sie jedem empfehlen, der um einen Geliebten trauert. In ihnen warnt Lewis den Trauernden davor, seinen Zorn gegen den Himmel zu richten, denn „Zorn ist das häßliche Gesicht des Verstandes". Er warnt außerdem vor der Verzweiflung, die auch nur „einen Schimmer von Rache" enthält, und davor, irgendeinen irdischen Trost zu suchen. Statt dessen sollen wir – wie Dante – zuerst Gott suchen: „Frag nach dem Morgenstern, und gib dahin deine irdische Liebe."
In dem Buch „Überrascht von Freude" bekennt Lewis, daß er sich zu dem lebendigen Gott bekehrte, weil er sich nach Freude sehnte, einer Freude, die nicht auf den Scheinversprechungen irdischer Dinge beruht. In „Des Pilgers Rückkehr" beschreibt er, daß die Sehnsucht nach dieser Freude schon Freude und Herrlichkeit ist: Sehr wahrscheinlich ist es die reinste Freude, die wir jemals auf dieser Erde erleben können. Zunächst bezieht sich die Sehnsucht auf ein „Etwas ohne Namen, wonach das Verlangen uns wie ein Stich beim Anblick eines Feuerwerks durchdringt, wie das Ge-

räusch wilder Enten, die über die Köpfe dahinziehen..." Aber dann fixieren wir diese süße und stechende Sehnsucht nach Freude auf irgendein irdisches Objekt. Wir glauben, diese Freude zu finden, wenn wir nur die blauen Berge erklimmen, die blaue Blume finden, die Liebe einer bestimmten „Dame in Blau" gewinnen oder mit unserem Schoner unter dem blauen Himmel zu einem neu entdeckten Land segeln können. Insgeheim sind wir vielleicht alle auf einer solchen Gralssuche.

Doch wonach wir auch immer suchen mögen, wenn wir es finden, werden wir merken, daß es nicht im geringsten die Freude enthält, die unser Herz vor Sehnsucht zerbrechen ließ. So sagt Lewis: „Wenn ein Mensch dieser Sehnsucht nach Freude unbeirrt folgt, dabei aber so lange auf die falschen Objekte ausgerichtet bleibt, bis ihre Fehlerhaftigkeit offensichtlich ist, und sie dann entschlossen verwirft, so muß er zuletzt zu der klaren Erkenntnis kommen, daß sich die menschliche Seele durchaus an einem Objekt erfreut, selbst wenn sie es nie ganz erreichen kann. Ein solches Objekt muß nicht einmal als tatsächlich existent bewiesen sein, jedenfalls nicht mit unseren gegenwärtigen Möglichkeiten subjektiver und zeitlich-räumlicher Entfernung."

Ich glaube, dies ist das eigentliche Thema der Schriften von C. S. Lewis. Es ist auch mein Thema. Davy und ich sehnten uns in unserer Liebe zueinander nach der Zeit ohne Zeitdruck, nach zeitloser Existenz. So hofften wir, Freude zu finden. Wir sahen einen schwachen Schimmer der Ewigkeit. Aber wonach wir uns wirklich sehnten, so wie es Lewis getan hatte, war die Freude. Ein Leben zu führen, ohne uns dem Druck der Zeit auszuliefern, das war unser ursprüngliches Ziel gewesen. Unser Boot sollte uns zu einem solchen Leben verhelfen. Wir haben unser eigentliches Ziel nie aufgegeben. Und doch wurde manchmal unser Schoner zum Ziel an sich, zum Objekt, das schon selbst die Freude enthielt.

Indem ich über Lewis' Ausführungen zur Freude und meine Überlegungen zu Zeit und Ewigkeit nachdachte, erinnerte ich mich an unsere Neigung, das Ziel durch das Mittel zu ersetzen. Dabei fiel mir nicht nur die Möglichkeit einer zeitlosen Existenz

– wie etwa auf dem Boot – ein, sondern auch andere Anzeichen himmlischer Freude. Etwa die Freude durch Liebe und Schönheit, die wir vor allem beim Bau der „Strahlenden Festung" erleben durften. Ich fragte mich dann, ob nicht jeder Gegenstand unserer Sehnsucht auch die dunkelsten und quälendsten Wünsche, wie ein Abglanz der Freude aus der einzigen Quelle der Freude kommen, nämlich von Gott selbst.
Vielleicht erahnt jemand die Freude in der Schönheit. Seine Sehnsucht, irgendwie mit dieser Schönheit eins zu werden, könnte ihn vielleicht zum Malen bringen. Sollte er dabei sein ursprüngliches Ziel der Schönheit halb vergessen, ließe er sich wahrscheinlich dazu verleiten, für nichts anderes als eine künstlerische Mode einzutreten. Derselbe Wunsch, mit dieser Schönheit eins zu sein, könnte einen anderen Menschen zum skrupellosen Kunstsammeln veranlassen oder zu einem gewissenlosen Leben. Wieder ein anderer könnte in der Freude einen Abglanz himmlischer Gerechtigkeit sehen und dadurch zum Jurastudium geführt werden oder vielleicht zum Kommunismus, wenn er die Gerechtigkeit am Ende vergessen hat. Für ein Kind, das in einer beengten, erbärmlichen Wohnung aufwächst, könnte das Leben in einer großen Villa die Freude begleiten. Der Wunsch danach könnte ihn veranlassen, ein Betrüger zu werden, der im Unterbewußtsein glaubt, daß die Welt ihm die Erfüllung seines Herzenswunsches schuldig ist. Die Ahnung der Freude in der menschlichen Liebe könnte zu Wollust und ungezügelter Grausamkeit führen. Die Berufung des Priesters, die von der Ahnung der Freude in Gott ausgeht, würde dann unter Umständen zu einem Instrument kirchlicher Politik, wobei man den Namen Gottes stets auf den Lippen trägt, ihn aber aus dem Herzen verbannt. Sogar bei einem Menschen wie Hitler könnte am Anfang die Sehnsucht nach Freude durch Frieden und Ordnung gestanden haben.
Davy und ich hatten unsere ganz individuelle Ahnung von Freude, von ewiger Freude, durch keine Zeit begrenzt. Die „Graugans" sollte uns den Weg dorthin zeigen. Wenn wir auch manchmal den Schoner zum Ziel selbst machten, so schenkte er uns doch viel Freiheit von der Zeit, in der wir, um es mit dem Bild von Lewis

auszudrücken, manchmal aus der endlosen Kette der Minuten ausstiegen und eine andere Bewußtseinsebene erlangten. Ich denke dabei ganz besonders an die Nacht des Seeglühens, als alle unsere Ahnungen von Ewigkeit, Liebe und Schönheit eins wurden.

Das andere Thema, mit dem ich mich in diesem Mai gedanklich so stark beschäftigte, war der Zusammenhang zwischen dem Tod der Liebe und der Gnade Gottes. C. S. Lewis hatte mich Anfang Mai in einem seiner Briefe darauf aufmerksam gemacht.
Im April schilderte ich Lewis in einem langen Brief die Geschichte der „Strahlenden Festung". Ich erzählte von ihrem Anfang, von der Vollendung der Festung und von dem letzten, langen Sturzflug. Ich erklärte ihm die Absicht, die wir mit der Festung verbanden: das Erhalten unserer Liebe. Außerdem ging ich darauf ein, warum wir keine Kinder hatten: aus Angst nämlich, daß Kinder unsere Gemeinsamkeit stören, eventuell sogar zerstören könnten.
Vielleicht war es der folgende Brief von C. S. Lewis, der mich dazu brachte, dieses Buch zu schreiben. Auf jeden Fall verdankt mein Buch diesem Brief seinen Titel. Lewis schrieb mir damals:

„Dein Brief ist eine wunderbar klare und schöne Beschreibung einer Erfahrung, die man sich oft wünscht, die aber nur selten jemand bis zu dem Grad erreicht, wie es bei Dir und Jean der Fall war. Ich schicke Dir den Brief zurück. Wenn Du ihn nur oft genug liest, kannst Du ihn schließlich betrachten, als enthielte er die Geschichte eines anderen, und Du wirst einmal über ein Leben, das so ganz unter dem Zeichen des ‚Wir' steht, am Ende genauso denken wie ich. Nur noch viel tiefer und fruchtbarer, als ich es tun kann, weil es Dich so viel mehr kosten wird.
Dies ist nicht nur meine Meinung, sondern das Denken des ganzen Menschengeschlechts auf den verschiedenen Stufen seiner Entwicklung. Beginnen wir ganz am Anfang. Was würden die primitiven Heiden denken? Sie würden sagen, es sei eine Anmaßung, die die Vergeltung der Götter heraufbeschwören könnte. Für sie wäre

es etwas Verbotenes. Rotes Licht! Stopp! Gehen wir einen Schritt weiter. Die kultivierten Heiden würden jede Ablehnung der allgemein menschlichen Ansprüche als unmännlich, unschicklich, dem Weibe völlig unterwürfig tadeln. Die Stoiker würden sagen, daß der Versuch, einen Teil des Ganzen (das Wir) in ein sich selbst genügendes Ganzes zu verkehren, im ‚Gegensatz zur Natur' stehe.

Betrachten wir nun die Christen. Sie würden natürlich zustimmen, daß Mann und Frau ‚ein Fleisch' sind. Sie würden vielleicht auch noch zugeben, daß dies von Jean und Dir in bewundernswerter Weise verwirklicht wurde. Aber sicherlich würden sie hinzufügen, daß dieses ‚ein Fleisch' nicht ‚sich selber leben' darf (und es auf lange Sicht auch gar nicht kann), genauso wenig wie es ein Individuum kann. ‚Das eine Fleisch' ist ebenso wie das Einzelwesen nicht dazu geschaffen, Ziel in sich selber zu sein. Es ist geschaffen für Gott und (in Ihm) für den Nächsten, wobei an erster Stelle die Kinder stehen, die es hervorgebracht haben sollte.

Die Idee, die hinter Eurer freiwilligen Kinderlosigkeit steht, daß die Erfahrung der Mutterschaft vermieden werden sollte, weil man sie nicht gemeinsam erleben kann, ist sicherlich sehr ungesund. Denn a) (vergib mir meine Offenheit) schon der Geschlechtsakt als solcher beruht auf entgegengesetzten, wechselseitigen und deshalb unteilbaren Erfahrungen. Hast Du Dir gewünscht, daß sie das Gefühl hätte, sie läge mit einer Frau im Bett? Und b) auch das Gefühl einer Frau, der die Mutterschaft versagt ist, ist eine Erfahrung, die Du nicht mit ihr geteilt hast und auch nicht hast teilen können. Versagte Vaterschaft ist da etwas ganz anderes und längst nicht so schwerwiegend.

So oder so mußte die Sache sterben. Du hast das Holz des Lebens nicht nach seiner Maserung geschnitten. Es gibt verschiedene Möglichkeiten, wie Eure Liebe hätte sterben können, selbst wenn beide Partner am Leben geblieben wären. Du hast eine harte Gnade erfahren. Du bist dahin geführt worden, daß Du erkannt hast: Ich bin auf Gott eifersüchtig. Wie wahr ist dies, und wie häufig geschieht es! So bist Du von dem ‚Wir' zurückgeführt zu dem ‚Wir und Gott'. Es bleibt noch der Weg zu ‚Gott und dem Wir'!

Sie war Dir auf diesem Wege voraus. Von dort, wo sie nun ist, kann sie Dir besser helfen, als sie es auf der Erde hätte tun können. Du hast noch einen Weg vor Dir. Das ist einer der Gründe, weshalb Selbstmord nicht in Frage kommt. Ein anderer Grund ist, daß wir gar nicht wissen, ob ein Tod dieser Art Dich wieder mit ihr vereinigen könnte. Warum sollte er? Du könntest Dir eine auf ewig unüberbrückbare Kluft graben. Ungehorsam ist nicht der Weg, um dem Gehorsamen näher zu kommen.
Keinem außer Dir würde ich wagen, bei einem solchen Leid so deutlich zu schreiben. Das ist, wenn Du es mir glauben kannst, der stärkste Beweis meines Vertrauens und meiner Liebe zu Dir. Narren und Schwächlingen schreibt man trostreiche Worte. Du hast Jean (und das war falsch) um die Schmerzen einer Geburt gebracht: Entziehe Du Dich nicht den Schmerzen der Arbeit, die Du auf Dich nehmen mußt, wenn Christus in Dir geboren wird. Glaubst Du, für sie gäbe es jetzt eine andere Sorge, als daß Du diese geistliche Mutterschaft geduldig erleiden und voller Freude erleben würdest?
Gott segne Dich. Bete für mich."

Nach diesem ernsten und mich tief bewegenden Brief liebte ich Lewis wie einen Bruder. Wie einen Bruder und Vater zugleich.
Wenn ich überhaupt je in der Versuchung gewesen war, mein Versprechen an Davy zu brechen und ihr durch Selbstmord zu folgen, so schwand diese Versuchung endgültig unter dem Eindruck von Lewis' „ewig unüberbrückbarer Kluft".
In meiner Antwort dankte ich Lewis für seine Klarheit, seine Ehrlichkeit und für sein Vertrauen. Ich erzählte ihm, daß Davy und ich in der Tat den Frühling festgehalten hatten – Oxford war vielleicht schon Juni für uns gewesen –, und dann war alles vorüber. Außerdem versuchte ich ihm zu erklären, daß wir vielleicht doch die Erfahrung einer Frau, der die Mutterschaft versagt ist, geteilt hätten, und zwar durch unsere besondere Nähe und Einfühlsamkeit. Schließlich versprach ich, gründlich über alles nachzudenken, was er gesagt hatte. Sein folgender Brief zum Thema „Ewigkeit" ist in dem entsprechenden Zusammenhang schon abgedruckt.

Meine Gedanken über Zeit und Ewigkeit hatten mich auf das Nachdenken in diesem „Harte-Gnade-Brief" vorbereitet. Durch sie war mir klargeworden, daß wir uns unter dem Zeichen der Zeitlosigkeit schon immer nach Gott gesehnt hatten. Wenn Gott wirklich zuerst gesucht werden muß, so muß er auch das ganze Verlangen des Herzens sein.

Der Gedanke, der mich in dem „Harte-Gnade-Brief" am meisten traf, stand in dem vorletzten Abschnitt. Er beginnt mit den Worten: „So oder so mußte die Sache sterben." Mußte sterben. Das heißt, sie hätte auch auf eine andere Weise sterben können. Lewis hatte schon in seinem ersten Brief nach Davys Tod so etwas gesagt. Dann hatte er geschrieben: „Ich kann es sehr gut nachempfinden..., was Du über ‚die seltsame Tröstung' sagst, daß ‚jetzt nichts mehr unsere Liebe beeinträchtigen kann.' Ich frage mich manchmal, ob nicht im Grunde der Tod die leichteste und am wenigsten schmerzliche Art und Weise ist, wie Menschen das Glück ihrer jugendlichen Liebe verlieren. Denn ich glaube, man muß dieses Glück immer auf die eine oder andere Weise verlieren: jede natürliche Liebe muß gekreuzigt werden, bevor sie zur Auferstehung gelangen kann."

Und nun wieder dieselbe Bemerkung: Unsere Liebe mußte sterben; aber es gibt viele Arten des Sterbens.

Davys Tod war eine harte Gnade. Es gibt überhaupt keinen Zweifel, daß Lewis das meint. Jener Tod, so voller Leiden für uns beide, ein Leiden, das immer noch mein Leben bestimmte, war dennoch eine harte Gnade. Eine Gnade, so hart wie der Tod, und eine Härte, so gnädig wie die Liebe.

Ein solches Konzept kann sicherlich nicht für alle gelten. Jedenfalls nicht in einer Gesellschaft, die romantische und geschlechtliche Liebe als die größten Errungenschaften feiert und den Tod als das größte Übel haßt. Aber wie kann man den Tod eine Gnade nennen, außer wenn er die Erlösung von unerträglichem Schmerz für die ist, die schon zum Tode verurteilt sind? Hier waren zwei junge Menschen in den Dreißigern, die sich liebten und danach sehnten, daß sie lebten. Wie kann man da den Tod als eine Gnade ansehen?

Hatten wir tatsächlich gegen ein Naturgesetz verstoßen, weil für uns ewiger Frühling herrschen sollte, wir uns selbst genügten und weil wir keine Kinder haben wollten, dann könnte ihr Tod zweifellos von religiösen Leuten der finsteren Sorte als eine wohlverdiente Strafe gedeutet werden. Aber waren wir nicht Christen geworden? Hätten wir nicht durch diesen Glauben den „schmerzlichen Tod und die Wiedergeburt" zu Lebzeiten erreichen und am Ende eines dieser „glücklichen alten Ehepaare" werden können? Warum starb sie, die so demütig und so heilig war? War ihr Tod nicht Härte ohne Gnade, wenn er von Gott bestimmt war?

Ich muß noch mit dem Gesetz beginnen. Dem Gesetz Gottes. Aber hatten wir denn wirklich gegen dieses Gesetz in seiner Gesamtheit verstoßen? Um es gleich vorweg zu sagen: Wenn jemand eine Entschuldigung dafür erwartet, daß wir keine Kinder haben wollten, so wartet er vergeblich. Ich weiß nicht, ob es erlaubt ist, keine Kinder haben zu wollen. Das müssen die Theologen entscheiden, wenn sie wollen. Die Frage wurde für uns ohnehin irrelevant, als Davy ins Krankenhaus kam.

Genauso wenig kann ich mit absoluter Sicherheit so wie Lewis sagen, daß „ewiger Frühling nicht erlaubt" ist. Auch diese Frage war durch ihren Tod hinfällig geworden. Was wir hatten, war vielleicht nur der verlängerte, nördliche Frühling unserer Liebe. In den jahreszeitlichen Bildern der Liebe gibt es viele Variationen: Mädchen werden schon als Teenager Mütter – Sommer und Zeit der Früchte. Sie haben im Grunde den ganzen Frühling versäumt. Ausgebrannte Jugendliche meinen, alle Weisheit dieser Welt zu kennen und beginnen ihr Leben im Herbst oder Winter. Wir hatten unsere Aprilliebe erhalten wollen und suchten deswegen vielleicht unwissend die Ewigkeit. Es war eine so fröhliche und schöne Zeit, daß ich einfach nicht besonders reumütig sein kann, zumal mir die Rechtslage nicht ganz klar ist.

Zu dem Gesetz Gottes kann ich dennoch sagen: Wir als seine Geschöpfe lebten für ihn. Nicht für uns selbst. Das zumindest ist sicher.

Davy und ich verwirklichten nach Meinung von C. S. Lewis „auf eine bewundernswerte Weise“ das christliche Ideal, als Mann und Frau ein Fleisch zu sein. Das war die „Strahlende Festung“. Und bedeutete die „Strahlende Festung“ Nähe, Achtung, Gemeinsamkeit, kurz: Liebe, dann mußte sie auch Gott gefallen. Die allmähliche Trennung im Namen der Liebe zu vermeiden, bedeutete nur, das Sakrament der Ehe heilig zu halten.

Aber die „Strahlende Festung“ war mehr als das. Ihr Anspruch der Liebe (Was ist am besten für unsere Liebe?) als einziges Kriterium für alle unsere Entscheidungen, stand im Widerspruch zum Gesetz Gottes. Denn was am besten für unsere Liebe war, könnte möglicherweise nicht in Übereinstimmung zu unseren Pflichten der Nächstenliebe stehen. Außerdem enthielt die „Strahlende Festung“ eine fast unüberbietbare Herausforderung Gottes. Hatten wir uns doch fest vorgenommen, zusammen in dem letzten „Sturzflug“ zu sterben.

Aber die „Strahlende Festung“ war ja zerbrochen durch Gottes Aufgebot mit C. S. Lewis an der Spitze. Wir hatten unsere Knie gebeugt. Zu meinem Schrecken war auch der Anspruch der Liebe zerbrochen; und der letzte lange Sturzflug war verboten, was uns im Krankenhaus mit Sorge bedrückte. Wir hatten unsere Liebe für unverwundbar gehalten, aber Gott hatte die Festung zerbrochen, und danach war unsere Liebe verwundbar geworden.

In dem „Harte-Gnade-Brief“ schrieb Lewis: „Du bist dahin geführt worden zu erkennen, ... daß Du auf Gott eifersüchtig warst.“ Ich hatte ihm gesagt, daß mich diese klare Erkenntnis in meinem Schmerz niedergeschmettert und beinahe vernichtet hätte. Eifersüchtig auf meinen Gott! Oder eifersüchtig auf den göttlichen Liebhaber meiner Geliebten. Genau aus diesem Grunde war ich in unserer „Villa Trostlos“ so niedergeschlagen gewesen, hatte nicht in meiner Bibel lesen wollen und mit Jane angebändelt. Das war wirklich „mea culpa“. Natürlich war mir danach nicht bewußt, daß ich auf Gott eifersüchtig war. Ohnehin ein fast undenkbarer Gedanke, und im Prinzip blieb er auch ungedacht. Als ich dann in den Krankenhausmonaten um Davys Leben rang und all meine

Kraft für sie brauchte, wurden derartige Gedanken noch undenkbarer. Aber die Eifersucht war da. Und Gott wußte es.

Immer noch war die Festung zerbrochen, und die Eifersucht lebte weiter. Was wäre daraus geworden, wenn Davy wieder gesund geworden wäre? Dieser Frage mußte ich mich stellen. Was, wenn sie sich in letzter Minute erholt hätte? Vielleicht in dieser fröhlichen Zeit neu erwachter Liebe, als sie aus dem Koma aufwachte oder nach unserem glücklichen und hoffnungsvollen Weihnachtsfest mit dem „Lied zweier Liebender"? Was, wenn sie wieder ganz gesund geworden wäre? Die Ärzte hätten erstaunt festgestellt: „Es ist ein Wunder." Wir wären vielleicht weniger erstaunt gewesen, weil wir so voller Hoffnung waren, und wir hätten Christus, dem Heiland, von Herzen gedankt.

Voller Freude hätte ich sie noch viel mehr geliebt, weil ich schon einmal in der Angst leben mußte, sie zu verlieren, und weil sie wie Persephone von den Toren des Todes zurückgekehrt war. Und auch sie hätte mich noch mehr geliebt, weil ich sie in jenen schrecklichen Monaten nie enttäuscht hatte.

Aber diese Freude und Dankbarkeit hätte nicht für immer bestehen können. Davy wäre von Gottes Herrlichkeit mehr als ich überwältigt gewesen, weil sie ihn ganz unmittelbar erfahren hatte, und sie hätte sich seinem Willen noch mehr hingegeben. Müßte sie nicht sogar glauben, Gott habe ihr das Leben neu geschenkt, weil er eine bestimmte Absicht damit verbindet? Und ich wäre weiterhin auf Gott eifersüchtig gewesen, hätte mich wieder daran erinnert, daß der Anspruch der Liebe keine Gültigkeit mehr hatte. Oder hätte ich durch das Wunder ihrer Heilung meine Eifersucht endgültig überwunden? Vielleicht aber wäre es für mich gar kein Wunder mehr gewesen. Vielleicht wäre es nur „fast" ein Wunder geworden, mit Erklärungen wie Davys Lebenswille; die Kunst der Ärzte; eine falsche Diagnose usw. Wenn meine Eifersucht unbewußt und unbeabsichtigt das schreckliche Bewußtsein ihres Todes und ihre Hingabe an den Willen Gottes überdauert hatte, wäre sie wohl auch nicht wegen eines „Beinahe-Wunders" zerbrochen. Sie

hätte für eine lange Zeit latent weitergelebt mit sehr geringen Chancen, entdeckt zu werden.
Die Frage bleibt deshalb: Was wäre auf lange Sicht gewesen, wenn Davy wieder gesund geworden wäre? Wie wäre es mit uns in drei Jahren gewesen? In zehn? Hätten wir auch dann noch Krise und Rettung bewußt in unser Leben eingeordnet?
Wenn meine Eifersucht tatsächlich überlebt hätte, so gibt es nach meiner Meinung drei Möglichkeiten, die untersucht werden müssen:
1. Ich hätte mich auf irgendeine Weise dem Herrn ebenso vollständig ausgeliefert, wie Davy es getan hatte. Mit Verstand und Herz. Dies war nicht geschehen, während sie im Krankenhaus lag. Mein Aufopfern war ausschließlich auf Davy gerichtet, geschah zu ihrem Besten. Im Endeffekt mag das durchaus mit dem Besten für das Reich Gottes übereinstimmen, in der Intention aber ist es nicht dasselbe. Meine Übergabe galt ihr. Wenn es meine Pflicht Gott gegenüber gewesen wäre, sie dort im Krankenhaus zurückzulassen, um allein weiterzuleben, dann hätte ich das nie getan. Niemals. Wie Lewis ganz richtig erkannte, hatte ich eine Entwicklung vom „Wir" zum „Wir und Gott" hinter mir, war in meinem heidnischen Herzen aber noch Lichtjahre von einem „Gott und Wir" entfernt. Daraus schließe ich, daß ich mich nicht so konsequent wie Davy dem Willen Gottes ausgeliefert hätte, wenn Gott mich nicht durch Gnade dazu gezwungen hätte.
2. Möglicherweise wäre es mir gelungen, ihre Hingabe an Gott zu zerstören oder doch zu verringern. Das hätte ich natürlich noch nicht einmal mir selbst gegenüber zugegeben. Ich hätte es Gleichgewicht genannt: Gleichgewicht zwischen unserer Liebe zueinander und der Liebe zu Gott. War es nicht übertrieben, wie sie Gott diente, wenn unsere Liebe dadurch verletzt wurde? Ich bin mir ziemlich sicher, daß es mir gelungen wäre, ihre Hingabe auf ein „angemessenes" Maß zu beschränken. In Wirklichkeit hätte ich damit den alten Anspruch in leicht veränderter Form wieder eingeführt.
Davy war menschlich, sehr menschlich –, und sie liebte mich. Vielleicht bedeutet schon die enge Gemeinschaft im „Maulwurfsnest",

die mit dem Frühstück am Neujahrstag begann, ein leichtes Abschwächen ihrer Verbindung zu Gott, ausgelöst durch meinen stummen Anspruch. Ich hätte ihren Glauben schwächen, ihn abdrängen können. Aber auf die Dauer gesehen, hätte ich wohl keinen endgültigen Erfolg erzielt. Sie war in ihrem Dienst Gott gegenüber zu weit fortgeschritten, besonders in ihrer bedingungslosen Ergebenheit an den Herrn. Außerdem kann ich nicht davon ausgehen, daß Gott meinem Vorhaben freundlich gesonnen gewesen wäre und es unterlassen hätte, Davy zu stärken.

3. Ich wäre dahin gekommen, Gott zu hassen – oder Davy. Eine meiner Meinung nach logische Konsequenz, wenn ich mich weder Gott ausgeliefert hätte noch Davys Hingabe an ihn hätte einschränken können. Meine Eifersucht auf Gott bleibt: Sie überlebt. Zunächst würde ich mich nur ein wenig von Gott entfernen. Dabei geht es nicht einmal um die Entfernung, es geht um die Richtung. Von ihm weg oder zu ihm hin. Und in drei Jahren? Oder zehn? Zeit genug. Und am Ende hätte ich Gott gehaßt, weil er mir meine Geliebte wegnahm, obwohl sie noch lebte. Der Haß hätte sich natürlich hinter meinem Abfall vom Glauben versteckt. Niemand gibt zu, daß er Gott haßt. Aber dann, wenn Davy so für mich verloren war, hätte ich dann nicht angefangen, auch sie zu hassen? Ihre Heiligkeit wäre mir immer mehr als Heuchelei erschienen. Oder als Fanatismus. Wir haben so viele Ausreden. Hätte sie nicht auch unsere Liebe verraten? Früher oder später wäre außerdem eine neue Jane aufgetaucht, diesmal ohne die damalige Unschuld. Und die ganze „Strahlende Festung" wäre endgültig vernichtet.

Dies waren die drei Möglichkeiten. Die beiden letzten empfand ich beinahe als zu schrecklich, um darüber auch nur nachzudenken. Aber wenn ich ehrlich sein wollte, mußte ich mich ihnen stellen. Wenn 1. nicht eintritt, wenn ich 2. versuche und keinen Erfolg habe, dann kommt 3. Ich fange an, Gott zu hassen. Oder Davy. Oder höchstwahrscheinlich beide. Bei dieser schrecklichen Bilanz kalkuliere ich mit ein, was ich von mir selbst weiß. Ich bin nicht jemand, der sich Tag für Tag abmüht oder eng gesteckte Grenzen als gegeben annimmt. Deswegen also hätte ich mich entweder zu Gott hin oder von ihm weg bewegen müssen.

Wenn damals Davys hingebungsvolle Liebe zu Christus mich nicht dazu gebracht hatte, ihn an die erste Stelle zu setzen, hätte es dann irgend etwas anderes getan, außer ihrem Tod? Während ich diese schrecklichen Möglichkeiten bedenke, rufe ich sogar noch während ich dies schreibe: „Nein, nein! Mein Gott! Es hätte nicht geschehen können! Niemals!“ Aber das Ich, das dies hinausschreit, ist der Mann, der ihren Tod kannte und alles, was jenem Wintermorgengrauen folgte.

Wenn meine Überlegungen richtig sind, dann gelangte ich durch ihren Tod zu folgenden Ansichten: Ich erkannte meine Eifersucht auf Gott und konnte sie besiegen. Durch den Tod rettete sie ihren Glauben vor meinem Angriff. Wenn Lewis recht hatte, erfuhr ich dadurch weit größere Hilfe aus der Ewigkeit. Und er rettete unsere Liebe davor, auf eine der üblichen Arten zu sterben. Was wäre schlimmer gewesen: das Sterben unserer Liebe durch den Tod oder den Haß? Von daher gesehen war Davys Tod tatsächlich eine harte Gnade.

Unsere Liebe mußte sterben, hatte mir Lewis geschrieben. Vergehen in ihrer irdischen Form wenigstens, oder zuletzt in Haß bzw. Gleichgültigkeit umschlagen. Sterben oder erlöst werden. Müssen wir nun annehmen, daß Gott ihren Tod vorher bestimmte? Oder ließ er sie sterben, als er sie hätte heilen können? Mir scheinen diese Fragen zu einfach. Ich glaube, daß die Schöpfung ein fortlaufender Akt ist, und obwohl uns Gott die Möglichkeit der Wahl gibt, handelt sein ewiger Wille doch nach den Konsequenzen. Um erlöst werden zu können, hätte unsere Liebe zunächst absterben müssen. Beide müßten wir zunächst nach dem Reich Gottes trachten, unsere Augen auf Dantes „Ewige Quelle“ richten und damit zufrieden sein. Davy wäre zufrieden gewesen. Doch so schrecklich es auch klingt, erst nach ihrem Tod konnte ich mich damit abfinden, daß sie ihren Blick von mir weg auf die „Ewige Quelle“ gerichtet hatte. War ich deswegen der Grund für ihren Tod? Was wäre geschehen, wenn ich wie sie die „Ewige Quelle“ angebetet hätte? Dann hätte es keine Eifersucht gegeben. Nur das Lachen des „Großen Tanzes“. „Frag nach dem Morgenstern und gib dahin deine irdische Liebe.“ Wenn ich das getan hätte, wäre sie dann gesund geworden? Natürlich weiß ich es nicht. Ich darf mir nicht einmal anmaßen, eine solche Frage beantworten zu wollen. Denn die Gründe Gottes, seine Absichten liegen jenseits meines Vorstellungsvermögens. Doch beim Nachdenken über diese Frage bin ich zum Frieden mit mir selbst gekommen.

In dem „Harte-Gnade-Brief" sagte C. S. Lewis, ich würde wohl einmal über unsere Liebe genauso denken wie er. Freilich könnte ich es „viel tiefer und fruchtbarer' als er, weil es mich so viel mehr kosten würde. Dieses Buch ist in der Tat die Frucht des Denkens, wie es mich mein väterlicher Freund und Vater in Christus all diese vergangenen Jahre hindurch lehrte. Drei Jahre nach jenem Brief im Mai war ich so weit, ihm sagen zu können, daß ich in Davys Tod Sinn und Erfüllung zu ahnen begann.
Ein Jahr vor ihrem Tod opferte Davy ihr Leben für mich, für meinen Glauben. Wenn ich nun tatsächlich nur durch ihren Tod aufhören konnte, auf Gott eifersüchtig zu sein, wenn sich unsere gemeinsame Liebe nur durch ihren Tod retten ließ und wenn ich meine Augen nur durch ihren Tod auf die „Ewige Quelle" richten würde, ist es dann so unwahrscheinlich, daß ihr Opfer angenommen wurde?
Und andererseits: Wenn ich mein ganzes Sein, – was immer ich mir zu der Zeit auch darunter vorstellte –, Gott zum Opfer brachte, bedeutete das nicht gleichzeitig, daß ich bereit war, mich ihm ganz und gar zuzuwenden? Wäre das nicht auch das Beste für sie? Die Zusammenhänge sind schwer und geheimnisvoll: Sie opferte sich für meinen Glauben, und ich opferte mich für das, was nach ihrer Gemeinschaft mit Gott das beste für sie war.

Wir beteten für viele Dinge. Ein Jahr, bevor sie ins Krankenhaus kam, betete Davy, halbkrank und mit einer Vorahnung ihres baldigen Todes, um ein weiteres Jahr. Schon damals war sie krank und litt unter den Symptomen, die zu ihrem Tod führen sollten. Doch nach ihrem Gebet erholte sie sich, und es ging ihr besser. Jahre später sagte C. S. Lewis in einer vergleichbaren Situation: „Der Aufschub des Sterbens ist genauso ein Wunder wie eine endgültige Heilung.“ Davy betete um ein Jahr. Fast auf den Tag genau ein Jahr später erfuhr sie von ihrem nahen Sterben.

Nach der Prognose der Spezialisten würde sie im Koma oder durch inneres Verbluten sterben. Ich betete inständig darum, daß sie nicht auf eine dieser Arten sterben möge, sondern, wenn sie schon sterben müßte, so mit klarem Blick und bei vollem Bewußtsein. Sie starb mit hellem, klarem Blick und völlig bewußt. Ihr Sterben war nicht schrecklich. Es war, wie Lewis es nannte, „ein wunderbarer Tod, ein Geschehen, wodurch das irdische Leben zur Vollendung gebracht wird (nicht, wie so oft, ein Ereignis, das nur ein Ende setzt)“.

Ich betete darum, daß ich ihre Angst vor dem Sterben übernehmen durfte. Sie gab mir die Angst, weil sie diese Art der Stellvertretung oder „des Tragens der Last des anderen“ kannte. Und ich übernahm sie. Dabei wußte ich genau, daß ihre Angst ganz anders war als meine eigene Angst vor dem Verlust. Mit all meiner Kraft und allem nur möglichen Einfühlungsvermögen versuchte ich dennoch, ihre Angst zu übernehmen, und sie war ganz offensichtlich und bemerkenswert frei von Angst. Auch das war ein Zeichen des „Großen Tanzes“.

Vor vielen Jahren, lange bevor ich Davy kennenlernte, war mein Hund Polly von einem Auto angefahren worden. Der Tierarzt erklärte mir, es sei hoffnungslos, das Tier heilen zu wollen. Er würde Polly einschläfern. Aber irgendwie war mir klar, daß ich das selbst tun müßte, gerade weil ich ihn liebte. In Glenmerle ging ich dann mit Polly, meinem Gewehr und einem Stück Fleisch in den Wald. Mir zu Gefallen fraß sie ein bißchen von dem Fleisch, ich streichelte sie und nannte sie einen guten Hund, bis sie einschlief. Dann schoß ich.

Irgend etwas bei Davys Tod erinnerte mich an dies Geschehen. Wenn ich an unsere Gebetsanliegen dachte und sie mit dem verglich, was sich später ereignete – ihr Aufwachen aus dem Koma, unsere fröhliche, kleine Weihnachtsfeier und die Art, wie sie starb –, so kann ich mich des Eindrucks nicht erwehren, daß es jemand sehr gut mit uns meinte. Vielleicht mußte sie sterben für mich, für unsere Liebe, für Gott. Und ich mußte mit dem Schmerz

leben für Gott. Dennoch ließ uns Gott in so vielen Dingen seine Liebe spüren.
Die Liebe unserer „Strahlenden Festung" war in mancherlei Hinsicht unschuldig wie auch gut. Die Unterordnung des „Ich" unter die Liebe war schon ein Schritt auf dem Weg zum Absterben des Ich, dem eindeutigen Gebot Christi. Wir hatten das Schöne, vielleicht damit auch das Gute gesucht, und am Ende hatten wir Christus gefunden. Eine Zeitlang litt unsere Liebe durch mein heidnisches, ungläubiges Herz. Aber sie starb nicht und wurde nicht durch grausamen und leidenschaftlichen Egoismus zerstört. Am Ende wurde uns alles geschenkt, worum wir Gott gebeten hatten – alles, außer der endgültigen Heilung.
Unsere Liebe – selbst unter dem schrecklichen Schatten des Todes – blieb tief und klar. Konnte Gott nur auf diese Weise unsere Liebe retten und sie in Ewigkeit erhalten, so war ihr Tod für mich trotz des Schmerzes und der Einsamkeit von großer Bedeutung. Und wieviel wertvoller mag er für sie sein, die mir in dem „Großen Tanz" vergeben wird. Unsere Gemeinsamkeit endete so, wie sie begann: in Liebe. Auch in anderer Hinsicht endete unsere Geschichte so, wie sie begonnen hatte. Denn noch während ihres Komas waren wir für eine kurze Zeit wieder das junge Liebespaar, das an einem dunstigen Frühlingstag über die Wiesen von Glenmerle wanderte.
Nur die Liebe selbst konnte mit ihrer harten Gnade die „Strahlende Festung" zerbrechen und sie dadurch für die Ewigkeit retten, so wie wir es beide ersehnt hatten. Die Liebe aber und das Gesetz sind eins.

Bald nach jenem ersten Frühling ohne Davy, nach jenem Hain „Ladywood" und den Gedanken über Ewigkeit und die harte Gnade ging ich auf Reisen. Und in einer mondhellen Juninacht schritt ich durch die Einfahrt von Glenmerle und ging hinunter durch den Park zu der Brücke an dem alten, jetzt ausgetrockneten Lilienteich.

Kapitel 10

Epilog: Der zweite Tod

Toter Collie

Der Platz neben mir ist einsam und leer,
der Wirbel, die Anmut das Spiel.
Mein kleiner, wilder Hund ist nicht mehr.
Er bedeutete mir so viel.

Du wolltest gehorsam nur sein und gut,
es war dein freier Entschluß.
Dein kurzes Leben beherrschte der Mut
zu sein, was nicht sein muß.

Ein Pfiff von mir, und schnell wie der Blitz
stobest du eilend herbei.
Die Pfoten trommelnd, die Ohren spitz,
als ob es dein Wunsch so sei.

Auch jetzt noch könnte ein Pfiff von mir
die Grenzen der Ewigkeit
sprengen und so gelangen zu dir
und dich rufen zurück in die Zeit.

Seit Davys Tod sind zwei Jahre vergangen. In diesen beiden Jahren ist der Schmerz die hervorstechendste Tatsache meiner Existenz geblieben. Der zweite Tod hat noch nicht stattgefunden. Aber eine weitere Verbindung mit Davy ist zerbrochen, als Flurry starb. Der Hund war bei uns gewesen seit unseren Tagen auf der „Graugans" und im „Pferdehof"; an keinem unserer Abende mit der Studentengruppe hatte er gefehlt. Welch ein frohes Widersehen hatten Flurry und Davy an jenem letzten Weihnachtsfest

gefeiert! Und schließlich war Flurry die Gefährtin meines Schmerzes gewesen.
Immer wieder hatte mich ihre Treue bewegt. Manchmal, wenn ich nachts hinausging, um sie zu rufen, erkannte ich am fernen Bellen, daß sie mit anderen Hunden spielte. Dann fragte ich mich, ob sie diesmal vielleicht den Ungehorsam wählen und auf meinen Pfiff nicht reagieren würde. Aber einen Augenblick später hörte ich das leichte Tapsen ihrer Pfoten, und wie ein fröhlicher Wirbelwind lief sie herbei. Sie hinterließ eine Leere, als sie starb. Mein Gedicht handelt in Wirklichkeit von ihnen beiden, von Davy und von Flurry.
Zu dieser Zeit, fast auf den Tag genau zwei Jahre nach Davys Tod, hatte ich den bemerkenswertesten Traum meines Lebens. Wenn es überhaupt ein Traum war. Gewöhnlich erinnere ich mich wie die meisten Leute nur bruchstückhaft an das, was ich träume. Meine Träume von Davy, wie lieb sie mir auch waren, bildeten da keine Ausnahme. Aber jetzt hatte ich einen Traum, den „Traum meiner Oxford Vision“. Und er war so detailliert, so bedeutungsvoll, so völlig anders, als alles, was ich jemals vorher oder nachher geträumt habe, daß ich in Versuchung bin, ihn als eine Art „geträumte Realität“ zu bezeichnen. Noch während ich träumte, war ich mir seiner Bedeutung vollkommen bewußt. Damals stand ich kurz vor meiner Reise nach England. Aber in dem Traum war ich schon dort, in Oxford. Wenn der Traum Wahrheit enthielt, wenn ich die Wahrheit träumte, dann war er von Gott.

„Traum meiner Oxford Vision.“

Es war Morgen. Zwei Jahre nach Davys Tod war ich nach Oxford zurückgekehrt und hatte ein Quartier gefunden, ein Zimmer zu ebener Erde mit einer Tür, die in einen großen Garten mit vielen Wegen führte. Ich hatte mich gerade angezogen, weil ich eine frühe Vorlesung im College besuchen wollte. Morgensonnenlicht flutete durch die Fenster. Ich hörte ein leises Geräusch und drehte mich um: Es war Davy. Ich wußte genau, daß sie tot war, und war mir doch im selben Augenblick voller Staunen bewußt, daß vor mir etwas Wunderbares geschah. Ich sagte mir immer wieder selbst, daß ich völlig wach sei.

„Davy", rief ich.

Sie lächelte mich an. Ein Gefühl unendlicher Freude überkam mich, als ich einen Schritt auf sie zuging. Trotzdem zögerte ich noch ein wenig.

„Es ist gut so, Liebling", sagte sie und streckte mir ihre Arme entgegen.

Ich ging zu ihr. Wir umarmten und küßten uns – alle Seligkeit lag in diesem Kuß. Ich registrierte halb verwundert, daß sie sich warm und fest anfühlte. Meint man nicht, daß Geister...? Aber ich konnte ihre Arme unter meinen Händen fühlen.

Ich trat einen Schritt zurück und sah sie an. Sie sah genauso aus wie immer. Sogar die dunklen Ringe unter den Augen waren geblieben. Eine grenzenlose Dankbarkeit ihr gegenüber und Gott gegenüber erfüllte mich, daß er sie hatte kommen lassen. Dabei fühlte ich auch eine Art Schüchternheit und Zurückhaltung, weil ich nicht genau wußte, wie ich mich in dieser Situation verhalten sollte. Ich trat zurück und sah mir ihr Gesicht und ihre Kleider an.

„Davy, Davy!" rief ich immer wieder.

„Oh, mein Liebster!" antwortete sie. Dann fügte sie hinzu: „Ich kann nicht lange bleiben."

Wir setzten uns auf die Bettkante und hielten uns mit den Armen umschlungen; überglücklich sagte ich, wie dankbar ich sei, daß sie zu mir gekommen war. Dann konnte ich nicht widerstehen sie zu fragen, weshalb sie denn auch im Himmel dunkle Schatten unter den Augen habe.

Sie lächelte, weil sie mich kannte, und antwortete dann sehr ernst: „Das kann ich dir nicht sagen. Ich kann dir überhaupt nicht viel erzählen."

Ich lächelte sie an. „Das kann ich verstehen", meinte ich, und nach einem kurzen Schweigen fragte ich: „Kannst du mir eins sagen, Liebling? Bist du manchmal bei mir? Ich habe manchmal gedacht, daß du bei mir bist."

„Ja, ich bin bei dir", sagte sie. „Ich weiß alles, was du tust."

„Gott sei Dank!" sagte ich. Dann fügte ich ganz beiläufig hinzu:

„Und meine Briefe an dich – hast du sie gelesen? Über meine Schulter vielleicht?“
Ihre Arme umschlossen mich fester, und sie sagte mit leiser Stimme: „Ja, Liebling, ich habe sie alle gelesen.“
Und dann sahen wir uns an mit jenem Blick des vollkommmenen Verstehens, jenem Blick des Wissens, den ich mehr als alles andere vermißt hatte. Danach saßen wir nur so da, hielten uns fest, dicht aneinander geschmiegt. Wir sagten noch mehr, und manchmal lachten wir auch. Ich war geradezu durchdrungen von Seligkeit. Was sie genau sagte, kann ich nicht wiedergeben, aber sie gab mir zu verstehen, daß sie dieses Treffen ebenso gewünscht hatte wie ich. Mir kam plötzlich der Gedanke, daß Gott es ihr erlaubt hatte, weil er sie so liebte.
Schließlich sagte sie mir, daß sie gehen müsse: eine Feststellung, die ich ganz ruhig hinnahm. Sie ging durch die Tür hinaus, während ich im Eingang stand und beobachtete, wie sie durch den Garten und durch die Allee ging. Dann war sie fort.
Ich ging in das Zimmer zurück und dachte: Wie bin ich doch gesegnet! Es war natürlich zu spät für die Vorlesung. Deswegen wollte ich wie an jedem Morgen in die High Street gehen und dort frühstücken. Ich band meine Krawatte um, zog das Jackett an und war sehr glücklich über dieses Wunder, das gerade geschehen war.
Und dann – war sie wieder da. Aber es war anders. Sie stand da und lächelte nur ein wenig; und dann merkte ich, daß ich durch sie hindurchsehen konnte. Und während ich sie noch betrachtete, hob sie ihre Hand zu einem kleinen Winken, verblaßte und verschwand.
Leise sprach ich zu mir selbst und unterschied dabei in einer Weise wie ich es jetzt selbst nicht mehr verstehe: „Dies war eine Erscheinung, und das andere war eine Vision. Geliebte Davy! Sie kam wieder zurück, nur um mir zu zeigen, daß sie wirklich bei mir ist.“
Und ich lächelte die Stelle an, wo sie gestanden hatte und vielleicht noch immer stand. Dann ging ich hinaus.
Der Traum ging noch weiter, genauso real und detailliert:
Ich ging zum Frühstück, traf Freunde, die Kellnerin brachte die Bestellungen durcheinander und vergaß den Schinken. Ich begann, einem Freund von der Vision zu erzählen, und bemerkte

nach einigen Worten, daß niemand, der es nicht selbst gesehen hatte, es glauben konnte, und so wechselte ich das Thema. Nach dem Frühstück wollte ich mit ihm gehen, aber dann trennten wir uns, und als es anfing zu regnen, flüchtete ich unter die Überdachung von „St. Aldates".

Dann wachte ich in Virginia auf. Was sollte dieser außergewöhnliche Traum bedeuten? War es nur ein Traum? Oder war es mehr? Ich erinnerte mich daran, was C. S. Lewis über den Zusammenhang zwischen dem Bedeutsamen und dem Zufälligen in der Schöpfung gesagt hatte. Konnte dann jener Traum nur ein zufälliges Ergebnis dessen sein, was ich vielleicht gerade erlebt hatte? Ich war mir sicher, daß er ein Stück Wahrheit enthielt und mir sagen wollte: „Es wird alles sehr gut sein." Der Traum hinterließ bei mir ein stilles, friedliches Glück, das lange andauerte.

Vierzehn Tage später war ich an Bord eines Schiffes auf dem Wege nach England. Eines Nachts stieg ich hinauf an Deck. Es war bitterkalt, und Eisschollen trieben auf dem dunklen Ozean. In meiner Hand hielt ich Davys Ring mit der Graugans und ihren Ehering mit den zehn kleinen Diamanten. Ruhig ließ ich beide Ringe über Bord in die tiefe See fallen.
Liverpool und der Anschlußzug nach London. Ich war zusammen mit einem Freund, der auch auf dem Schiff gewesen war. Ehe ich nach Oxford weiterreiste, wollten wir noch zwei Wochen in London bleiben. Aber als wir dann im Zug durch die Nacht brausten, wünschte ich mir nichts so sehr, als so schnell wie möglich nach Oxford zu kommen. Der Wunsch war ganz plötzlich da, ohne jede äußere Veranlassung und doch unwiderstehlich. Niemals habe ich etwas so Zwingendes ohne jeden Grund erlebt. Ich sagte meinem Freund, daß London für mich passé sei. Ein Taxi nach Paddington, dann der Zug nach Oxford. Wieder ein Taxi und so schnell wie möglich in das Hotel. Ich stellte meine Koffer ab, und schon ging ich hinaus in die dunkle, neblige Nacht Oxfords.
Augenblicklich war ich wieder überwältigt von dieser Stadt. Selbst die Luft – die bekannte Mischung aus Kohlenrauch und Nebel – begeisterte mich. Irgendwo läuteten Glocken. Niemals hat ein

Ort, nur als Ort eine derart faszinierende Wirkung auf mich gehabt. Davy! Sie und ich waren hier zusammen abgereist, in einem Winter wie diesem; und nun kam ich allein zurück. Oxford war für uns die Stadt Gottes. Und die Stadt der vielen Freunde, die doch alle nicht mehr hier waren bis auf die Lehrer.

Ich wanderte in jener Nacht wie ein Geist durch die Stadt, hörte die Glocken und spähte in der Dunkelheit hinauf zum Turm von „St. Mary". Die Turl und das Jesus College. Die dunkle Kuppel der „Bodleian Bibliothek". Beaumont Street und bei „St. John" der enge Durchgang zur Pusey Lane. Ich stand wieder auf der Kopfsteinpflasterstraße im Nebel und im Licht der Gaslaterne. Da war unser Studio, dunkel und leer. Tränen mischten sich mit den Nebeltropfen auf meinem Gesicht.

Dann ging ich in der Dunkelheit hinaus zu dem Dörfchen Binsey und weiter zum Kirchhof, wo Edmund eine Handvoll Asche verstreut hatte. Lange saß ich dort auf einem bemoosten Grabstein, und das Lied von der Dame ging mir nicht aus dem Kopf.

Als ich nach Oxford zurückkam, dachte ich an das „Lied der zwei Liebenden" – an die Zeile, wie jemand in Oxford ohne Schlüssel durch die dunklen, leeren Straßen irrt. Es hätte für diese Nacht geschrieben sein können. Aber wenn es ein altes, graues Haus für Davy und mich an der See gibt, so muß es am Meer der Ewigkeit auf uns warten.

In den nächsten Tagen fand ich ein Quartier am Wellington Square. Ich wollte ein halbes Jahr in England bleiben, und ging zu den wenigen Leuten, die ich kannte. Mehrere Monate lang hatte ich keine Briefe mit C. S. Lewis gewechselt, „weil ich immer wartete, bis ich wirklich etwas zu sagen hatte", und nun hörte ich zu meiner Verwunderung, daß er inzwischen geheiratet hatte. In seinem letzten Brief vom September hatte er nichts von einer solchen Absicht berichtet.

„Wir haben uns viel zu erzählen, hatte er geschrieben, und vielleicht werden wir beide in Hochstimmung kommen." Sobald ich mich eingerichtet hatte, schrieb ich ihm nach Cambridge und teilte ihm mit, daß ich in England sei. Gleichzeitig wollte ich wissen, ob er tatsächlich verheiratet sei.

Lewis antwortete am 7. März:
„Ja. Ich habe mit vollem Bewußtsein eine schwerkranke Frau geheiratet, die mit großer Sicherheit bald sterben wird: Joy Davidman, deren Buch „Rauch auf dem Berge“ Du wahrscheinlich gelesen hast. Sie liegt im Wingfieldkrankenhaus, und natürlich verbringe ich mein ganzes Wochenende, so gut ich kann, an ihrem Bett. Wenn Du den Zug um 1.15 Uhr am Samstag von Bletchley nimmst, so könnten wir zusammen im Royal Oxford essen, bevor ich mit dem Bus zum Krankenhaus fahre.“

So trafen wir uns. Er erzählte mir, daß er Joy in einer standesamtlichen Trauung geheiratet hatte, einfach als Akt der Freundschaft; denn die Regierung wollte sie als Kommunistin nach Amerika abschieben. Dabei war sie gar keine Kommunistin, sondern nur eine jüdische Christin. Sie hatten sogar einen regelrechten Vertrag in bezug auf ihre „Ehe“ geschlossen. Aber kaum zwei Wochen nach unserem Essen heiratete Lewis sie auch kirchlich mit einem Pfarrer am Krankenhausbett. Lewis sagte mir, daß er sie lieben gelernt hatte. Er wollte sie in sein Haus in die „Kilns“ mitnehmen, damit sie dort sterben könnte. Er war sich ganz sicher, daß er sie wirklich liebte.
Wir trafen uns in den folgenden Monaten oft zum Essen. Außerdem ging ich mehrere Male in die „Kilns“, in Headington, Oxford, um Joy oder sie beide zu besuchen. Sie lag natürlich im Bett; Stricke zum Aufrichten waren an der Zimmerdecke befestigt. Sie rechneten nicht damit, daß sie länger als ein Jahr leben oder jemals wieder aus dem Bett aufstehen könnte. Trotz großer Schmerzen war sie heiter und an allem interessiert.
Dann fuhr ich eines Tages mit dem Zug nach Cambridge. Es war ein schöner Frühlingstag, ich hatte das Abteil ganz für mich allein, und alle Fenster waren offen. Der Zug ratterte langsam und fröhlich durch England. Er hielt an jeder Bahnstation; vielleicht um sich auszuruhen oder die Blumenbeete zu bewundern, während die Vögel rundherum sangen. Lewis sagte später, daß er und seine Freunde diesen Zug den „Blumenpflücker“ nannten.
Im „Magdalene College“ hatte ich Pepys altes Zimmer. Nach dem

Abendessen, wo man in gutmütigem Spott über Oxford-Professoren lästerte, die nach Cambridge wechseln, unterhielt ich mich mit Lewis in seinen Räumen bis spät in die Nacht. Wir hatten an diesem Abend eins der besten Gespräche, an die ich mich erinnere. Ich redete ihn jetzt auch mit seinem Vornamen Jack an, wie er es mir angeboten hatte. Wir sprachen von Liebe und Leid. Leid, das mich immer noch bedrückte und dem er so bald gegenüberstehen sollte. Er sagte, daß er für Joys Genesung bete. Auch ich sollte für sie beten, was ich natürlich ohnehin tat. Wie er mir eingestand, sei er durch Joy dazu gekommen, manche Dinge, die ich über meine Liebe zu Davy gesagt hatte, in einem neuen Licht zu sehen.
Ich erzählte ihm von meinen Gedanken über den Zusammenhang von Schmerz und der Gegenwart der Geliebten; wie das zweite das erste hervorruft. Dann sprach ich von meiner Überzeugung, daß auch Davy den schmerzlichen Verlust und das Leid erfahren hätte. In diesem Zusammenhang erzählte ich ihm schließlich von meiner Oxford-Vision. Er war nachdenklich bei dem Gedanken, daß Tote auch einen schmerzlichen Verlust erleben könnten, meinte dann aber, er sehe keinen Grund, warum es nicht so sein sollte. Ich berichtete von meiner Furcht, Davy – so wie sie gewesen war – auch in meiner Erinnerung zu verlieren, daß aber die „Erhellung der Vergangenheit" ihre Realität meinem Bewußtsein für immer eingeprägt hatte.
Einer von uns meinte irgendwann während des Gesprächs, daß die spürbare Gegenwart der Toten vielleicht deswegen erlaubt werde, damit uns ein Stück ihrer Realität erhalten bliebe. Lewis kam dann noch einmal darauf zurück, daß Tote auch Leid empfinden. Er sagte, daß der Reifungsprozeß der Seele zum ewigen Leben die Erfahrung des schmerzlichen Verlustes braucht. Eine solche Erfahrung muß sie entweder im irdischen Leben oder danach machen.

Ich fuhr noch ein zweites Mal nach Cambridge. In jener Nacht sprachen wir über Dichtung, unter anderem über seine fünf Sonette, die ich nahezu auswendig kannte, und über griechische Mythologie. In einem Brief hatte ich geschrieben, daß Jane in „Die böse Macht“ eine Art Stereotypos sei, und er hatte mir in dem Brief, der bedauerlicherweise verlorenging, geantwortet, daß ich mir die Frauengestalt in seinem nächsten Buch ansehen sollte. Sie hieß Orual und kam in dem Buch „Von Angesicht zu Angesicht“ vor; einem – nach meinem Empfinden – der besten Romane unseres Jahrhunderts. Nun nahm ich alles zurück: Orual war kein Stereotypos. Sie war in der Tat ein großer Charakter. Wieder war es ein großartiger Abend des Gespächs.

C. S. Lewis war ein starker, herzlicher, anregender, liebenswerter Mensch, der mich seit den Tagen in Oxford durch Davys Tod und das darauffolgende Leid hindurch geleitet hatte. Vor allem aber war er ein Freund. Obwohl ich jetzt fast alles gesagt und berichtet habe, was zu berichten mir am Herzen lag, möchte ich doch noch einmal kurz auf Lewis und Joy eingehen. Der Grund dafür sind die teilweise erstaunlichen Parallelen zwischen meinen Erfahrungen, wie ich sie in diesem Buch aufgezeichnet habe, und den seinen.

Als ich die kurze Nachricht von ihm im März erhielt und wir uns in Cambridge und in den „Kilns“ trafen, war Joy eine sterbende Frau. Aber Lewis und zweifellos auch Joy selbst beteten ebenso wie ich um ihre Heilung. Im Laufe des Herbstes, als ich nach Virginia zurückgekehrt war, schrieb er mir nochmals. (Meine Erläuterungen und Zusätze sind in Klammern gesetzt.)

(27. November 1957.) „Was ich Dir mitteilen kann, ist weit besser, als wir es zu hoffen gewagt hatten. Die krebskranken Knochen haben sich in einer ganz ungewöhnlichen Weise von selbst wieder aufgebaut, und Joy kann nun gehen: Sie humpelt zwar an einem Stock, aber sie geht. Dabei brauchten wir vor kaum einem Jahr drei Leute, um sie im Bett auf die andere Seite zu legen, und wir taten ihr dabei oft weh. Ihre allgemeine Gesundheit und seelische Verfassung scheinen ausgezeichnet zu sein. Natürlich hängt das Damoklesschwert über uns. Oder sollte ich besser sagen, die besonderen Umstände haben uns die Augen für das Schwert geöffnet, das doch in Wirklichkeit immer über jedem von uns hängt?

Ich vergaß, Dir von meiner eigenen Knochenerkrankung (Osteoporis) zu erzählen, als Du hier warst. Jedenfalls ist es jetzt viel besser, und ich habe keine Schmerzen mehr. Ich trage einen Stützgürtel und werde wahrscheinlich niemals wieder eine richtige Wanderung machen können. Aber das beunruhigt mich kaum. Interessanterweise nahm – ohne jeden ersichtlichen Grund – der Kalziumgehalt in meinen Knochen ab, während er in Joys Knochen anstieg, was sehr viel wichtiger war. Man träumt von einer Stellvertretung im Sinne von Charles Williams. Wohl niemals wurde ein Geschenk bereitwilliger und glücklicher gegeben. Aber ich will nicht schwärmerisch werden.

Ich nehme an, es ist schön, in Hellas verliebt zu sein. Meinem Bruder geht es gut. Schreibe bald wieder. Natürlich bete ich für Dich, so wie Du auch für mich."

(26. April 1958.) „Ein Brief von Dir ist immer eine Wohltat. Zuerst zu Deiner Frage. Joys Besserung macht Fortschritte. Außer daß sie humpeln muß (daß ein Bein kürzer ist, geht eher auf das Konto der Ärzte als der Krankheit), ist sie gesund. Eine Röntgenuntersuchung der letzten Woche zeigte, daß sich ihre Knochen fest wie Stein wieder aufgebaut haben. Der Arzt gebrauchte das Wort „wunderbar", zweifellos ohne den Ernst, mit dem es ein Christ sehen würde. Ich selbst bin auch beinahe wieder ganz gesund. Manchmal erzittere ich bei dem Gedanken, wie gut Joy und ich sein sollten: was hätten wir Gott nicht alles versprochen, wenn er uns diese Gnade zu dem Preis angeboten hätte... Alle Segenswünsche. Ich wünschte, wir lebten näher zusammen."

(15. Dezember 1958.) „Die Genesung meiner Frau ist in Wirklichkeit mehr eine Auferstehung. Wir sind zusammen in Irland gewesen. Sie wandert (an einem Stock humpelnd) durch den Wald und schießt Tauben – oder jedenfalls zielt sie darauf. Wir besuchen zusammen die ‚Ampleforth Arms'. Meinem Bruder geht es auch gut, und meine eigene Knochenerkrankung ist so gut wie geheilt –, jedenfalls macht sie sich nicht bemerkbar... Vor kurzem habe ich meinen 60. Geburtstag gefeiert. Ich bete für Dich jede Nacht und würde Dich gern wiedertreffen. Viele gute Wünsche und herzliche Liebe von uns allen."

(Der nächste Brief – oder mehrere Briefe – fehlen.)

(16. April 1960.) „Du mußt jetzt für mich beten. Joy ist wieder an Krebs erkrankt, und die Ärzte machen uns keine Hoffnung. Natürlich ist das im Hinblick auf die Frage, ob die vorhergehende Genesung ein Wunder war, vollkommen unwichtig. Der Aufschub des Sterbens ist genauso ein Wunder wie eine endgültige Heilung. Lazarus wurde von den Toten auferweckt, um wieder zu sterben. Ich kann sonst nicht viel mehr schreiben. Du kannst Dir sicherlich vorstellen, warum."
(Als ich diesen Brief erhielt, schickte ich ihnen sofort die Reproduktion des Normannischen Kruzifixes aus dem 12. Jahrhundert, die über meinem Bett hing, und sagte ihm, daß er nicht schreiben sollte. Joy starb am 13. Juli. Im Juli oder August schrieb Lewis in seinem Schmerz einen Brief, den ich nicht aufgehoben habe.)
(23. September 1960.) „Wir sind... uns sehr ähnlich in unserer Reaktion auf Schmerz, und ich finde viel Weisheit in Deinem Gedicht. (‚Die Strahlende Festung'?). Meine letzte große Entdekkung ist, daß ich mich Joy besonders nahe fühle, wenn ich am wenigsten um sie trauere. Leidenschaftlicher Schmerz trennt uns von den Toten (es gibt Balladen und Volksmärchen, die etwas Ähnliches andeuten). Meinst Du, daß ein großer Teil des traditionellen Trauerrituals unbewußt diesen Zweck hat? Denn natürlich ist der Mensch darauf bedacht, die Toten möglichst fernzuhalten.
Es geht mir wie Dir. Auch ich kann mir nicht vorstellen, daß wir wirkliche Liebe zweimal erleben. Ich fühle mich noch mit Joy verheiratet."
(30. Juni 1962.) „Ich bin nun auf dem Wege der Besserung, auf dem ich wahrscheinlich bleiben werde. Die Einsamkeit vergrößert sich in dem Maße wie die Gesundheit zurückkehrt. Man muß die ganze Fülle des Glücks erlebt haben, um sich seines Verlustes völlig bewußt zu sein. Wir haben uns so viel zu erzählen, wenn Du kommst."
In unseren Briefen sprachen wir natürlich auch über viele andere Dinge. Ich spielte mit dem Gedanken, mein Leben drastisch zu verändern und für eine Weile vom akademischen Leben zum Leben auf einem Schoner überzuwechseln. Außerdem schrieben wir über literarische und theologische Themen.

1963, nur zwei Wochen vor seinem Tod, sollte ich C. S. Lewis noch einmal wiedersehen. Wir tranken Tee in den „Kilns“ und sprachen über das Gebet und über Bücher. Unter anderem auch über meine Broschüre „Begegnung mit dem Licht“, die ich zwei oder drei Jahre vorher geschrieben hatte. Er schätzte dieses Büchlein sehr. Wie gewöhnlich war ich tief von ihm beeindruckt, obwohl er wegen seiner Krankheit während des Gesprächs für Augenblicke abwesend war. Wir verabredeten ein neues Zusammensein; doch als der Tag kam, war er tot. Ich hörte später, daß der normannische Christus, den ich ihm geschenkt hatte, am Kopfende seines Bettes hing, als er starb.

Im Zusammenhang mit meinen früheren Gedanken über Zeit, wurden Lewis und ich in unserer Freundschaft irgendwie von der Vergänglichkeit der Zeit verfolgt: Während meiner Englandreise 1957 heiratete er eine scheinbar sterbende Frau, und als ich wiederkam, lag er selbst im Sterben.

Als Davy krank war und ahnte, daß sie sterben würde, betete sie um ein weiteres Jahr, und sie erholte sich – für ein Jahr. Als Joys Tod ganz sicher zu sein schien, beteten Lewis und Joy um ihre Heilung, und sie war geheilt – für ein paar Jahre. In beiden Krankheitsfällen kann es eine Stellvertretung im Sinne von Charles Williams gewesen sein. Als Lewis und ich über meinen Verlust und Schmerz sprachen, war er nur wenige Jahre von einer sehr ähnlichen Erfahrung entfernt. Damals muß er sich an all das erinnert haben, was wir über das Wesen des Schmerzes gesagt hatten. So schrieb er auch in einem Brief zwei Monate nach Joys Tod: „Wir sind uns sehr ähnlich in unserer Reaktion auf Schmerz.“ Wir wußten uns eins in dem Glauben, daß wirkliche Liebe eine „gnadenvolle Herrlichkeit“ ist, wie ich es in meinem Gedicht „Die Strahlende Festung“ zum Ausdruck brachte, denn er schrieb: „Es geht mir wie Dir, ich kann mir auch nicht vorstellen, daß wir wirkliche Liebe zweimal erleben.“

Nach seinem Tode erinnerte ich mich daran, wie er laut über die High Street in Oxford gerufen hatte: „Christen sagen nie Lebewohl!“ In der Ewigkeit wird es „genug Zeit“ geben. Und wie hatte

Jack doch gesagt? „Wir haben uns soviel zu erzählen, wenn du kommst."

Doch zurück zu meinem Englandaufenthalt von 1957. Nach einer zweiten Reise zum „Magdalene College" in dem „Blumenpflükker" gingen meine Tage in England ihrem Ende entgegen.
Zwei Wochen vor meiner Abreise besuchte ich noch einen Freund in Lincoln. Er hatte mir den Weg zu seiner Wohnung am Cathedral Square beschrieben und gesagt, daß er ein wenig später kommen werde. Der Zug kam bei Sonnenuntergang an, und als ich an alten Häusern vorbei zur Kathedrale hinaufstieg, war die Luft erfüllt von einem goldenen Licht.
Davy und ich waren nie in Lincoln gewesen. Doch als ich nur ein kurzes Stück gegangen war, überkam mich ganz stark das Gefühl ihrer Anwesenheit und Nähe. Es war angenehm, sie dort zu wissen, wenn sie es war. Ich konnte frei atmen und hatte keine Tränen in den Augen, nur das Gefühl ihrer Gegenwart. Und als ich jenen Hügel hinaufstieg, schien mich Davy mit ihren leichten Schritten zu begleiten. Dann ging die Sonne unter. Das goldene Licht verblaßte langsam. Krähen zogen ihre Kreise und flogen in ihre Nester auf den Türmen der Kathedrale. Die große Glocke schlug die halbe Stunde. Die Kirche leuchtete rosarot im Licht der untergehenden Sonne. Und Davy war an meiner Seite. Ich war zufrieden und glücklich. Alles war sehr gut.
Bei diesem Spaziergang hinauf zu den rosaroten Türmen dachte ich nicht daran, daß es ein Abschied sein könnte. Aber vielleicht war es so. Denn es war das letzte, was wir gemeinsam taten.

Als ich nach Virginia zurückgekehrt war und nicht mehr im „Maulwurfsnest" lebte, stellte ich fest, daß meine Tränen versiegt waren. Der Schmerz war vorüber. Auf dem Weg nach „Ladywood" hatte ich nicht mehr das Gefühl, als sei Davy bei mir oder im Wind. Noch einmal versuchte ich, ihr zu schreiben. Und da merkte ich, daß ich „Sie" statt „Du" sagte. Das Gefühl, es handele sich um einen richtigen Brief, war verschwunden. Ich hatte auch keine Tränen mehr. Genau das aber, das Verschwinden des Gefühls, die Geliebte sei nahe, und das Ende der Tränen, dies ist der zweite Tod.

Ich konnte mich des Eindrucks nicht erwehren, daß der zweite Tod ein Zurückziehen war –, daß Davy sich selbst von mir zurückgezogen hatte. Es war nicht nur mein veränderter psychischer Zustand, es schien tatsächlich mit irgendeinem wirklichen geistlichen Ereignis zusammenzuhängen. Wenn Schmerz wirklich eine Antwort auf die scheinbare oder reale Gegenwart der Toten ist, dann könnte das Ende des Schmerzes mit einem Ende dieser Gegenwart in Zusammenhang stehen. Jener Spaziergang hinauf zu der Kirche kann tatsächlich ein Abschied gewesen sein.

Nach dem Abklingen des Schmerzes folgt keine Fröhlichkeit; es folgt die Leere. In seinem Brief über Ewigkeit zitierte mich C. S. Lewis, als er sagte, daß meine Liebe zu Davy in gewissem Sinne getötet werden mußte – und „Gott muß es tun". Nun tat es Gott vielleicht. Und es war genau wie meine irdische Liebe zu ihr – eine irdische Liebe, die solange andauern würde, wie Davy nahe zu sein schien –, die getötet wurde. Jene Liebe war mit ihrem Tod nicht gestorben, war vielleicht in uns beiden nicht gestorben, und das Gefühl ihrer Gegenwart erhielt mich in dem Schmerz, der vielleicht auch unser beider Schmerz war. In Tag- und Nachtträumen war sie mir nahe gewesen, besonders in jenem unglaublichen Traum. Und ich hatte das Gefühl gehabt, sie sei im Wind. Ich war von London nach Oxford geeilt, um sie dort in der nebligen Nacht zu finden, und ich war mit ihr durch die Straßen von Lincoln gewandert.

Nun war das alles vorüber, und es blieb eine Leere. Ich wünschte mir den Schmerz zurück, nicht um seiner selbst willen, sondern weil er mir das Gefühl ihrer Gegenwart geschenkt hatte. Aber das ist nicht erlaubt. Es war nur Leere. Ich war leer, ohne Emotionen. Meine geliebte Mutter starb, und ich konnte keine Trauer empfinden. Das Leben hatte seinen Geschmack verloren. Der zweite Tod ist auf vielerlei Weise härter als der erste, aber die Tränen sind versiegt.

Im November schrieb ich Lewis über diese Erfahrung, und im ersten Teil seines Briefes vom 27. November antwortete er:
„Seit Deinem Besuch bei uns in Oxford scheint kaum ein Vierteljahr vergangen zu sein. Es ist bemerkenswert, was Du über den zweiten Tod sagst, den Tod, der den Schmerz beendet. Wie Du so bestimmt sagst, ist es ganz natürlich und – ‚dem Gesetz entsprechend'. Wahrscheinlich hast Du recht, wenn Du denkst, daß ein Verblassen des Bildes der Geliebten, wie sie war, eine notwendige Bedingung der jenseitigen und ewigen Beziehung ist. Warum sollten wir nicht vermuten (wiederhole ich?), daß, als unser Herr sagte ‚es ist für euch gut, daß ich hingehe' (Johannes 16,7), er eine Wahrheit par excellence nicht nur für sich selbst, sondern auch für alle, die ihm folgten, ausdrückte?"

Der zweite Tod und Davys Rückzug zu den Bergen der Ewigkeit – was das auch immer heißen mag – bedeuten natürlich nicht, daß ich sie irgendwie weniger liebe, aber es ist so etwas wie eine körperlose Liebe. Durch unseren Traum von der „Strahlenden Festung", durch die ungewöhnliche Gemeinsamkeit der Liebe und der Schönheit, durch Christus, Tod und Schmerz hatten wir vielleicht eine Übereinstimmung erreicht, wie Menschen sie nur selten erreichen können. Und diese Übereinstimmung wird, so glaube ich, den Tod überdauern, sie wird überleben.
In ihrem Sterben war ich ihr so nah wie nur möglich. Ihre letzten Worte galten mir. Ihre blind tastende Hand suchte und fand mein Gesicht. Wenn ich selbst einmal diese Grenze überschreiten werde, so glaube ich, werde ich zuerst ihre Hand finden und ihre Stimme hören. Vielleicht am alten Lilienteich in Glenmerle.
Aber wenn ich an sie denke, komme ich immer wieder zurück zu jener Ahnung von Ewigkeit an Deck der „Graugans": die zeitlose Schönheit und Nähe in der Nacht des Seefeuers. Ein Bild, das nicht die Vergangenheit beschreibt, das vielmehr eine Vision von dem ist, was kommen wird.

Unter der Gnade.

Nachwort zur Entstehung dieses Buches

Abgesehen von der Frage „Wo liegt Glenmerle?“ – die einfach dem Wunsch nach Tatsachen entspringt und im Hinblick darauf, was Glenmerle in Ewigkeit bedeutet, völlig unwichtig ist –, lautet die häufigste Frage zu dem Buch „Eine harte Gnade“: „Warum haben Sie so lange damit gewartet, dieses Buch zu schreiben?“ Diese Frage, die schon davon ausgeht, daß es eines Tages geschrieben wurde, müßte umgeändert werden und dann lauten: „Warum haben Sie es überhaupt geschrieben?“ So hat die Frage auch eine Antwort verdient.
Glücklicherweise bestand ursprünglich nicht die Absicht der Veröffentlichung. Wenn ich tatsächlich sofort ein Buch geschrieben hätte, so wäre es nicht nur ein schlechtes, sondern auch ein sehr umfangreiches Buch geworden. Es wäre mir unmöglich gewesen, auch nur das kleinste, geliebte Detail meiner Erinnerung wegzulassen; schlimmer noch, ich wäre völlig unfähig gewesen, das Wesentliche vom Unwesentlichen zu trennen.
Statt dessen dachte ich über die Vergangenheit nach und sah sie Jahr für Jahr deutlicher, je größer die Entfernung wurde. Die vorgelagerten Hügelketten versanken in der Ebene, während sich die blauen Berge um so klarer abhoben. Unser Leben und ihr Tod nahmen in meinem Bewußtsein Form an. In der Tat bereitete ich mich – mir selbst unbewußt – darauf vor, ein Buch zu schreiben, das ich bewußt gar nicht hätte schreiben können. So wie ein Bildhauer einen Steinblock betrachtet, dabei immer deutlicher das sieht, was in ihm steckt, und erst dann beginnt, den Stein zu entfernen, der die Form verdeckt, so sah ich erst langsam und allmählich, was in dem Block von fünftausend Tagen verborgen lag. Kunst ist zuerst ein Sehen und dann ein Enthüllen.
Daß ich schließlich dazu kam, dieses Buch zu schreiben, lag u. a. daran, daß ich zu denen gehörte, die in den sechziger Jahren in der Friedensbewegung engagiert waren. Ich war mir sicher, Christus

zu dienen, wenn ich dem entgegentrat, was so eindeutig ein ungerechter Krieg zu sein schien. Aber was auch immer die Ideale der Bewegung gewesen waren, es herrschte auch in ihr bald viel Haß. Und ganz allmählich wurde Christus an den Rand gedrängt. Die Ziele der Bewegung, nicht Gott, traten für mich an die erste Stelle, und ich glaube auch für viele andere Christen, sogar Pfarrer. Jetzt denke ich, daß dies ganz einfach *die* tödliche Gefahr für jede soziale Aktion ist, daß man Gott an die zweite Stelle rückt (was im Endeffekt soviel bedeutet, wie ihn überhaupt nicht mehr zu berücksichtigen). Aber ich gehorchte nicht dem ersten und größten Gebot, Gott zuerst zu lieben. Und es ist auch nicht sicher, ob ich dem zweiten Gebot folgte, nämlich meinen Nächsten zu lieben. Die Unterdrücker meines Nächsten zu hassen, ist wahrscheinlich nicht das, was Christus meinte.
Mit den frühen siebziger Jahren kam für mich ein Jahr, in dem Gott mich immer wieder zu sich gezogen und gestoßen hat. Kleine Dinge an sich, die mich aber dazu brachten, über meinen immer noch so fernen Gott nachzudenken. Eins dieser Ereignisse war, daß mir ein Freund ein Buch schickte, in dem einige bekannte und besonders beeindruckende Worte von C. S. Lewis ausgewählt waren. Ich schrieb sie auf eine Karte und beschäftigte mich monatelang mit ihnen.
Dann las ich eines Nachts gemütlich im Bett eine Kriminalgeschichte. Plötzlich hatte ich den dringenden Wunsch, das erste Buch von Lewis, das mir damals in die Hände gefallen war: „Jenseits des schweigenden Sterns" noch einmal zu lesen. Ich holte es und las die erste Seite, auf der an sich nichts Wesentliches stand. Und dennoch, als ich die Seite gelesen hatte, war ich zurück im Gehorsam. Ich betete, Gott war wieder an erster Stelle.

Jahre vorher hatte ich meine Briefe von Lewis der „Bodleian Bibliothek" in Oxford gegeben. Jetzt bat ich sie um Abschriften. Als ich eines Abends nach Hause kam und sah, daß sie angekommen waren, zog ich nicht einmal Mantel und Schal aus, bis ich sie alle gelesen hatte. Und in der Erinnerung an seine liebevolle Freundschaft kamen mir die Tränen.

Im Januar las ich sie noch einmal. Und dann ging alles sehr schnell. Während ich eben noch gar nicht daran gedacht hatte, war ich plötzlich im Begriff, ein Buch zu schreiben, das „Eine harte Gnade“ heißen sollte.
Das ist es, was ich genau weiß. Über dieses Wissen hinaus aber glaube ich fest daran, daß ich einen Auftrag erhielt, daß ich – unausweichlich und unabwendbar – aufgefordert wurde: Schreibe! – So begann ich zu schreiben – mit größter Anspannung und vielem Beten; sammelte und notierte alles, woran sich unsere Freunde erinnerten, wertete unsere Tagebücher aus.
Ich vertraute fest darauf, daß Gott hinter meinem Vorhaben stand. Und doch fühlte ich mich in meinen Hoffnungen und Empfindungen hin- und hergerissen. Wenn auch auf einer ganz anderen Ebene angesiedelt, so verfolgten mich damals geradezu diese wenigen Zeilen eines Gedichtes von Masefield:

> Denn jeder preist die Schönheit, wie er's weiß.
> Gibt eine einzigart'ge Stimmung preis,
> vergießt sein Herzblut für ein grünes Blatt,
> folgt Helena, die Leiden für ihn hat...

Am 30. Dezember desselben Jahres war das endgültige Konzept für den Verleger in England fertig. – Als ich einige Monate später das fertige Buch in Händen hielt, verbrannte ich die alten Tagebücher. – Eine Flut von Briefen erreichte mich, und mit jedem Schreiber fühlte ich mich überaus eng verbunden – obwohl sich jeder auf sehr unterschiedliche Weise durch die „Harte Gnade“ angesprochen fühlte, von ihr bewegt war.

Wenn ich die Ereignisse betrachte, so glaube ich, daß ich zu dem Gehorsam zurückgeführt wurde durch viele „Rippenstöße“ und schließlich durch unwiderstehliche Gnade. Weiterhin glaube ich – und glaubte es auch damals schon –, daß ich dazu berufen wurde, dieses Buch zu schreiben. Auf jeden Fall fühlte ich eine geradezu quälende Notwendigkeit, es zu tun. Obwohl ich bei guter Gesundheit war, betete ich, daß ich solange leben möchte, bis ich es vollendet hätte. Alles andere war unwichtig geworden. Ich fürchtete die Probleme, die sich bei der Beschreibung so mancher Ereignisse dieser Geschichte ergeben würden. Aber die Probleme lösten sich von selbst, als ich sie niederschrieb. Ich betete, daß Christus in mir sein und durch mich sprechen möchte. Die vielen bewegenden Briefe der Leser dieses Buches lassen mich hoffen, daß mein Gebet erhört wurde.

Dies ist die Geschichte, wie ich dazu kam, „Eine harte Gnade“ zu schreiben.

Verzeichnis der Briefe von C. S. Lewis

Verzeichnis der Gedichte

Gedichte des Autors

Gedichte von Davy

Gedichte von Julian

Lyle W. Dorsett

Eine andere Art von Hunger

Joy Davidman –
ihr Leben und ihre Ehe mit C. S. Lewis

176 Seiten

„Wer C. S. Lewis kennt, den englischen Literaturprofessor und scharfsinnigen Christuszeugen in unseren Jahren, der schon so vielen zu neuer Freude und Gewißheit über ihren Glauben verholfen hat, der wird sich auch für die – ebenso ungewöhnliche – Lebensgefährtin dieses ungewöhnlichen Mannes interessieren, eine amerikanische Judenchristin und Schriftstellerin, die, im Atheismus aufgewachsen, durch den aktiven Kommunismus hindurchgegangen, auf wunderbare Weise unter mancherlei Krisen zur Gottesgewißheit und zum Glauben an Jesus, den Auferstandenen, gelangte und dann als eine schon vom Tode Gezeichnete nur wenige, freilich überaus gefüllte Jahre ‚geliebte Ehefrau' von C. S. Lewis gewesen ist. Ein eindrückliches, lebensnahes, gewissenhaft erarbeitetes Buch, das uns Gottes gewaltiges Wirken in unseren Tagen nahebringt."

Evangelisches Gemeindeblatt

BRUNNEN VERLAG · GIESSEN/BASEL

Hier eine Leseprobe aus diesem Buch:

Kaum hatten sich Joy und die Kinder in der neuen Umgebung eingelebt, ging Joy auf die Suche nach einer geeigneten Schule. Eine gute Ausbildung war teuer, aber Joy war entschlossen, die Jungen in der besten Schule unterzubringen, die sie sich gerade eben noch leisten konnte. Nachdem sie sich in verschiedenen Schulen umgesehen hatte, entschied sie sich für das Dane-Court-Internat. Die Schule lag in Surrey, eine knappe Stunde von London entfernt. Joy äußerte sich in ihren Briefen ganz begeistert über die Schule und die Qualität der Ausbildung und betonte, wie gut die Jungen dort zurechtkämen. Allerdings erinnerten sich weder David noch Douglas gern an ihre Schulzeit.[17]

Ob die Jungen sich in Dane Court wohlfühlten, war Joy ziemlich gleichgültig. Weil das Bildungsangebot dort besser war als an einer „normalen" Schule und eine Internatsschule ein höheres Ansehen genoß, war Joy überzeugt, daß sich dieses finanzielle Opfer lohnen würde. In einem Brief an Bill, in dem sie die Ausgaben von mehreren hundert Dollar im Jahr zu rechtfertigen versucht, erklärt sie, daß sie beide die Verantwortung für die Zukunft der Jungen zu tragen haben. „Welche Laufbahn sie einmal einschlagen, hängt von ihnen ab. Ich will ihnen nur alles vermitteln, damit ihnen alle Möglichkeiten offenstehen."[18]

Nachdem Joy die Schule gefunden hatte, unternahm sie das für sie Nächstwichtige: den Besuch bei C. S. Lewis. Irgendwie schaffte sie es, daß er sie einlud, Mitte Dezember vier Tage in „The Kilns" zu verbringen. Über diesen Besuch schreibt sie an Bill: „Beide Jungen haben den Lewis-Brüdern gut gefallen. Die Tage sind harmonisch verlaufen, waren aber anstrengend." Joy berichtet von ausgedehnten Spaziergängen, „bei denen Jack völlig in Schuljungen-Manieren zurückfiel und mit den Jungen zu den dornigsten, matschigsten und steilsten Stellen stürmte, während Warnie und ich zurückblieben und uns schrecklich alt vorkamen." Warnie und Jack brachten David das Schachspielen bei, und „sie waren erstaunt darüber, wie schnell er das Spiel begriff. Auch Douglas gewann ihre Herzen, indem er einen ganzen Stapel Feuerholz sägte, was bei ihnen sehr gut ankam."[19]

C. S. Lewis' Darstellung des Besuches war ähnlich. Einer Freundin berichtete er von der Zeit mit Joy und den Jungen: „Es ging hervorragend, obwohl es sehr, sehr anstrengend war; die Energie des kleineren Jungen ist in der Tat erstaunlich." Offensichtlich beeindruckte Lewis die Frühreife der beiden. „Ohne daß sie im mindesten altklug wirken, erschienen sie uns erstaunlich erwachsen für ihr Alter. Man konnte mit ihnen wie mit Erwachsenen reden..." Jack war belustigt über ihre Freude an offenen Kaminfeuern, besonders über ihr Interesse an dem dazugehörigen Blasebalg. Auch daß sie beständig nach englischen Polizisten Ausschau hielten, amüsierte die Lewis-Brüder.[20]

Douglas erinnert sich noch lebhaft an diese erste Begegnung mit C. S. Lewis. Nach dem, was Joy den Jungen über den berühmten Mann aus Oxford vorgeschwärmt hatte, fand Douglas dessen Aussehen recht enttäuschend. „Von Helden erwartet man, daß sie in Ritterrüstung auftreten", sagte er, „aber er sah ganz normal aus."[21]

Diese erste Enttäuschung wich jedoch bald einer großen Begeisterung. Lewis bestand darauf, daß die Jungen ihn – zum Kummer ihrer Mutter – Jack nennen sollten, und er gab ihnen ein maschinegeschriebenes Manuskript von „The Horse and His Boy", dem fünften Band der Narniageschichten, zum Lesen mit nach Hause. Noch aufregender für die Jungen war es, daß er versprach, dem Buch die Widmung „Für David und Douglas Gresham" zu geben. Mit dieser freundlichen Geste gab er ihnen das Gefühl, auch in der Fremde geliebt und willkommen zu sein.[22]

Joy freute sich über den erfolgreichen Besuch und ihre freundschaftliche Beziehung zu den Lewis-Brüdern. Sie war aber klug genug, diese Beziehung nicht allzu stark zu strapazieren. Sie sehe ein, daß sie „nicht davon träumen sollte, Jack oft besuchen zu können – wir sind viel zu anstrengend für diesen ruhigen Junggesellenhaushalt".[23]

Die ersten anderthalb Jahre in England waren für Joy schwierig. Seit die Jungen im Internat untergebracht waren, fühlte sie sich einsam. Ab und zu traf sie sich mit dem Science-Fiction-Autor Arthur Clarke und seiner Frau, mit denen sich die Greshams vor mehreren Jahren in den Staaten angefreundet hatten. Ihr Treffpunkt war ein Pub in Hampstead, in dem sich abends viele Schriftsteller ein Stelldichein gaben. Sonntags nach dem Gottesdienst in der anglikanischen St. Peters-Kirche besuchte Joy die Jungen in Surrey. Manchmal verbrachte sie einen Abend bei der mit ihr befreundeten Schriftstellerin Phyllis Williams.

C. S. Lewis kam gelegentlich nach London, aber sein Vorlesungsplan in Oxford und die Arbeit an seinen Büchern ließen ihm keine Zeit für häufige Besuche. Dafür machte er Joy mit einigen seiner Freunde bekannt in der Hoffnung, daß sie sich mit dem einen oder anderen anfreunden könnte. Aber die meisten von Jacks Freunden hielten Joy für zu forsch, sogar für arrogant und insgesamt schwierig. Nur Jean Wakeman, eine sympathische und äußerst intelligente Schriftstellerin, die in der Nähe von Oxford wohnte, freundete sich mit Joy an, außerdem einige wenige andere, darunter June und Roger Lancelyn Green sowie Austin und Katherine Farrer. Wie der amerikanische Autor Sheldon Vanauken bemerkt, wurde Joy von den Engländern ansonsten gründlich mißverstanden. Ihre Art, sich zu geben, die in New York niemandem aufgefallen wäre, wurde von den zurückhaltenden Briten als reine Grobheit angesehen.[24]

Joys aggressive Körpersprache und Mimik, ihre scharfe Zunge und die Freude an Streitgesprächen waren für sie selbst so selbstverständlich wie das Essen und Trinken. Dieses Verhalten, das sie zu Hause am Eßtisch gelernt hatte, war in den Seminarstunden an der Columbia-Universität und durch die Mitgliedschaft in der Kommunistischen Partei noch verstärkt worden. Aber was unter New Yorker Bekannten als harte, faire intellektuelle Auseinandersetzung angesehen worden wäre, wirkte in Lewis' Oxfordkreisen grob und gewöhnlich. Auch Joys New Yorker Akzent trug nicht gerade dazu bei, ihr Ansehen unter seinen Freunden zu heben. Allein Joys Anwesenheit erschwerte den Aufbau eines Freundeskreises; denn die Neigung der meisten englischen Bekannten von Lewis ging dahin, Frauen aus literarischen Zirkeln fernzuhalten. Hinzu kam ihr Status als Geschiedene oder doch Beinahe-Geschiedene. Andere wieder fühlten sich durch Joys schriftstellerische Erfolge verunsichert oder waren durch ihren brillanten Verstand, ihre Belesenheit und ihr ausgezeichnetes Gedächtnis eingeschüchtert.

Dazu kamen freilich auch einige echte Charakterfehler Joys. Von Zeit zu Zeit ließ sie ihrer schlechten Laune freien Lauf, oder sie war überkritisch. Dummköpfe konnte sie überhaupt nicht leiden, und immer, wenn sie auf Heuchelei und Wichtigtuerei stieß, reagierte sie unbarmherzig. Joy neigte dazu, die Menschen in zwei Kategorien einzuteilen. Entweder betrachtete sie die Leute als ihre Schüler und versuchte, sie zu belehren, oder sie nahm sie sich zum Vorbild und versuchte, soviel wie möglich von ihnen zu lernen. Kaum jemanden sah sie als ihr ebenbürtig an.[25]

So manche Freundschaft verscherzte sich Joy auch durch die Überbetonung ihrer Glaubensgewißheit. War sie in jungen Jahren eine überzeugte Kommunistin gewesen, so war sie nun eine mindestens ebenso überzeugte Christin. Sie hatte kein Verständnis für Menschen, die „vielleicht“ oder „mag sein“ sagten. Zu ihren festen Glaubensüberzeugungen und der Verachtung aller Unentschiedenheit trat zunehmend ein politischer Konservatismus. So erinnert sich Chad Walsh: „Sie wurde ein waschechter Tory und lobte die Vorzüge des Galgens und der Rute.“

Neben der Einsamkeit erschwerten oft noch finanzielle Sorgen ihre Lage. Das Geld reichte nie aus, um einigermaßen davon leben zu können. Wenn die Jungen im Internat waren, ließ Joy oft das Mittagessen ausfallen, um sonntags mit dem Geld nach Surrey fahren und mit den Jungen ausgehen zu können. Die versprochenen Unterhaltszahlungen trafen selten rechtzeitig ein. Bill schickte im Durchschnitt kaum mehr als die Hälfte der zugesagten Beträge. Das geschah nicht aus Gleichgültigkeit gegenüber Joy und den Jungen, sondern weil es für ihn zunehmend schwieriger wurde, sein Brot als Schriftsteller zu verdienen. Renée hatte eine Ganztagsstelle angenommen, aber trotzdem erreichten sie kaum das Existenzminimum. Schließlich mußte Bill die Farm in Staatsburg verkaufen, um seine Schulden bezahlen zu können.[26]

Um sich über die Einsamkeit und die finanziellen Schwierigkeiten hinwegzuhelfen, arbeitete Joy unermüdlich. Sie mühte sich verzweifelt, mit dem Schreiben Geld zu verdienen. Oft saß sie zehn bis zwölf Stunden an der Schreibmaschine. Bis zum Frühjahr 1956 hatte sie mehrere Geschichten und einen Roman geschrieben, für die sie jedoch, mit Ausnahme einiger Geschichten, keinen Verleger fand.[27]

„Der Mut war ihr Schutzschild", sagte eine englische Freundin über Joy, und das zeigte sich nirgends deutlicher als in ihren tapferen Versuchen, Geld zu verdienen. Schließlich konnte sie das Manuskript für ein Sachbuch mit dem Titel „Seven Deadly Virtues" („Sieben tödliche Tugenden") für hundert Pfund an den Verlag Hodder und Stoughton verkaufen. Außerdem schrieb sie Manuskripte für Jack auf der Maschine ab. Sie hatte ihm zwar angeboten, die Schreibarbeiten umsonst zu machen, aber er bestand darauf, sie zu bezahlen. Sie merkte, daß er ihr helfen wollte.

Bücher von C. S. Lewis im Brunnen Verlag

Pardon – ich bin Christ
Meine Argumente für den Glauben
176 Seiten. ABCteam-Taschenbuch

Was man Liebe nennt
Zuneigung, Freundschaft, Eros, Agape
144 Seiten. ABCteam-Taschenbuch

Wunder
möglich? – wahrscheinlich? – undenkbar?
212 Seiten. ABCteam-Taschenbuch

Flucht aus Puritanien
Eine phantastische Reise
durch alte und neuzeitliche Philosophien
276 Seiten. ABCteam-Paperback

Aufsatzsammlungen von C. S. Lewis

Gott auf der Anklagebank
128 Seiten. ABCteam-Paperback

Streng dämokratisch zur Hölle
132 Seiten. ABCteam-Paperback

Gedankengänge
Christentum, Kunst und Kultur
236 Seiten. ABCteam-Paperback

Grund-Sätze
Aphorismen und Gedanken
Zusammengestellt von Hans Dürr,
mit Illustrationen von Peter Weibel
80 Seiten. ABCteam-Geschenkband. Fester Einband

Nach der Wahrheit fragen –
Antworten von C. S. Lewis
Zitate aus dem Werk von C. S. Lewis
Zusammengestellt von Jürgen Spieß
96 Seiten. ABCteam-Taschenbuch

Biographisches von C. S. Lewis

L. W. Dorsett
Eine andere Art von Hunger
Joy Davidman – Ihr Leben und ihre Ehe mit C. S. Lewis
174 Seiten. ABCteam-Paperback

Brian Sibley
Späte Liebe
C. S. Lewis und Joy Davidman
176 Seiten. ABCteam-Geschenkband. Fester Einband

BRUNNEN VERLAG GIESSEN/BASEL